LOUCURA, NÃO. CORAGEM!

COMUNICAÇÃO E MARKETING PARA ADVOGADOS
(E PARA TODOS!)

Literare Books International
Presidente do conselho
Maurício Sita
Presidente
Alessandra Ksenhuck
Vice-presidentes
Cláudia Pires e Julyana Rosa
Diretora de projetos
Gleide Santos

Equipe NW
Contratos e direitos autorais
Miriam Shikanai
Pesquisa iconográfica
Luísa Peleja
Comunicação e marketing
Luísa Peleja
Charges e imagem da capa
Rafael Coutinho

Equipe Hiram Baroli
Mídias sociais
Isabella Baroli - @isaabaroli
Conteúdo
Roberto Ferreres - @robertoferreres
Victor Zanardo - @victor_zanardo_

Equipe Know-How Desenvolvimento Editorial
Editora de desenvolvimento editorial
Roseli Baessa
Editora de desenvolvimento gráfico
Rosemeire Carlos Pinto
Projeto gráfico
Lidia Yamamura
Preparação de textos
Vânia Cavalcanti
Revisão de textos
Lígia Alves
Revisão de provas
Raquel Novaes
Diagramação
Romério Damascena
Capa (criação)
Vanessa Lima

51W679l Wilians, Nelson.
Loucura, não. Coragem! Comunicação e marketing para advogados (e para todos!) / Nelson Wilians, Hiram Baroli. - São Paulo, SP: Literare Books International, 2024.
344 p. : il. ; 17 x 24 cm

Inclui bibliografia
ISBN 978-65-5922-906-2

1. Marketing jurídico. 2. Advogados - Brasil. 3. Comunicação.
I. Baroli, Hiram. II. Título.

CDU: 651.934

Elaborado por Maurício Amormino Júnior - CRB6/2422

Literare Books
INTERNATIONAL
BRASIL · EUROPA · USA · JAPÃO

Alameda dos Guatás, 102 - Saúde- São Paulo, SP
CEP 04053-040
Fone: +55 (0**11) 2659-0968
site: www.literarebooks.com.br
e-mail: literare@literarebooks.com.br

FSC
www.fsc.org
MISTO
Papel | Apoiando o manejo florestal responsável
FSC® C196274

NELSON WILIANS
HIRAM BAROLI

LOUCURA, NÃO. CORAGEM!

COMUNICAÇÃO E MARKETING PARA ADVOGADOS
(E PARA TODOS!)

VAGNER AMBROSIO
Coautor

> O QUE DIFERENCIA *CORAGEM* DE *LOUCURA* É O **RESULTADO.**
>
> **NELSON WILIANS**

SOBRE OS AUTORES

NELSON WILIANS

Advogado e empreendedor
linkedin.com/in/nelson-wilians-54560a186
@nelsonwilians

Conhecido como o advogado que implantou um novo modelo de advocacia no país, com filiais em todas as capitais brasileiras e em algumas cidades estratégicas do interior, além de representações na Ásia, Europa e América Latina, o Nelson Wilians Advogados, fundado por Wilians em meados dos anos 1990, se tornou símbolo da moderna advocacia brasileira.

Além de ser presidente do NWADV, é Cônsul Honorário da Hungria, colunista da renomada revista *Forbes-Brasil* e palestrante. Percorre o país falando sobre empreendedorismo na advocacia a estudantes de Direito e jovens advogados.

Nelson Wilians é considerado um dos mais influentes advogados nas redes sociais, com mais de 1 milhão de seguidores. Com seus *posts* sobre advocacia, estilo de vida e negócios, não só contribui para a formação dos futuros advogados como os incentiva a abraçar a profissão. É impossível a trajetória desse empreendedor do Direito passar despercebida, pois se trata de fenômeno profissional e midiático.

"APLIQUE **MARKETING** NO RELACIONAMENTO COM SEUS CLIENTES, *CONSTRUA VALOR* E GERE **EXPERIÊNCIAS POSITIVAS**.

HIRAM BAROLI"

HIRAM BAROLI

Professor Mestre
linkedin.com/in/hiram-baroli/
@hiram.baroli

Formado em Comunicação Social e Jornalismo. MBA de longa duração (900 horas) em Comunicação pela Escola de Comunicação e Artes da Universidade de São Paulo (ECA-USP). Pós-graduação em Marketing pela Escola Superior de Propaganda e Marketing (ESPM). Mestrado em Comunicação e Semiótica pela Pontifícia Universidade Católica de São Paulo (PUC-SP). Gerente-geral de Operações Comerciais na *Folha de S.Paulo*. Conselheiro no Conselho de Autorregulamentação Publicitária (Conar). Vice-presidente de Marketing na AAPSA (Associação de Recursos Humanos e de Gestores de Pessoas). Coordenador nacional na Associação Nacional de Jornais (ANJ). Professor convidado na pós-graduação em Administração de Empresas da Fundação Getulio Vargas (FGV), nas disciplinas de Liderança, Negociação, Marketing, Gestão de Pessoas, Estratégia, Empreendedorismo e Técnicas de Comunicação desde 2008. Professor de Marketing convidado em Master Business Administration (MBA) da FGV. Professor homenageado com o reconhecimento por sua atuação destacada como docente na pós-graduação da FGV em 2012, 2015, 2016, 2017, 2018 e 2019. Responsável pelo treinamento profissional de Marketing em diversas organizações. Palestrante convidado para eventos e universidades. Coautor no livro *Gestão de clínicas, hospitais e indústrias da saúde*, capítulo "Marketing e inteligência digital em negócios". Autor do livro *Marketing essencial para médicos*: conecte-se com seu paciente, pela Atheneu, Rio de Janeiro, 2022.

COAUTOR

VAGNER AMBROSIO

Jornalista

@vagnerambrosio_

Foi repórter e editor dos telejornais *Bom Dia São Paulo* e *Jornal Hoje*, da TV Globo; das revistas *VejaSP* e *Quatro Rodas*; e repórter do Caderno de Empresas do jornal *O Estado de S. Paulo.* Tem experiência em assessoria de Comunicação em diversos segmentos. É assessor de imprensa na Original 123.

PREFÁCIO

Se tivesse que sumarizar a meteórica carreira de Nelson Wilians, eu escreveria aqui a letra da canção "My Way". Você leva anos para virar sucesso da noite pro dia. O mundo de hoje é o mundo dos negócios com rosto, e ele construiu um negócio que é a sua cara botando a cara. Os acertos são públicos, e as inevitáveis falhas, também. Mas a contabilidade lhe é favorável.

É lógico que ele desafiou o rito de seu setor. Mas, olhando de fora, não vejo nada que não seja a construção de uma narrativa disciplinada de força, sucesso e protagonismo.

Eu fiz um semestre de direito até decidir pelo curso de administração. Ser publicitário é ser advogado de marcas. É evidente que, ao quebrar paradigmas, você é alvo de críticas. Mas como diz a frase: primeiro criticam você, depois dizem que você deu sorte e depois querem saber como você fez. E ele fez.

Fazer tudo isso exige coragem. E essa coragem que lhe trouxe de uma origem humilde do Paraná até aqui. Mas ninguém faz um grande escritório de advocacia só por ser midiático. Ele certamente deve ser solucionático. Hoje em dia há inúmeros casos de líderes midiáticos. Mas incomum é ter feito isso profissionalmente no seu setor. E isso atrai clientes, sócios, negócios, oportunidades e críticas. Mas não se pode negar seu sucesso.

Além de tudo isso, tem enorme disposição para o trabalho e habilidade para o networking. E quando se conhece o Nelson, como conheci há pouco tempo, fica claro que isso é natural dele. Ele é acima de tudo incansável e, como diz um grande amigo meu: o sucesso não aceita preguiça.

Por isso mesmo, digo que "My Way é a cara dele: "I did it my way".

Nizan Guanaes

PROVOCAÇÃO

Se eu pudesse dar um conselho direto aos jovens que estão começando sua jornada na advocacia, diria: não deem ouvidos a advogados como eu, a menos que tenham o desejo ardente de trilhar o seu próprio caminho, de serem reconhecidos profissionalmente e bem-sucedidos, porque não sou apegado à velha tradição jurídica, não me escondo atrás de títulos pomposos e sou afeito ao bom uso da Comunicação e do Marketing.

Aliás, para vocês terem uma ideia, a importância da Comunicação em minha trajetória é equivalente àquilo que o estudo da caligrafia representou para Steve Jobs durante o processo de criação das diversas fontes que ele incorporou aos computadores da Apple.

A esses jovens, digo: quero fazer o seu sangue fluir. Olhem bem para aquele advogado ou profissional que vocês definitivamente não desejam se tornar e gritem altissonante: "Xô, sai pra lá. Não é isso que quero para minha vida!"

Agora, se não é o que quer e não está interessado ou interessada, compreendo perfeitamente e sei que haverá uma OUTRA oportunidade em breve, afinal, "o universo está cheio de coisas mágicas, esperando pacientemente que nossa inteligência fique mais aguçada" (Eden Phillpotts).

Estou aqui justamente para abolir aquela visão alegórica e romântica da advocacia das faculdades de Direito, contrária aos novos tempos, pré-tecnológica e analógica.

Um parêntese: o Dr. Nelsinho, que ora é meu Mini-Me[1], ora meu zoilo[2], nos acompanhará em muitas das páginas desta obra.

---

1 O clone em miniatura do Dr. Evil, do filme *Austin Powers.*

2 Crítico que, em sua mordacidade, revela aversão pessoal injustificada.

Alcançar o sucesso profissional não é o mesmo que fazer uma viagem guiada pelo Waze ou qualquer outro aplicativo que se preze, em que a rota mais rápida é destacada em neon.

Os jovens advogados devem considerar que os clientes em potencial estão ativos nas redes sociais como nunca e que as utilizam como parte de seus negócios.

Tenho absoluta certeza de que a grande maioria dos advogados que já construíram uma carreira questiona a relevância da Comunicação e, principalmente, das redes sociais, assim como tenho absoluta certeza de que os mais jovens, sem pistolões, já entenderam que dificilmente conseguirão galgar espaço se não se fizerem ser vistos, a menos que queiram passar a vida como empregados pouco expressivos.

E aí brotam perguntas:

— Será que as redes são realmente apropriadas para os advogados serem notados?

— Será que se consegue realizar algum negócio com essas redes?

— Será que se deve mexer com Comunicação e Marketing nesse tipo de mídia?

— Será que é possível alcançar o sucesso ignorando o universo online?

— Ser digital ou analógico?

Se essas perguntas já fizeram um *tour* pela sua mente, tenho certeza de que é porque você não sabe por onde começar ou não consegue descobrir em qual plataforma focar.

As redes sociais são canais de Comunicação como qualquer outro, só que com um toque hi-tech, e sua utilidade é avaliada exatamente pelo potencial de transmitir mensagens certeiras ao seu público-alvo, influenciar a visão dele sobre quem você é e atrair oportunidades de negócio.

Mas é preciso diligência. Não há um dia sequer em que deixo de postar em minhas redes sociais. Como já adiantei, é preciso identificar qual plataforma se alinha melhor com seus objetivos.

Quem é visto é lembrado.

Iniciei nas mídias sociais com a missão de motivar jovens a permanecerem na advocacia privada; com o tempo, passei a dar nova abrangência à minha Comunicação e a estabelecer outras conexões, visando à maximização das oportunidades comerciais em um ambiente que privilegia relacionamentos individuais.

Mas deixa eu contar: desde que iniciei minha carreira, fiz um uso mais do que liberal da Comunicação e do Marketing.

Não à toa, vivi muitas aventuras de Tom e Jerry com as normas de conduta, às quais dedico sem desaforos algumas páginas deste livro só para falar dessas peripécias.

Com o direito de expressão que me é permitido, coloco para reflexão diversas questões sobre as amarras da profissão, que podem estar produzindo fileiras de advogados fracassados, com regras retrógradas e que, sob o pretexto de uma falsa ética profissional, contribuem para escamotear uma tenebrosa reserva de mercado.

Existe um verdadeiro abismo entre a realidade da advocacia e as regras que regulam a profissão. Assim como há uma distância gigantesca entre o advogado que emerge das faculdades de Direito e aquele que o mercado quer e do qual precisa.

Meu Deus:

> "ESSES JOVENS ESTÃO JOGANDO DAMAS.
> EU ESTOU JOGANDO XADREZ."
>
> KOBE BRYANT

Não pretendo aqui escrever uma biografia, mas algo como um currículo vivo da minha trajetória profissional, no intuito de apontar alguns caminhos a estudantes e recém-formados em Direito.

Não obstante, sem pretensões de ser um modelo, e sim de me apresentar como um estilo de advogado.

Por quê?

Porque o estilo está fortemente amarrado ao poder de escolha, é edificado a partir da sua própria identidade e espelha a sua personalidade, que não muda ao sabor das estações do ano.

Ao optar por um estilo de advocacia, é você quem o molda, em vez de algo imposto de fora. Resumidamente, é a maneira particular como você se comporta ou conduz a si mesmo, profissionalmente.

Sem soberba, permito-me nutrir essa aspiração, pois, do zero absoluto, fui capaz de erguer o maior escritório de advocacia da América Latina, e é por conta dessa trajetória que habitualmente sou convidado para palestrar em faculdades de Direito, eventos empresariais e da jovem advocacia da Ordem dos Advogados do Brasil (OAB), em diversos cantos do País.

Quanto aos meus críticos, graças a Deus que eles existem e aos montes, que me rotulam de exibicionista – lido muito bem com isso, eles que se tratem.

Mas o fato é que sou recebido nesses espaços como um verdadeiro *pop star* porque sou um advogado bem-sucedido e um exemplo para esses jovens, que me conhecem, que me curtem nas redes sociais e aspiram atingir o mesmo sucesso na advocacia.

Eles entendem que não me encaixo no modelo tradicional de advogado. Sem "parentes importantes" – permita-me, Belchior – no Judiciário e vindo do interior, precisei forjar o meu próprio estilo de advocacia, dentro de um sistema que tende a se autoproteger, é restrito e, muitas vezes, excludente.

Para tanto, desafiei a própria Matrix. Não porque eu seja um anarquista, mas por uma questão de sobrevivência.

O que estou propondo aqui aos mais jovens é uma reflexão sobre o atual paradigma da advocacia, que, a meu ver, ruma à extinção.

O caminho está aberto.

> "NÃO É SE GABAR SE FOR VERDADE."
>
> HARVEY SPECTER, PERSONAGEM DA SÉRIE *SUITS*

A primeira coisa que você deve ter em mente é que "advogado rico advoga em favor da riqueza". Não estou apoiando essa afirmação apenas com base em minha própria experiência; basta olhar a elite da advocacia brasileira e observar quem são seus clientes: empresários, empresas, grandes conglomerados, governos, celebridades etc., etc., etc. Onde está o dinheiro, está um advogado de sucesso.

Quando o rombo de bilhões nas Lojas Americanas veio à tona, em janeiro de 2023, houve um estrondoso alvoroço nos escritórios de advocacia. A intenção era evidente: entrar no caso, já que grandes instituições do setor financeiro estavam envolvidas, de um lado e de outro. Muitos advogados colocaram suas Equipes de Comunicação para cavar espaço na imprensa, a fim de terem visibilidade como especialistas e, quem sabe, entrarem na disputa jurídica. Grandes somas envolvidas, grandes honorários à vista!

Isso não carrega consigo uma conotação negativa ou moralmente questionável. Faz parte do jogo liberal em que estamos inseridos. É perfeitamente possível ser um advogado rico sem comprometer a ética. Só não digo que não seja preciso ajustar as velas, pois, como escreveu Alan Dershowitz, no livro *Cartas a um jovem advogado*: "A advocacia é uma profissão imperfeita, na qual o sucesso raramente pode ser alcançado sem algum sacrifício de princípio".

Compreendo que essa perspectiva possa surpreender os mais idealistas, mas, a esta altura, prezadas e prezados estudantes de Direito e recém-formados, é provável que já tenham percebido que a busca pela perfeição é comparável à crença no Papai Noel.

Portanto, não se envergonhe de querer ter sucesso e enriquecer com seu trabalho. Não é como encontrar uma carteira e não a devolver ao legítimo dono – essa é uma obrigação moral *prima facie*. Em vez disso, concentre-se em como entrar para a elite da advocacia sem perder a sua essência.

Além de outras habilidades, aprenda a usar a Comunicação e o Marketing. Como já mencionei no exemplo das Lojas Americanas, os tubarões bem-sucedidos da advocacia estão na água, e famintos.

Um detalhe importante: este livro não se propõe a ser objetivo, mas sim a ser uma compilação de conceitos, ações, filosofias e resultados que acumulei ao longo dos anos e que, até aqui, me deram uma carreira feliz e próspera. Outro detalhe relevante: meu escritório é o que mais atende *pro bono* pessoas em situação de vulnerabilidade em todo o País, por meio do Instituto Nelson Wilians.

Sou um advogado na acepção mais pura da palavra, ainda que alguns tentem me subestimar com o argumento de que tive sorte.

A sorte vem e vai. É preciso competência para crescer e sobreviver no mundo dos negócios.

Lembro-me de uma citação de Maquiavel sobre Aníbal, o grande conquistador, segundo a qual elogiam suas conquistas e questionam ou reprovam a crueldade com que comandava seus exércitos, esquecendo-se que uma coisa está ligada a outra; não são dissociáveis.

Tenho, graças a Deus, muitas habilidades.

Uma famosa cantora brasileira certa vez me disse:

— Você é um bom advogado.

Respondi a ela:

— Você está enganada. Sou um advogado ruim, e acho que é por isso que me contratam.

Há uma piada que expressa bem o que quero dizer. Mas vou deixar para o Dr. Nelsinho contar.

"É desse tipo de advogado que preciso", exclamou em voz alta a cantora.

A despeito da imagem de exibicionista, como pensam alguns, há um advogado extremamente "ruim" aqui, que conseguiu trazer para a mesa as suas qualidades e transformou o seu nome em uma marca proeminente.

Para o meu escritório, a minha posição atualmente é tão relevante quanto a de um proprietário de hospital, por exemplo. Quando alguém tem algum problema "cardíaco" e vem a mim, é como se estivesse buscando o dono do hospital, pois ele quer que eu recomende o meu especialista mais capacitado para tratar do seu caso.

Hoje, é até possível fazer uma brincadeira com o memorável slogan dos biscoitos Tostines[3]: será que o Nelson Wilians é o maior porque tem mais clientes ou tem mais clientes porque é o maior?

Para quem está começando, o caminho é buscar estratégias que o conduzam diretamente ao seu público-alvo, e para isso também é preciso deixar de se comunicar como se estivesse conversando exclusivamente com outros colegas advogados.

A Comunicação de Tribunal é um vício na advocacia. Grandes advogados aprenderam a contar boas histórias apenas para seus pares, não para o mundo externo.

Muitos executivos cresceram na era da mídia social. Então, por qual estilo de Comunicação você optará para falar com eles?

Nada do que proponho aqui pode ser sorvido sem que você esteja disposto a reivindicar a autoria completa de sua trajetória profissional, da qual depende sua felicidade.

Mas não há receita da felicidade: ou você promove a sua grande causa, pela qual vale a pena viver, ou enfrenta um ciclo contínuo de tristeza, acordando e adormecendo chorando todos os dias.

3 Tostines vende mais porque é fresquinho ou é fresquinho porque vende mais?

"A VIDA É UMA CEBOLA. DE QUALQUER FORMA, NO CHORO, VENDEMOS LENÇOS."

Nem o fracasso nem o sucesso são fatais, pelo menos em tese. Só o gosto muda muito de um para o outro.

Pessoalmente, já experimentei os dois extremos: um tem gosto de cabo de guarda-chuva amargo, causa um desconforto intenso, dói demais e pode até matar se não for adequadamente tratado, e isso depende do que você faz depois. O outro é doce, traz felicidade, resplandece beleza e promove bem-estar, pois quem é bem-sucedido geralmente sofre menos.

O importante é compreender que a distância a percorrer tanto para o fracasso como para o sucesso é a mesma e requer o mesmo esforço para percorrê-la.

> "EU COSTUMAVA PENSAR QUE O FUTURO ERA SÓLIDO OU FIXO, ALGO QUE VOCÊ HERDOU COMO UM PRÉDIO ANTIGO PARA O QUAL VOCÊ SE MUDA QUANDO A GERAÇÃO ANTERIOR SE MUDA OU É EXPULSA. MAS NÃO É. O FUTURO NÃO É FIXO. É FLUIDO."
>
> BONO

Você pode entrar na advocacia como entra em um prédio antigo. Uma vez dentro, escolhe uma mesa, arruma sua gavetinha e espera que o tempo acumule poeira sobre sua ambição e seus sonhos. E, ainda assim, é possível encontrar uma sensação de completa comodidade enquanto se queixa das mazelas da profissão, critica os códigos disciplinares e enaltece, de forma paradoxal, a nobreza de morrer fracassado em nome sei lá de quê.

Não perdi, aqui, meu tempo. Agregarei valor aos meus serviços. Agradeço por me proporcionar essa possibilidade, mas o convido a explorar plenamente o segundo andar desta obra, onde você encontrará um conteúdo rico em conceitos sobre Comunicação e Marketing, preparado meticulosamente pelo meu amigo e professor Hiram Baroli, da FGV. Posso garantir que vale muito a pena.

Aproveitando o contexto e o nome que dei a esta apresentação – Provocação –, que remete ao programa da TV Cultura (*Provocações*) e ao seu instigante ex-apresentador, Antônio Abujamra, repito uma pergunta que ele costumava fazer a seus entrevistados sobre a reação dos jovens ao contemplar seu futuro profissional:

Você chora?

SUMÁRIO

PARTE 1

VISÃO DE FUTURO

PARTE 2

MARKETING APLICADO

PARTE 3

BRANDING E MARKETING DIGITAL NA PRÁTICA

PARTE 1

VISÃO DE FUTURO

1 RESULTADO É COMPETÊNCIA

Eu, porém, vos digo: o que não está na internet não está no mundo. O velho brocardo do Direito Romano que afirma *Quod non est in actis non est in mundo* – o que não está nos autos não está no mundo – evoca a ideia de que o que está fora dos autos processuais não existe para o debate processual. O efeito é o mesmo para as pessoas que, atualmente, ousam ignorar a internet.

Não é exagero e faz todo o sentido para mim.

Sou Nelson Wilians, advogado, fundador e presidente do Nelson Wilians Advogados e do NW Group e cofundador do INW (Instituto Nelson Wilians).

Pelas leis da aerodinâmica, o besouro não voaria porque tem asas pequenas, corpo pesado e baixa aerodinâmica, mas ainda assim ele voa – aos soluços, mas voa. Pela lógica de muitos experts em sucesso profissional, um Nelson Wilians não daria certo e jamais poderia alçar voo.

Sem nenhuma referência familiar na advocacia, filho de pequenos agricultores semianalfabetos e "pobre de marré-marré", criei o meu próprio modelo de advocacia.

O que fiz? Contrariei as circunstâncias e rompi limites.

Não me deixei prender por convicções e convenções sem sentido lógico, idealizadas apenas para impedir que pessoas sem "tradição" prosperem.

Se tivesse permanecido inerte, cedido ao medo e fizesse o mesmo que os outros jovens advogados estavam fazendo, não chegaria aonde cheguei.

Sim, sou um profissional bem-sucedido, queira ou não queira a advocacia tradicional.

O sucesso é o resultado da competência sob todos os aspectos. Mas só quem exala paixão por aquilo que almeja consegue juntar coragem, resiliência e planejamento no mesmo tacho e não esmorece.

A paixão é a energia que leva você a fazer 100% do que precisa para prosperar. Sem paixão, você fará apenas aquilo que é preciso para sobreviver.

Para tanto, eu não poderia estar limitado a amarras que não favorecem os jovens que estão ingressando na advocacia, sobretudo aqueles que, como eu, não vêm de famílias ricas ou tradicionalmente ligadas ao Direito.

Comecei do zero absoluto. Fui conhecer o mar aos 18 anos de idade. Foi uma sensação inesquecível. Entrei em um avião para viajar aos 23 anos.

Deixe-me, por favor, contar a você um pouco da minha vida, da minha experiência e, sobretudo, do que entendo sobre o que é ser advogado, antes de voltar ao contexto da importância da Comunicação e do Marketing na minha trajetória profissional.

Não sou o advogado mais competente, nem o mais inteligente, nem o mais rico. Mas, sem falsa modéstia, tornei-me uma referência ao desenvolver um novo modelo de advocacia no país.

Os advogados gostam de dizer que a profissão jurídica é nobre, e, com certeza, concordo plenamente, assim como são nobres os profissionais da área médica da construção civil, de negócios etc.

A "nobreza da profissão" não pode ser sinônimo de estagnação ou de críticas àqueles que se destacam.

O que torna nobre a profissão de advogado é o profissionalismo, a competência e a responsabilidade com que a exercemos; é a confiabilidade, o respeito e a credibilidade que transmitimos ao mercado e aos nossos clientes.

Então, quando alguns sugerem indiretamente que sou exibicionista ou até mesmo tolo sob o pretexto da nobreza da profissão, pergunto:

O que realmente significa ser advogado?

Para ser advogado é preciso ter clientes. Tenho mais de 25 mil ativos, predominantemente do setor empresarial, que é para onde está direcionado o meu foco, e, sem medo de estar errado, lido com pessoas esclarecidas e perspicazes, que sabem discernir muito bem "alhos de bugalhos".

É preciso ter processos?

Tenho processos em todas as comarcas deste País. Já tive quase 1 milhão de processos ativos simultaneamente. E diminuí a quantidade por opção, para concentrar nossas atividades em áreas estratégicas do Direito. Hoje, estamos na casa dos 400 mil. Ainda assim, é muito mais do que têm muitos outros escritórios.

Continuando. Ser advogado é ter teses, ganhar causas e ser bem remunerado pelos serviços jurídicos prestados?

Nós ganhamos causas, temos teses e faturamos alto; e, como já tive oportunidade de dizer, temos o maior número de escritórios no Brasil e representações em diversos países.

Um parêntese aqui: acordo, respiro e durmo como um advogado-empreendedor. Incorporo essa mentalidade em todos os aspectos do meu dia a dia. Utilizo todos os meios disponíveis para impulsionar o crescimento do meu escritório. Minha expertise, minha imagem, meu nome, meu posicionamento são partes integrantes de uma estratégia empresarial transparente e bem pensada.

Nada do que faço está dissociado desta finalidade: construir valor para o meu escritório e para o meu cliente.

E os números, como já afirmei, estão a meu favor.

Tenho muitos clientes, ganho muitas causas e enriqueci com a advocacia.

Posso afirmar que sou um advogado de sucesso.

Em um mundo ideal, grandes advogados também seriam advogados de sucesso.

No mundo ideal, porque no real nem sempre essa correlação se verifica.

Estou plenamente comprometido com todos os valores essenciais da advocacia, incluindo a excelência técnica, mas também reconheço a importância dos resultados financeiros.

Seria ingenuidade acreditar que apenas a excelência técnica e uma boa reputação são suficientes para obter sucesso no mundo real dos negócios e da advocacia.

É preciso mais, é preciso gerar oportunidades, e, para tanto, deve-se pensar e agir como empreendedor.

Utilizo aqui a definição do economista Joseph Schumpeter sobre ser empreendedor: "é ser uma pessoa que está disposta e é capaz de converter uma nova ideia ou invenção em uma inovação bem-sucedida".

Perseguindo esse propósito, é preciso libertar a consciência pretérita da advocacia, secularmente ancorada no tradicionalismo.

Permita-me fazer um recorte para aclarar ainda mais a minha compreensão sobre o que é ser advogado, que tenho desde que me formei na Instituição Toledo de Ensino e tirei a carteira da OAB.

Advogado é um solucionador de problemas ou um mitigador de danos.

Diante de qualquer problema apresentado a mim, já nos primórdios da minha jornada na advocacia, eu procurava transmitir empatia, fosse qual fosse a gravidade, e buscava colocar o risco em perspectiva e demonstrar claramente ao cliente as chances de esse risco realmente se materializar.

Sempre evitei que meu cliente se desesperasse. Pelo contrário, eu o amparava, mostrava-lhe possíveis caminhos e oferecia esperança, ainda que lastreada apenas na mitigação do eventual dano.

O advogado detém potencial de causar impacto dramático e positivo na vida de um cliente em momentos desafiadores para este. Por essa razão, precisa ter habilidades de Comunicação. Eu considerava a lei e os fatores morais, econômicos e sociais relevantes para a área jurídica e buscava manter as expectativas do cliente fundamentadas, mas também a confiança em mim.

As minhas causas sempre tiveram rostos. Acredito que essa visão próxima do cliente e humanizada contribuiu para dar rumo à minha trajetória.

Antes de prosseguir, vale destacar que desde cedo entendi que cliente não gosta de profissionais gananciosos, especialmente advogados, que se veem como os seres mais habilidosos da face da Terra. Cliente gosta de advogado vitorioso, que tenha ambição para alcançar seus propósitos e esteja disposto a enfrentar desafios e assumir responsabilidades.

Sempre procurei colocar os meus propósitos como objetivo para prosperar em minha profissão e dar mais conforto e qualidade de vida à minha família, estabelecendo os meus honorários de forma justa e correspondente à dificuldade e à importância do serviço que eu estava realizando.

Acho que, ao longo dos anos, fui mais generoso com meus clientes do que egoísta ou ganancioso. Agi da mesma forma com sócios, associados, funcionários e parceiros, afinal reconheço que ninguém constrói o que construí sozinho.

Retomando o fio da meada sobre o que é ser advogado, quando o cliente consultava a mim e a outro advogado; na maioria das vezes eu era o escolhido, pois sempre ofereci mais do que a solução do problema: uma palavra dita com muito bom humor e positividade, exatamente quando ele mais precisava. Nunca hesitei em dizer o que pensava sobre a situação dele e em dar conselhos, tanto empresariais como jurídicos.

O estudo das leis é uma área eletrizante, que tem impacto em todos os aspectos da sociedade.

Mas as forças em ação no mundo estão em profunda ebulição com a integração do conhecimento, obrigando-nos a criar pernas e asas para deixar a água, para andar e voar.

Há um estreitamento de profissões e setores que está empurrando a carreira jurídica para uma transformação empreendedora. Um exemplo está no impulsionamento das transações comerciais transnacionais, forçando grandes escritórios internacionais a expandir sua localização geográfica. Quantos escritórios no Brasil têm atualmente parceiros estrangeiros ou foram adquiridos por corporações de fora?

Eu mesmo precisei alargar as fronteiras do nosso escritório para vários países, por meio de representações e parcerias, justamente para atender a essa consolidação de negócios, que exige escritórios de advocacia globalizados.

No entanto, o aspecto mais importante que noto nessa transformação é que ela exige uma nova advocacia, focada no *business* e no empreendedorismo, porque a nossa cultura jurídica está sendo impactada por uma visão global de mercado, estabelecendo uma linha direta empresarial com a advocacia, que é muito comum em outros países.

No Reino Unido, a Lei de Serviços Jurídicos incentiva mais competitividade no mercado jurídico com a criação de estruturas empresariais alternativas, uma disposição que permite que não advogados façam parceria com advogados na prestação de serviços jurídicos. Algo totalmente legítimo a meu ver.

Os clientes corporativos, sobretudo eles, não são somente guiados pela reputação e credenciais, mas por resultados e valores agregados ao serviço. E o seu escritório, ou a sua marca, está sendo avaliado com base naquilo que pode trazer para os clientes e os negócios destes.

As pressões econômicas estão transformando as oportunidades e orientando a prática jurídica, impelindo a advocacia a ser capaz também de gerenciar as flutuações comerciais.

Diga-se, aliás, que todas as profissões estão vivendo uma era disruptiva.

A advocacia oferece muitas oportunidades para quem quer crescer e ter sucesso. Mas é preciso ser competitivo, agressivo e proativo.

De certa maneira e gradualmente, muitas amarras estão sendo desatadas pela própria OAB – que já percebeu que o advogado não é um ser alienígena, que ele está submetido às leis de mercado e, ainda, que há implicitamente, nos regulamentos da Ordem, uma boa dose de reserva de mercado impeditiva do crescimento da profissão. Isso também está ocorrendo graças aos advogados que têm uma visão contemporânea da advocacia, como eu.

Porém, ainda noto um distanciamento entre os guardiões das regras e a realidade de advogar.

Com certa tristeza, vejo alguns colegas criticarem a forma como algumas autoridades do Sistema Judicial brasileiro tratam os advogados no seu dia a dia e, quando estão incumbidos do encargo de julgadores nas nossas turmas do Conselho de Ética da OAB, acabarem agindo de forma semelhante ou até pior.

Em determinada ocasião, compareci a uma audiência a fim de apresentar ao relator um pedido de embargo em uma questão administrativa que envolvia o meu nome na OAB.

O relator era bem jovem e demonstrava estar satisfeito em me conhecer e me receber.

Estava lá, despachando com ele, em audiência, e em determinado momento ele me perguntou:

— Há quanto tempo o senhor não advoga?

Respondi:

— Estou neste momento, inclusive, advogando, doutor. Embora acredite que quem advoga em causa própria tem um tolo como cliente, estou aqui.

É notável como muitas vezes a própria advocacia tem uma visão equivocada do verdadeiro significado do que é ser advogado.

Repito: o advogado é um solucionador de problemas e um mitigador de danos, em meio a um intrincado e complexo arcabouço jurisdicional.

Busquei decifrar o que a sociedade pensa e espera de um advogado:

A sociedade não quer saber se o pato é macho, ela quer o ovo; e ovo de pato. Ela deseja soluções diretas, Comunicação Dinâmica e não aceita mais procedimentos desconexos da realidade, embalados em uma linguagem teatral, formal, afetada e ultrapassada.

Esse é o anseio de quem procura um advogado, quer seja pessoa jurídica, quer seja pessoa física.

É preciso mudar os padrões, pois, enquanto a advocacia tradicional ainda opera no sistema analógico, a sociedade migrou já há tempos para o digital.

E a opção mais desafiadora para os jovens não é buscar a transformação, é permanecer preso a precedentes e jurisprudências da tradição.

Por isso, quero aqui ir além de contar a minha experiência profissional; quero falar de habilidades que considero importantes para serem adicionadas ao conhecimento técnico e oferecer uma visão de empreendedorismo, Comunicação e Marketing que pode ajudar a aprofundar o talento jurídico na construção de uma nova perspectiva profissional. Profissionais diferenciados acumulam uma série de competências, e, sem arrogância, posso me atrever a falar sobre o que é ser advogado porque os números estão todos a meu favor e falam do advogado que sou.

Mas a principal mensagem que quero transmitir é: se eu prosperei, você também pode prosperar.

Para tal finalidade, todavia, é preciso parar de ruminar artifícios seculares e ampliar o foco além das questões técnicas.

A advocacia, ainda que nobre, não deixa de ser uma prestação de serviço. Sem hipocrisia, é uma atividade que envolve negociação e atendimento. Nesse contexto, é necessário mostrar por que seu serviço é melhor e como efetivamente ele é a solução que vai propiciar economia de tempo, energia e dinheiro do cliente.

A visão tradicionalista sobre a advocacia está induzindo a erro e levando ao fracasso a nova sociedade de advogados.

Recordo-me de falar ao meu primeiro sócio, de Bauru, logo que vim para São Paulo:

— Vamos crescer muito na capital porque os advogados de lá são muito resistentes à mudança quando comparados ao Nelson Wilians & Oliveira Advogados Associados.

Esse foi o primeiro nome da sociedade.

À época, não éramos nada mais do que uma fagulha na advocacia, e ainda atuando em cidades do interior paulista e paranaense.

Eu não estava duvidando da capacidade técnica dos advogados de São Paulo ao afirmar que estavam em um estado de estagnação. Eu queria enfatizar sua falta de visão de mercado e de empreendedorismo, que viviam em uma bolha, literalmente enclausurados em seus prédios imponentes e envoltos em seus egos assoberbados, desconectados da sociedade.

Havia exceções, mas a regra era essa.

E eu sabia aonde poderia chegar, a despeito da imagem de exibicionista e tolo, ao contrário do que imaginam alguns.

> "TENHO UMA MANEIRA DE PENSAR QUE ME ISOLA DOS OUTROS E, POR OUTRO LADO, SOU DE UMA IGNORÂNCIA PUERIL ACERCA DO QUE TODO MUNDO (PARECE QUE) SABE. ESSES DEFEITOS ME VALERAM A REPUTAÇÃO DE BOBO, QUE SE ASSENTAVA EM UNS CINCO OU SEIS FATOS REAIS."
>
> MICHEL DE MONTAIGNE

Não é o meu fígado, que, aliás, é de plástico, que dita minhas ações, ainda que reclame de engolir muitos sapos; nem é o meu jeito de tolo que molda a minha identidade profissional. É, na verdade, a minha sagacidade que se destaca.

"Advogado" e "bobo" são termos mutuamente excludentes, embora hoje observemos dois mundos paralelos na advocacia brasileira: o dos verdadeiramente advogados e o dos chorosos virtualmente expostos em páginas sociais, como, às vezes, infelizmente vemos envergonhando e desonrando a verdadeira natureza da profissão que os advogados possuem ou deveriam possuir.

Um advogado posando de hipossuficiente é uma desonra para a profissão.

A advocacia pressupõe indivíduos vivos, inteligentes, hipersuficientes e, sobretudo, sagazes.

O que muitos clientes buscam em mim, mesmo sabendo que não estou envolvido diretamente em todos os processos do escritório (com um sócio técnico responsável solidariamente comigo) e que nem tenho tanto conhecimento técnico em determinadas áreas?

SA-GA-CI-DA-DE!

Como disse Montesquieu:

> "SEMPRE OBSERVEI QUE PARA TER SUCESSO NO MUNDO É PRECISO PARECER TOLO, MAS SER SÁBIO."

Parecer tolo ou tonto não é problema. O problema é ser.

Percorro este País para proferir palestras a jovens profissionais e estudantes de Direito, em faculdades, centros empresariais, federações da indústria e do comércio e em seccionais da OAB.

Parto de São Paulo de manhã, a bordo do meu próprio avião, e viajo às vezes horas para participar desses eventos. Não cobro nada para fazer isso e até arco com despesas consideráveis.

Porém, sinto-me feliz e profundamente gratificado por essas andanças, em cujos destinos sou recebido com grande respeito e consideração; às vezes, até como uma celebridade.

E por que isso acontece?

Não sou professor, não tenho livros acadêmicos nem sou doutor. Claro que não falo isso com desconsideração a quem é e tem; quero apenas reafirmar a minha visão de advogado e da advocacia no contexto da minha vivência profissional.

Esse "alvoroço" para fazer selfies comigo acontece porque rompi barreiras e sou bem-sucedido. Tornei-me um exemplo, apesar de todas as evidências de que eu não daria certo e seria apenas mais um advogado apagadamente mediano.

> "VENI, VIDI, VICI."
>
> JÚLIO CÉSAR

Com a minha paixão pela advocacia, o meu estilo de vida, a minha carreira e a maneira de ver a profissão, sou uma inspiração para esses jovens a quem exponho abertamente o meu pragmatismo profissional.

Costumo inclusive dizer que vantagens eu conto em 15 minutos, e para contar as desvantagens levaria horas.

Conto a eles a minha história, mostro que é possível alcançar a prosperidade, construir um caminho de sucesso, ser um Nelson Wilians ou ainda melhor.

Em resumo, mostro a eles o que é ser advogado.

SUPER-HERÓI

Recordo aqui um dos aforismos mais famosos da história, normalmente atribuído ao filósofo grego Sócrates, mas que se trata, na verdade, da inscrição à entrada do templo de Delfos, construído em homenagem a Apolo, o deus grego do Sol, da beleza e da harmonia:

> "CONHECE-TE A TI MESMO!"

Estava eu lá em Jaguapitã, cidadezinha do norte do Paraná, ainda garoto, quando me acendeu uma luz.

Uma luz daquilo que eu não queria fazer na minha vida, que era trabalhar na roça.

Para algumas pessoas, a luz que se acende é aquela do caminho a seguir, que diz a você o que deve fazer.

Para mim, não! A única certeza que eu tinha era de que não queria passar a minha vida com a mão na enxada, o que não é desonra, mas não me via ali, plantando e colhendo, de sol a sol, repetindo o destino de meus pais.

Mais simples do que saber o que eu queria ser foi saber o que eu não queria ser.

Sou filho de pais semianalfabetos. Meu pai era um pequeno agricultor do norte paranaense e minha mãe, dona de casa.

Nasci em Cianorte, mas, ainda na infância, minha família se mudou para Jaguapitã, para a chácara de um tio, onde nem sequer havia luz elétrica e água encanada, e o banheiro ficava na parte externa da casa.

Conforme eu crescia, a ideia de sair de lá tomava corpo.

Gosto de dizer que uma das grandes riquezas do homem é a capacidade de se impulsionar acima de si mesmo para derrubar barreiras e limitações ancestrais.

Precisei contrariar as circunstâncias para romper limites.

Como meu pai trabalhava na roça e, desde meus 11 anos, me levava para acompanhá-lo no serviço do sítio, reforcei meu desejo pelos estudos como forma de fugir daquilo. A educação foi a ferramenta que usei para a minha própria transformação.

Não havia até então ninguém formado na família. Fugi à regra. Enxerguei na educação uma forma de mudança de vida e de superação das limitações do meio socioeconômico e cultural em que vivia.

Hoje, há um termo estabelecido por psicólogos e muito utilizado pelas lideranças corporativas: autoconsciência.

A autoconsciência é, basicamente, a capacidade de ter ciência de si próprio, de se concentrar para compreender quem você é.

Aqueles que são altamente autoconscientes podem interpretar seus sentimentos, pensamentos e ações de forma objetiva, e desenvolvermos essa autoconsciência é importante para que possamos mudar o curso da nossa própria história quando necessário.

Eu me transformei quando me conscientizei de que só o estudo poderia me tirar da roça. Isso me libertou de suposições e de meus medos. Foi o que me impulsionou a escolher o meu caminho.

Sem escolher um caminho, ficamos como a Alice no País das Maravilhas.

Deixo para o Dr. Nelsinho essa passagem do livro de Lewis Carroll:

Não vivemos num conto de fadas para não sabermos o sentido que queremos dar à nossa vida.

Há um provérbio que diz:

> "ONDE HÁ UMA VONTADE, HÁ UM CAMINHO."

Meu caminho na advocacia começou quando li um gibi da Marvel: *Demolidor – O Homem Sem Medo*. Foi essa história em quadrinhos que me levou a estudar Direito.

PODE ME DIZER QUAL O CAMINHO QUE EU DEVO TOMAR?
ISSO DEPENDE MUITO DO LUGAR PARA ONDE VOCÊ QUER IR!
EU NÃO SEI PARA ONDE IR...
SE VOCÊ NÃO SABE PARA ONDE IR, QUALQUER CAMINHO SERVE!

Para quem não conhece, o Demolidor é um advogado cego com muitas habilidades e certos poderes, que combate bandidos e a injustiça.

Eu me apaixonei pela história e pelo personagem. Foi o que me inspirou realmente a ser advogado.

Um parêntese aqui.

Os pais, geralmente, anseiam o melhor para os seus filhos. Quando falei para o meu pai, cheio de dedos, que não gostava de trabalhar na lavoura, ele me disse, sem dó nem piedade:

> “NELSINHO, VOCÊ NUNCA VAI ME DECEPCIONAR.
> DE VOCÊ SÓ ESPERO O PIOR.”

Havia nele um misto de decepção, porque talvez meu pai contasse comigo para ajudá-lo, ou por outros motivos que desconheço, de desprendimento e de uma rispidez típicos de pessoas que levam uma vida muito dura.

Porém, ele estava ali, me libertando azedamente para seguir o meu caminho. Aquele “de você só espero o pior” doeu, mas fortaleceu o meu desejo de vencer na vida.

Ele ainda complementou a espinafração: “Você não tem dinheiro para pagar os estudos, não vai conseguir, então não deveria ir”.

> “UMA MENTE É COMO UM PARAQUEDAS:
> NÃO FUNCIONA SE NÃO ESTIVER ABERTA.”
>
> FRANK ZAPPA

A inspiração é uma centelha que pode ser produzida ao se ouvir uma conversa, uma ideia, ver um filme; no meu caso, ela veio quando li um gibi, com um empurrãozinho provocativo do meu pai.

Não guardo e nunca guardei rancor do meu pai ou de quem quer que seja. Isso, contudo, não quer dizer que não tenha doído ou que esqueci o que houve.

Acho que, de certa forma, eu e o Demolidor compartilhamos uma história de superação de prognósticos, cada um da sua forma.

Matt Murdock – o Demolidor – é um rapaz comum que fica cego na infância após um acidente. Quando adulto, ele se torna advogado e herói.

Os quadrinhos eram uma janela para um mundo muito além da minha realidade e uma fonte inesgotável para a minha imaginação.

Eles sempre retratavam um mundo em ebulição, com personagens em constante conflito e tramas que, de alguma forma, sempre aproximavam o bem e o mal, a justiça e a injustiça.

Ser advogado é ter paixão pela Justiça, pelo Estado de Direito, pelas Leis e pela Constituição.

Aliar razão e paixão é uma arte extremamente complexa.

OS ANOS MAIS SELVAGENS DA ADVOCACIA

Quando ingressei na Instituição Toledo de Ensino (ITE), em Bauru, umas das faculdades de Direito mais tradicionais do Estado de São Paulo à época – e o dinheiro era curto para pagar os estudos –, além de trabalhar no departamento de recursos humanos da Santa Casa de Misericórdia de Jahu, eu era frentista nos feriados e fins de semana.

Abastecia carros, lavava-os, cuidava do caixa, fazia de tudo naquele posto de combustíveis, que era do diretor de RH da Santa Casa.

Esse tempo era como um incêndio na floresta para mim: eu me agarrava a qualquer cipó para complementar a minha renda. Eu morava em uma edícula no fundo da casa de um primo, que tinha uma distribuidora de pedras. De vez em quando ele me perguntava: "Quer ganhar um troco, primo?" Era geralmente para descarregar um caminhão de pedras ardósia. O trabalho era bruto, mas eu aceitava sem preguiça.

Eu morava e trabalhava em Jaú porque não conseguira emprego em Bauru. Estudava à noite, viajava 50 km para ir para a faculdade e outros 50 km para voltar para casa, em um ônibus de estudantes.

Um ano depois, novas portas se abriram e eu me mudei para Bauru, onde morei em uma república de estudantes. Havia conseguido emprego em uma pequena construtora, que logo veio à falência. Já aviso: a culpa não foi minha!

Como um contato leva a outro, fui indicado pelo meu ex-patrão para a Skaf Serviços Gerais, uma pequena empreiteira que prestava serviços de manutenção de subestações da Companhia Energética de São Paulo (CESP) e fazia leitura e entrega de contas de energia elétrica e água. Mais uma vez trabalhei no departamento de RH. Pouco a pouco, fui assumindo as incumbências advocatícias, em especial na área da Justiça do Trabalho, em que não era necessário ser advogado. Isso foi em 1994, antes da elaboração do Estatuto da Advocacia. Acho que esse foi o primeiro passo para que me tornasse um profissional multitarefa.

Trabalhei na Skaf até me formar.

Ao concluir o curso, tirei férias para estudar para o exame da OAB. Passei e, no retorno ao trabalho, disse ao meu patrão, o Sr. Siegfried Karg, que gostaria de ser contratado como advogado, não queria mais ser auxiliar de escritório.

Por causa disso é que digo que o salto em minha carreira veio de uma combinação de coragem e oportunidade.

Ele argumentou que a empresa era pequena e que não havia lugar para dois advogados porque a filha dele também era advogada.

Redigi minha carta de demissão e entreguei nas mãos do Sr. Siegfried.

Lembro de vê-lo perplexo porque sabia da minha situação, das minhas dificuldades financeiras. Ele me disse:

— Você sabe bem o que está fazendo? Não terá direito à multa rescisória nem poderá sacar o fundo de garantia. Ah, e ainda terá de cumprir o aviso prévio.

— Eu sei, Sr. Siegfried! Mas não posso continuar como auxiliar de escritório depois do enorme sacrifício que fiz para conseguir me formar advogado.

Saí com minha rescisão com saldo negativo.

Aristóteles pode dar ênfase à minha decisão: "A coragem é a primeira das qualidades humanas porque garante todas as outras".

Na Skaf Serviços Gerais, tive a minha carteira de trabalho assinada pela última vez na vida. Isso me remete à primeira vez que fui registrado, em um escritório de contabilidade, ainda em Jaguapitã. Até então, só havia trabalhado informalmente.

Comecei aos 9 anos vendendo "geladinho" e sorvete nos torneios de futebol do Seminário dos Padres, nos dias em que não estava na roça. Recordo até hoje da mistura de sensações quando fui contratado naquele pequeno escritório: eram sensações de conquista, de poder e de alívio por ser registrado! Significava uma ascensão social e dava à vida um sentido cívico, algo muito além da questão de sustento.

Bem, voltando ao meu pedido de demissão. Estava convicto de que precisava dar um salto quando me demiti da Skaf.

E fiz isso! Um amigo, que estudava Direito comigo e era médico, o Dr. Antônio Sebastião Elias Cabrera, me permitiu usar a sala dele em uma pequena clínica médica – um sobrado construído nos anos 1950, com três quartos transformados em consultórios médicos –, até as 4 da tarde. Antes desse horário ele estava fora, era médico do Trabalho em uma grande companhia da cidade.

Foi assim que comecei a advogar, enfiado em uma sala médica.

Parafraseando o título do livro *Schopenhauer e os anos mais selvagens da filosofia*, de autoria de Rüdiger Safranski, eu poderia ser o protagonista de "Nelson Wilians e os anos mais selvagens da advocacia".

Não havia ambiente mais hostil do que Bauru para iniciar a minha carreira. Eu, pobre, andando de ônibus circular e advogando numa sala de médico naquela cidade formada por uma sociedade extremamente fechada, de famílias tradicionais e com uma faculdade de Direito repleta de alunos procedentes do meio jurídico. Eu reunia todas as condições para ser uma tragédia anunciada na advocacia.

Quem não me conhecia achava que meu pai era médico porque, diferentemente de um escritório de advocacia, com livros grossos na estante, diploma universitário na parede e objetos que remetem a símbolos da Justiça e às leis, havia no lugar maca, estetoscópio, um cartaz que mostrava os detalhes internos do estômago, entre outros aparatos médicos.

É o que sempre digo: quem tem necessidades básicas não pode tomar decisões lastreadas em seu ego.

Ora, eu precisava trabalhar e fazer valer o meu tão suado diploma de advogado.

Ainda que entenda que a simplicidade nem sempre é proporcional à verdade, a coisa mais simples a fazer era explicar aos clientes de fora do ambiente da clínica a minha real condição, o fato de estar iniciando a carreira de advogado ali porque um amigo médico me permitira usar a sala dele de graça.

Essa era a minha realidade a ser vivida. Mas aquilo, admito, era meio estranho!

Hoje se fala muito em construir redes de relacionamento. Isso é, de fato, importante, e você é responsável por começar a sua própria rede de contatos profissional.

Os meus primeiros clientes estavam ao meu redor: os médicos da clínica e seus pacientes, que, hora ou outra, me eram indicados.

Em pouco tempo, estava advogando para a maioria dos médicos e para muitos de seus pacientes.

Comecei também a atender a minha antiga empresa, onde fora auxiliar de escritório. Mantive a amizade com o Sr. Siegfried Karg pelo resto da vida dele. Ele morreu em 2017, com mais de 90 anos.

Também consegui alguns clientes indicados por amigos da Primeira Igreja Batista de Bauru, que eu frequentava.

Depois de formado, levei quase um ano para comprar uma Fiat Panorama C, 1982! E, ainda que fosse usada, pequena e só o teto não estivesse arranhado ou batido, o carnê de prestações era novinho e enorme.

Mas aquele carro significava um sonho realizado. Era velho, feio e malconservado, porém significava um salto e uma grande conquista para mim.

Com esse carro, ganhei mobilidade e pude aumentar a frequência de visitas aos amigos em busca de novas causas e novos clientes.

Passado algum tempo, resolvi uma questão de inventário para um cliente que conheci por indicação dos irmãos de igreja. Em troca, recebi uma linha telefônica, a primeira do escritório de advocacia Nelson Wilians, lá na clínica mesmo. Quando essa linha tocava, a secretária da clínica sabia que deveria atender como Escritório de Advocacia.

Foi também por meio do convívio na igreja que peguei um caso de família no Rio de Janeiro, o que me possibilitou viajar, pela primeira vez na vida, de avião.

Resolvida a questão jurídica, ofereci como entrada em um Chevrolet Kadett 1992 os meus honorários obtidos com esse meu cliente do Rio. Mais à frente explico essa negociação. Foi nessa ocasião que, então, troquei a Panorama pelo meu primeiro telefone celular.

Formado e dando meus primeiros passos na carreira, quando via aqueles advogados barrigudinhos na Justiça do Trabalho limpando a boca na gravata depois de tomar café na sala da OAB, não sabia exatamente que tipo de advogado seria; mas aquele que via ali é que não seria, eu sabia.

> “EU NÃO SEI O QUE QUERO SER, MAS SEI MUITO BEM O QUE NÃO QUERO ME TORNAR.”
>
> FRIEDRICH NIETZSCHE

Não existe uma única fórmula para prosperar na advocacia ou na vida. Cada um deve achar o seu caminho. O que podemos fazer é nos inspirarmos em alguém ou em algo.

O maior obstáculo, porém, está sempre dentro de nós mesmos.

Nunca levei muito a sério os meus fracassos. Buscava fazer uma limonada do limão do fracasso. Às vezes o sumo ácido espirrava nos meus olhos – mas nada de mimimi.

Contudo, continuamente levei muito a sério um ensinamento de Lord Byron:

> “SEMPRE RIA QUANDO PUDER; É O REMÉDIO MAIS BARATO.”

Como contei, me inspirei no Demolidor para escolher a minha profissão. Mas tive a oportunidade de trabalhar com alguns empresários enquanto cursava a faculdade e logo que me formei. Eles foram, sem dúvida, as primeiras inspirações para que me tornasse também um empreendedor. Aprendi com eles muitos conceitos de empreendedorismo e liderança. Ao contrário da advocacia, em que não tive mentoria ou em quem pudesse me inspirar, pois nem estágio fiz.

Se você olhar ao redor, sempre haverá alguém que cresceu em um lugar, tempo e situação semelhantes aos seus e conseguiu mudar a própria trajetória de vida para melhor.

O sucesso vem com a determinação de se superar. E de mostrar isso a todos.

Tenho me dedicado muito a despertar o “espírito” empreendedor no jovem advogado.

A própria dinâmica do *business* atual exige isso. Darwin explicou como a vida evoluiu, mas não como ela surgiu.

Não tenho a pretensão aqui de ser a inteligência organizadora do mundo, mas de passar um pouco da minha visão e experiência. De forma alguma quero me apresentar como "professor de Deus", como, infelizmente, às vezes percebemos em alguns *coaches* e outros profissionais bem-sucedidos.

A minha cabeça sempre foi a de um advogado-empreendedor. Da mesma forma que sempre me vali da Comunicação e do Marketing, como descreverei mais adiante.

Quando iniciei minha carreira, estava ganhando o salário de um auxiliar de escritório, e hoje construí, com meus sócios, um dos maiores escritórios de advocacia da América Latina. Muitos diziam que a carreira de advogado estava fadada ao insucesso. Isso não é verdade. Nenhuma carreira dá tantas oportunidades de crescimento profissional.

Mas alerto: "a advocacia não é uma profissão para covardes!", como bem disse o grande jurista Sobral Pinto, principalmente neste período em que o advogado tem sido exigido, cada vez mais, a ser um aliado estratégico do *business*.

É preciso pensar e ser um advogado empreendedor, com coragem, resiliência e planejamento.

Essas três palavras estão coladas em mim, justamente porque designam etapas de um processo que releva tropeços e ancora-se na busca por um propósito, que é o sucesso.

A advocacia, como bem sabemos, não é uma atividade tipicamente mercantil, mas não há transgressão ética alguma quando o advogado adota uma postura empreendedora.

Postura esta que sugere desenvolver algumas características: determinação, proatividade, flexibilidade e disposição para se promover, para pedir e aceitar ajuda, entre outras.

Essas características nos ajudam a abordar o desenvolvimento de oportunidades com uma mentalidade de crescimento e coragem. E entenda-se: coragem não é a ausência de medo, é a capacidade de agir apesar do medo e reconhecer a lacuna entre onde se está e para onde se quer ir.

Ouse arriscar em algo que o coloque na direção correta, utilizando o seu tempo para desenvolver uma prática mais produtiva para a sua vida.

Afinal, resiliência não é um ponto de retorno, mas de reflexão para seguir adiante.

Os empreendedores sabem que, em algum momento de sua jornada, provavelmente enfrentarão adversidades, rejeição e baixa autoconfiança.

Ícones modernos do empreendedorismo não obtiveram sucesso instantâneo. Warren Buffet e Steve Jobs, por exemplo, enfrentaram contratempos e fracassos; basta ler suas biografias para constatar esse fato. Mas conseguiram se recuperar, com resiliência, dos percalços.

Resiliência é consciência, determinação, perseverança e, sobretudo, um traço cognitivo e comportamental que fortalece a nossa capacidade de adaptação a condições variadas.

As leis da física são conclusões tiradas com base em anos de observações científicas e experimentos repetidos várias vezes sob diferentes condições para se chegar a inferências que possam ser aceitas em todo o mundo.

De forma rudimentar, transporto essa ideia ao empreendedorismo e aos empreendedores de sucesso. Em diferentes épocas, condições e ambientes, a resiliência é um ponto comum entre todas as pessoas bem-sucedidas.

Além de coragem e resiliência, porém, é preciso planejamento. Sem saber como e aonde se quer chegar não se alcança o resultado almejado baseando-se simplesmente em suposições e esperança.

O processo de planejamento nos ajuda a escolher a melhor rota para chegar ao nosso destino, identificando exatamente o que precisa ser realizado e os recursos necessários para introduzir nossos serviços no mercado.

O planejamento deve ser pautado pela autorreflexão e, obviamente, ter um papel ativo na prática que se quer executar e na forma como realizá-la.

A minha trajetória na advocacia pode ser inspiradora, mas dificilmente poderia ser repetida nos dias de hoje, com tantas mudanças tecnológicas, econômicas e sociais. Porém, é possível, sim, criar o próprio modelo de sucesso, sem necessariamente ser uma fotocópia do modelo que alguém inspirador construiu para si. É possível, inclusive, ir além. Há um longo caminho desde o ponto de partida, e fique atento para não impor limites à sua própria prosperidade e ao seu sucesso. No mais, não dê ouvidos a quem não enxerga um palmo à frente do nariz.

Já me perguntaram, durante uma entrevista, se não tivesse escolhido Direito, a qual outra profissão me inclinaria. Respondo: respeito todas as profissões, mas, a partir da minha experiência e de tudo que conquistei, não consigo pensar em outra. Tenho orgulho da atividade dos meus pais, mas, definitivamente, a minha aposta foi ser advogado e não a trocaria por nada.

O escritor Thomas Friedman, autor de *Obrigado pelo atraso*, certa vez comentou que a vantagem competitiva mais importante para qualquer pessoa é se dispor a aprender a vida toda. Friedman ainda sugeriu a mães e pais que não perguntem ao seu filho "o que você quer ser quando crescer?", pois a profissão que ele mencionar possivelmente não existirá mais na época de sua graduação. Apenas pergunte ao seu filho: "como você quer ser quando crescer?".

Aproveitando a sugestão de Friedman, mas incrédulo de que a profissão não existirá mais, deixo esta reflexão: como você quer ser quando advogado?

O RIO PINHEIROS É O MEU RUBICÃO

Eu conhecia o tamanho da minha ambição, o que desejava para minha vida e o que desejava construir, desde o início. Conhecia também as minhas limitações. Sozinho, não conseguiria sair do ponto em que estava. Tão fundamentais quanto os primeiros clientes foram os parceiros profissionais do início de minha carreira (como são aqueles que hoje trabalham comigo). Consegui superar a falta de experiência profissional e as eventuais deficiências técnicas com uma soma de habilidades complementares.

Depois de advogar sozinho e montar o meu primeiro escritório, chamei um colega do ITE – Instituição Toledo de Ensino – para trabalhar comigo, o Adirson de Oliveira Júnior, ainda lá em Bauru, cidade que, em meados dos anos 1990, tinha uma população de aproximadamente 270 mil habitantes.

Compartilhar propósitos é o primeiro passo para conseguir apoio e sucesso.

Volto ao

> "CONHECE-TE A TI MESMO."

Quando um jovem advogado me pergunta se deve abrir um escritório sozinho ou ir para um escritório já estabelecido, respondo: Você deve procurar antes de qualquer coisa conhecer a si mesmo, saber quais são seus pontos fortes e como administrar suas vulnerabilidades.

Qual é o seu perfil, qual é a sua natureza e o que você almeja? Há advogados altamente técnicos que são ótimos para ficar atrás do computador porque não conseguem se relacionar com clientes ou despachar com autoridades da Administração Pública. Então, é importante se conhecer.

Eu estava determinado a crescer, enriquecer e marcar meu nome na advocacia. Para isso, precisava de braços que suprissem minhas deficiências. Meu primeiro sócio foi o Oliveira. Hoje, tenho mais de 50, fora os estagiários, os bacharéis, os associados e os colaboradores. Às vezes faço uma analogia do nosso escritório com uma pizza. Cada fatia é uma área do Direito em que atuamos, que se subdivide em outras, sempre com um sócio à frente. Para cada área ou contrato de prestação de serviço jurídico, temos uma contabilidade própria para fechar custos e lucros.

Fui aumentando os meus braços conforme a necessidade. Antes de chamar o Oliveira, eu tinha uma sociedade unipessoal, um espaço alugado e uma microestrutura, com uma secretária e dois estagiários. Com essa pequena estrutura e atuando principalmente nas áreas civil, trabalhista e criminal, eu já estava prosperando e caminhando para me tornar um advogado bem-sucedido. Mas era necessário ampliar essa estrutura para concretizar os meus sonhos.

Certa ocasião, estava conversando com o Sr. Siegfried Karg, meu último patrão e um cliente com quem eu tinha uma afinidade muito grande, quando ele me disse que havia sido visitado por advogados de São Paulo que se ofereceram para fazer a recuperação tributária da sua empresa.

Nos anos 1990 havia uma onda enorme de recuperações tributárias judiciais em razão de tributos que estavam sendo cobrados em desobediência ao que determinava a Constituição Federal, de 1988.

Como eu era advogado de partido (mensalista) da empresa, a prioridade em fazer esses serviços seria minha. Mas quando o Sr. Siegfried me convidou para realizá-los eu declinei, pois não atuava na área tributária, exceto em questões tecnicamente mais simples. Responsabilidade é algo vital para o sucesso na advocacia.

Então, o Sr. Siegfried passou os serviços para aqueles advogados de São Paulo.

Passado algum tempo, eis que novamente estou sentado à frente do Sr. Siegfried quando a encarregada do setor financeiro da empresa entrou na sala com alguns cheques para ele assinar. Ele pergunta sobre um dos cheques e ela responde que é para os advogados de São Paulo. Estico a cabeça e vejo que era um cheque de R$ 50.000,00. Logo que a funcionária saiu, perguntei a ele se aquele era o valor cobrado pelas teses tributárias.

"Uma parte", disse ele. "Os advogados cobraram R$ 300.000,00 e fizeram em seis vezes."

Quase caí da cadeira! Não acreditei que o serviço fora oferecido a mim e eu havia perdido a oportunidade de ter faturado esses valores. Ele me pagava mensalmente o equivalente a uns R$ 3.000,00 reais.

Saí da frente do Sr. Siegfried e imediatamente fui a uma famosa livraria de Bauru, a Jalovi, e comprei tudo sobre Direito Constitucional e Tributário. Na semana seguinte, fiz minha inscrição para especialização em Direito Tributário no IBET – Instituto Brasileiro de Estudos Tributários, em São Paulo.

Foi nesse contexto que chamei aquele que, além de meu amigo de faculdade, era cunhado de meu primo de Jaú, dono da casa em cuja edícula morei.

Chamada feita, chamada aceita e Oliveira começou a trabalhar comigo. Ele se saiu tão bem que se tornou meu sócio em apenas 3 meses. Ele visitava e prospectava clientes para o escritório com teses tributárias.

Nessa mesma época, outro colega de faculdade se juntou ao time, não como sócio, mas como o advogado responsável pelo Núcleo Tributário da Nelson Wilians & Oliveira Advogados Associados, o Ageu Libonati – então já um tributarista brilhante e, hoje, doutor em Direito Tributário.

Foi o desempenho do Oliveira e do Núcleo de Direito Tributário o que deu impulso à nossa sociedade.

Em apenas 3 meses, o Oliveira comprou uma Chevrolet Blazer Executive, então um dos carros mais caros e cobiçados do mercado.

Passado pouco mais de um ano juntos, comprei o nosso primeiro avião, um Beechcraft Baron B55. Antes dos meus 30 anos, estava trocando essa aeronave por um Turboélice Cheyenne II.

O Nelson Wilians & Oliveira atuava em várias áreas, especialmente na Tributária, até que, em 2003, caiu nas minhas mãos uma revista dos agentes da Polícia Federal com uma reportagem sobre uma decisão do Superior Tribunal de Justiça (STJ) que permitia à categoria não recolher INSS sobre o auxílio-doença ou o auxílio-acidente nos primeiros 15 dias de afastamento.

Logo percebi que aquela decisão poderia ser aplicada também às empresas. Com o meu pessoal da área tributária, nesse caso chefiada pelo sócio Fabio Vilar, primeiro advogado da NWADV em São Paulo, desenvolvemos uma tese e apresentei-a ao Grupo Abril, à TAM Linhas Aéreas e ao Grupo Pão de Açúcar, que me autorizaram a representá-los em mandado de segurança, com honorários somente em caso de êxito.

Em alguns meses, a Justiça nos concedeu inúmeras liminares parciais ou integrais, para esses e outros clientes, o que significou, para nós, a abertura para um mundo de grandes empresas de porte nacional e internacional.

Até então, o nosso foco principal era o interior de São Paulo e do Paraná, empresas de pequeno e médio portes.

A sociedade com o Oliveira durou de 1998 até 2003, quando me mudei definitivamente para a capital paulista.

Vim porque São Paulo era e é a esquina do Brasil, onde está boa parte do PIB, onde o mundo empresarial circula e as questões jurídicas ganham relevância. Cheguei com a cara e a coragem. E isso me lembra de uma frase de Dan Quayle, vice-presidente de George W. Bush e conhecido por cometer mais gafes do que o próprio Bush:

> “SE NÃO TIVERMOS SUCESSO, CORREMOS O RISCO DE FRACASSAR.”

Com toda a certeza! A despeito da obviedade da frase.

Como disse, não venho de uma família de magistrados, de avós, pais ou tios advogados.

Para ser mais claro, eu não tinha nenhum referencial de como deveria funcionar um escritório de advocacia.

Isso, por um lado, foi ótimo porque eu não estava preso a modelos e amarras; e, se pensarmos bem, nem sempre as pessoas que mudam o mundo vêm de onde se espera que elas venham.

São pessoas que, na maioria das vezes, não se perguntam se dará certo ou não. Elas acreditam em seus projetos e vão em frente, ainda que suas ideias sejam inicialmente rejeitadas por aqueles que não enxergam uma aplicação imediata para elas.

Cito aqui a história de Howard Schultz, da Starbucks. Após ter uma ideia rejeitada pela empresa onde ele vendia grãos de café, resolveu abrir a própria cafeteria. Em uma entrevista, afirmou que qualquer um poderia ter tido a ideia de criar uma rede global de cafeterias: “Até um barista milanês que se preze tem uma ideia melhor de como fazer um café mais decente do que a maioria dos empregados da Starbucks".

Mas nenhum barista viu o que ele viu e construiu um negócio de 105 bilhões de dólares anuais. Essa história, como tantas outras, mostra que o fracasso e as condições adversas não são a ruína, que os degraus podem ser muitos e de tamanhos diferentes para cada um, mas podem ser galgados com o mesmo entusiasmo.

Bem, então, sem referencial, criei meu próprio modelo de escritório de advocacia e de voo profissional. Dentro de mim, já martelava a ideia de que não havia um escritório que tivesse presença em todo o Brasil, e, na minha percepção, era uma oportunidade de ocupar um espaço vazio.

Se os Correios e os bancos estão em todos os cantos, por que um escritório de advocacia também não estaria?

Quando você entra em uma agência de um grande banco, já sabe o que esperar, seja no Sul ou no Norte do Brasil.

A carta de crédito, as opções de investimento, as taxas de juros e os prazos de pagamento são basicamente os mesmos em qualquer lugar do País, assim como a padronização do ambiente e do atendimento. Isso não é à toa. A padronização e a uniformização dos procedimentos fazem com que a estrutura do banco se torne previsível e inspire segurança. Previsibilidade e segurança geram confiança na instituição.

No mercado financeiro, confiança é lucro. O desempenho de um banco, de uma empresa ou mesmo de um país tende a ser melhor quanto mais confiáveis eles são. Previsibilidade e segurança atraem dinheiro e investimentos.

Com esses conceitos na cabeça, comecei a abrir filiais pelo País, e o que mais ouvia era: "você está louco!".

Ora, o que diferencia coragem de loucura é o resultado.

Hoje, pouco mais de duas décadas depois, o Nelson Wilians Advogados é o maior escritório *full service* do Brasil, com filiais em todas as capitais e representação em países da América Latina, Ásia e Europa. Agora começo a ouvir as pessoas dizerem: "você foi corajoso".

No início, eu era louco – o Nelsão louco!

A motivação do meu trabalho nunca foi somente o dinheiro, mesmo no início da carreira, quando saía com um bolo de cheques sem fundo para cobrar quem não pagava os donos de postos de combustíveis, em Bauru, e usava como escritório a sala emprestada de meu amigo médico.

Eu poderia evitar críticas, não fazer nada, não dizer nada, não ser nada. Mas eu queria fazer aquilo que ainda não havia no País. Um escritório que falasse todos os sotaques brasileiros, que atendesse cada estado com suas características e peculiaridades.

Sucesso financeiro é importante, sim; mas acredito que o trabalho tem a ver com desenvolver habilidades, responsabilidades e propósitos. É querer impactar o ambiente em que você vive e participar ativamente. Isso sempre me motivou a empreender.

Como ressaltei, é preciso coragem para empreender. É fundamental. O salto em minha carreira veio de uma combinação de coragem e oportunidade, mas, nos momentos em que falo de minha trajetória com o auspicioso argumento de que triunfei, lembro de minha mãe e de uma frase que ela, incansavelmente, repetia, e que me coloca no prumo:

> "NÃO IMPORTA COMO UM HOMEM NASCE NEM COMO VIVE, MAS COMO TERMINA A VIDA."

Guardo isso comigo porque, vira e mexe, me faz refletir. Até aqui, tenho tido sucesso na minha área de atuação. Vim de uma família humilde, com 22 anos de idade estava andando de ônibus e antes dos 30 anos já estava comprando meu segundo avião.

Um conjunto de fatores contribuiu para que eu me tornasse uma pessoa realizada em minha profissão. Um pouco de sorte, com certeza, está incluído. Como bem disse Nelson Rodrigues: "sem sorte, não se come nem um Chicabon. Você pode engasgar com o palito". Porém, acredito mais em competência; e, mais do que esperar, é preciso criar as oportunidades. Algumas portas somente são abertas quando batemos nelas. Obviamente, não foi uma caminhada fácil. À medida que o nosso escritório crescia e se expandia, muitas pedras apareciam no caminho.

A advocacia tem peculiaridades múltiplas. Conforme eu ampliava a nossa atuação para outros estados, precisava formar os sócios que representariam o nome Nelson Wilians; e, mais importante, eu precisava dar autonomia a esses sócios. Sobretudo, precisava confiar que cada sócio representaria bem o meu nome nos tribunais do País. Fomos crescendo e nos instalando em cada capital brasileira.

Eu viajava de segunda a sexta-feira para acompanhar o trabalho nas filiais, mesmo nos anos em que fiquei sem avião próprio, de 2004 a 2010. Viajei muito nos "corujões", aqueles voos da madrugada, que vão pingando em vários aeroportos.

O interessante é que o Nelson Wilians Advogados começou a crescer e a ganhar prestígio do interior do Brasil para a capital paulista. Tínhamos mais operações em andamento nas filiais, embora a matriz fizesse bem seu papel de manter e conseguir clientes referenciais. Mas faltava ainda conquistar a capital – a nossa "Roma".

Em 2008, já estávamos presentes em quase todo o território nacional, porém estagnados. Foi exatamente nesse ano que tive acesso ao edital da maior terceirização de serviços jurídicos do País: a licitação do Banco do Brasil, que contrataria escritórios de advocacia para prestação de serviços jurídicos ao Banco em todo o território nacional.

O Banco queria contratar, em média, dois escritórios por estado para atendê-lo em praticamente todas as áreas do Direito. Era quase 1 milhão de processos e cerca de 1 bilhão de reais em honorários advocatícios.

Analisando o edital, percebi que o NWADV não poderia participar, já que nos faltavam documentos e a nossa estrutura não estava apta, pois nem sequer tínhamos os Atestados de Capacidade Técnica exigidos para todas as áreas licitadas.

Porém, percebi pelo edital que ali estava o modelo *full service* de escritório de advocacia que o Nelson Wilians Advogados deveria se tornar. Se em 2008 não estávamos aptos a participar da licitação; em 2013, 5 anos depois – tempo determinado legalmente para a realização de nova licitação –, estávamos prontos para participar em todos os estados e em todas as áreas do Direito.

Foi a partir do edital de licitação para contratação de serviços jurídicos do Banco do Brasil que comecei a direcionar o NWADV para o modelo de escritório *full service*.

Em 2010, concretizamos a abertura da filial de Palmas, no Tocantins, a última capital de estado que faltava. No ano seguinte, nossa missão foi transformar todas as nossas filiais em *full service*.

Buscávamos fazer as áreas civil, trabalhista, penal, societária, para clientes privados e públicos, visando não somente à prestação de serviços jurídicos, como também adquirir os tão valiosos Atestados de Capacidade Técnica, que seriam necessários para a nossa participação na nova licitação do Banco do Brasil.

Foram anos dificílimos até o final de 2012, pois uma nova estrutura estava surgindo, muito mais diversa e complexa, com muitos outros desafios. Perdemos dinheiro e muitos contratos nesse período porque não tínhamos capacidade técnica e operacional para assumir determinadas demandas.

Não desistimos!

Além de ir ao mercado atrás de profissionais com competência para os serviços continuados, nossos sócios tiveram a missão de se especializarem. Destaco que iniciamos 2012 com alguns contratos importantes, com empresas de âmbito nacional e que queriam serviços continuados em escala. Ainda estávamos em um processo de evolução, com acertos e erros e dinheiro fugindo pelo ralo. Foram momentos realmente difíceis, mas aceitamos correr os riscos da mudança de cultura. Não sabíamos se daria certo, mas era um caminho sem volta, e todos os nossos sócios, colaboradores e parceiros estavam focados nessa missão.

O NWADV não é um exército de um homem. Embora eu seja o sócio patrimonial, com praticamente 100% do capital, temos uma distribuição de resultados diferente para cada contrato e para cada tipo de serviço. Nossa estrutura é complexa. O resultado é compartilhado entre sócios e associados em todo o Brasil de acordo com cada situação contratual.

Quando 2013 se iniciou, sabíamos dos desafios de seguir em frente e precisávamos obter resultados financeiros com aqueles contratos grandes continuados, porém com margens exíguas de resultados financeiros.

Em novembro daquele ano, o Banco do Brasil abriu inscrições para sua nova licitação. Foi a maior licitação jurídica já realizada no País, superando a anterior.

Foi também uma das maiores batalhas envolvendo escritórios de advocacia em todo o Brasil. O nosso escritório foi o único a participar em todos os estados e em todas as áreas do Direito. Eram 162 escritórios participantes.

Nossa situação econômica e financeira definhava a cada mês. Somente viemos a ganhar o certame em 8 de dezembro de 2015, e, naquele momento, a situação financeira não era das melhores. Contratos de assessoria jurídica em larga escala definitivamente não são a melhor estratégia para um escritório de advocacia prosperar, porém são necessários para quem quer ser, de fato e de direito, *full service*.

Hoje, sei disso; à época, não!

Até então tínhamos somente a expectativa de ganho, que, em muitos momentos, parecia que não se concretizaria.

No final do ano de 2015, sagramo-nos vitoriosos e assinamos nosso contrato de prestação de serviços jurídicos para o Banco do Brasil. Começamos a atuar para o novo cliente em janeiro de 2016, após o recesso do Judiciário. Nesse contexto, tínhamos muitos outros contratos, mas estávamos praticamente zerados, senão negativos, em termos financeiros e econômicos. Porém, isso nos encheu de orgulho, pois conseguimos demonstrar que tínhamos qualidade técnica e a vantagem de estar em todos os cantos do País. Era tudo que o Banco do Brasil queria, assim como outros grandes *players* bancários e empresariais do País: uniformidade, expertise e capilaridade.

Há uma outra frase atribuída ao filósofo Sócrates que talvez seja a síntese da mensagem que quero passar: "O segredo da mudança é concentrar toda a sua energia não na luta contra o velho, mas na construção do novo".

Acho que foi isso que fizemos no Nelson Wilians Advogados: concentramo-nos em fazer algo novo.

Uma de nossas grandes falhas foi contratar pessoas erradas para determinados trabalhos. Isso não é uma reflexão sobre elas: eram pessoas inteligentes e decentes fazendo o melhor que podiam. Mas não eram as ideais para um ambiente de trabalho amplamente desestruturado e imprevisível. Não foi fácil começar a realizar o trabalho para o Banco do Brasil e para outros clientes. Foi um processo difícil, de muito aprendizado e investimento, mas fez o nosso escritório dar um salto de crescimento e experiência; principalmente, fez a matriz crescer, justamente quando fomentamos áreas do Direito com causas estratégicas de altos valores agregados. Dali em diante, o rio Pinheiros se transformou no meu rubicão.

Sempre gostei de História, foi uma das matérias com que mais me identifiquei. Interessava-me, especialmente, a história de Júlio César e como ele conquistou Roma. Em resumo, vigorava um triunvirato de generais que governava o Império Romano, entre eles Júlio César, o responsável pela conquista de mais territórios com seus exércitos, enquanto os outros dois generais permaneciam em Roma governando e administrando a cidade.

Na volta das batalhas, era proibido que se adentrasse em Roma com o exército em formação, mas Júlio César sabia que havia um plano para destituí-lo, prendê-lo ou até mesmo matá-lo. Então, ele decidiu atravessar o rio Rubicão com o seu exército. Lançou-se à batalha e, assim, conquistou Roma.

Quando comecei o processo de expansão territorial do escritório para todo o Brasil, falava para a minha equipe que utilizaríamos a mesma estratégia de Júlio César. A nossa unidade de São Paulo seria nossa Roma.

Era uma visão minha, um sonho de grandeza, pois as pessoas respeitam mais quem está na capital. Então, entre 2004 e 2011, organizei e montei escritórios por todos os lugares. Eu falava que um dia retornaríamos a Roma, ou seja, a São Paulo.

O nosso rio seria o Pinheiros, que atravessaríamos e conquistaríamos porque viríamos de fora para dentro com o nosso exército de advogados e clientes acreanos, amapaenses, amazonenses, roraimenses, cearenses, pernambucanos, gaúchos, catarinenses, paranaenses, mineiros, goianos, mato-grossenses, sul-mato-grossenses...

Essa foi a minha estratégia de crescimento profissional. Hoje, quando se olha a Ponte Estaiada, muitos identificam que lá está o Nelson Wilians Advogados. Ela se tornou o nosso CEP e o Pinheiros, o nosso rubicão.

ROLLS-ROYCE, HERMÈS E NW ADVOGADOS

A experiência do nosso escritório é interessante na medida que não há, no País, outro com características semelhantes, o que representa uma evolução no leque de formatos de atuação das sociedades de advogados. Sob esse aspecto, foi preciso desenvolver conceitos, estratégias, sistemas operacionais etc. O primeiro deles provém de uma sabedoria matuta, passada a mim pelo Sr. Alcides Franciscato, ex-prefeito de Bauru, político e um dos grandes nomes do empresariado bauruense. Ele foi também um dos meus primeiros clientes grandes e uma referência para mim quando estava ascendendo em minha carreira.

Disse-me ele:

> “NUNCA PROMETA O QUE VOCÊ NÃO PODE CUMPRIR, E NUNCA VENDA O QUE VOCÊ NÃO TEM PARA ENTREGAR.”

Nada mais simples, nada mais óbvio. No entanto, precede os códigos éticos corporativos, funciona para enquadrar novas ideias e, sobretudo, evitar problemas. Porém, isso não é suficiente. Com o crescimento, precisamos desenvolver uma cultura empreendedora dentro de um dos setores mais conservadores do mundo, que é a advocacia.

Seja expressamente identificada ou não, cada empresa tem sua própria cultura; mesmo em locais diferentes da própria empresa, a cultura pode ser muito diferente.

Se não for planejada, se desenvolverá organicamente, impulsionada tanto pelos sócios, associados, parceiros e funcionários como pelas políticas momentâneas da corporação.

Começar do zero e fazer uma empresa crescer é um desafio inclusive emocional para qualquer empreendedor. Mas, depois disso, há tantos caminhos a seguir que o maior medo vem das nossas próprias decisões, para onde elas realmente vão nos levar. O nosso crescimento se deu com as questões tributárias nos anos 1990, e, depois de atingir dimensão nacional, nos tornamos um escritório *full service*. Foi um longo processo de implantação de uma nova gestão, fortalecimento das aptidões regionais, investimento na capacitação da equipe local e robustecimento da área de governança corporativa.

Nesse contexto, não pode faltar planejamento.

Estar em todo o País é um dos nossos diferenciais para as grandes corporações que buscam serviços advocatícios, que também estão espalhadas pelo País. Outro é oferecermos um serviço jurídico uniforme, padronizado e de qualidade em todas as regiões e nas mais diversas áreas do Direito.

Hoje, posso dizer tranquilamente que o NWADV é o escritório de advocacia das corporações que querem pessoalidade, grande escala e qualidade técnica, tanto em ações comuns como em ações altamente estratégicas.

Além de abertos para aprender e entregar ao mercado o que ele precisa, a mola propulsora de nosso crescimento é a nossa cultura, nossa organização e os valores que replicamos de forma institucional. Ouso dizer que entendemos a cultura local e a cultura nacional mais do que os outros.

Há ótimos escritórios no Brasil, porém alguns querem "ser mais realistas que o rei". O Brasil não é para amadores, é necessário entender sua cultura e seu tempo. Aqui, tudo pode mudar em 20 minutos, como diz o slogan de uma grande emissora de rádio.

Se há uma coisa que prezo muito é que nossos colaboradores se sintam bem, que se identifiquem com os objetivos do escritório e cresçam. Para usar o slogan do Pão de Açúcar, o NWADV tem de ser lugar de gente feliz.

Gente feliz produz, empenha-se, gosta do que faz e atua em equipe. O moral impulsiona a produtividade. Foi o que fez Hubert Joly, da Best Buy. Joly ingressou na empresa como CEO, em 2012, após uma perda de receita de US$ 1,7 bilhão. Depois de algum tempo, fez as ações da Best Buy subirem mais de 300%. Um dos movimentos de Joly ao chegar à empresa foi pedir aos gerentes que questionassem seus funcionários sobre seus sonhos e objetivos e os alinhassem com a missão de sucesso da empresa. Segundo o próprio Joly, dar significado ao trabalho de seus funcionários foi a chave para salvar o Best Buy da ruína e levá-lo ao sucesso.

Articular o propósito da empresa, e ajudar os seus colaboradores a se conectarem com ele, faz com que cada funcionário encontre maneiras de melhorar a vida dos seus clientes; e, quanto mais isso acontecer, melhor será o desempenho da empresa. Sócios, associados e funcionários felizes se tornam mais eficientes e produtivos. Para que o seu pessoal se comporte de determinada maneira, dê o exemplo. As pessoas modelam o que veem e não o que ouvem.

Hoje eu me considero um bom advogado, mas, principalmente, um desenvolvedor de pessoas.

No meu dia a dia, procuro maximizar virtudes de sócios e de colaboradores e minimizar suas fragilidades, além de ouvir sempre a nossa equipe. Aprendi que se tornar um bom ouvinte é fundamental. Muitas vezes estamos mais inclinados a falar do que a compreender o que nos está sendo comunicado.

Outra coisa que busco sempre é compartilhar os objetivos de nossa organização com todas as nossas equipes; daí, frequentemente, chegam a mim boas ideias e novos métodos que podem nos ajudar a alcançar nossos objetivos.

Meu mérito foi montar um grande time de profissionais apaixonados pelo que fazem, pois, desde o início, a maior preocupação era não apenas o foco no trabalho em si, mas também compartilhar o resultado. Falo isso com muito orgulho porque, como já disse, nosso escritório não é um exército de um homem só.

É o trabalho de toda uma equipe.

São milhares de petições diariamente sendo protocoladas em meu nome. Isso envolve confiança, envolve dedicação, envolve ter a mesma visão e, sobretudo, delegar.

Delegar é a arte de facilitar um objetivo a ser alcançado por outros por meio de um relacionamento respeitoso e de confiança.

Não basta ter uma vasta experiência nas mais diversas áreas do Direito corporativo e profissionais altamente qualificados. Para dar um atendimento personalizado, ágil e de excelência a nossos clientes, em um país com dimensões continentais, precisamos estar sempre atentos e acompanhar as inovações tecnológicas, as mudanças políticas e de percepção.

Escritórios de advocacia autênticos buscam construir continuamente uma identidade que se destaque de todo o resto e se conecte com o tipo certo de cliente. A identidade comunica à mente do cliente o posicionamento de seu serviço.

Da mesma forma que se atribuem confiabilidade, performance, qualidade e sofisticação aos aviões da Gulfstream, da Embraer, da Dassault Falcon e aos carros da Porsche, Bentley, Rolls-Royce, aos produtos da Hermès... desejo que pensem o mesmo quando o nome do meu escritório for mencionado.

A construção da identidade do meu escritório foi muito além do que apenas criar um logotipo. Busquei controlar a narrativa e moldar a maneira como os clientes em potencial me percebem e percebem a minha empresa. Se você não fizer isso, alguém o fará.

Uma única crítica depreciativa pode custar muitos negócios, a menos que seja infundada. O viés de negatividade – termo que descreve o fenômeno psicológico pelo qual as pessoas guardam mais memórias desagradáveis em comparação a memórias positivas – tem muito mais probabilidade de difundir uma avaliação negativa. Por isso, é essencial promover constantemente a gestão de reputação, já que o nome do seu escritório é o ativo mais importante e visado.

Empresas bem-sucedidas tomam uma série de medidas para monitorar a percepção pública sobre o seu negócio e colocar em prática ações estratégicas e consistentes para proteger sua imagem, quando necessário.

Durante uma representação ou depois do seu fim, é preciso ouvir comentários e buscar o feedback do cliente, para corrigir processos que podem levar a avaliações negativas.

Deve-se trabalhar em estratégias regulares de gerenciamento de reputação para garantir que as avaliações a seu respeito reflitam com precisão quem você é profissionalmente. E esse é um esforço contínuo.

A maioria dos clientes jurídicos se baseia em fontes próximas e confiáveis para a contratação de um escritório de advocacia. A indicação pode vir de uma empresa, um amigo ou um parente. Após a indicação, o cliente passará a pesquisar mais sobre seu escritório e sua reputação, até o agendamento de uma consulta jurídica. A recomendação é um fator tão decisivo na contratação de advogados quanto a especialização, assim como na escolha de um dentista ou de um médico. Nessa perspectiva, o seu modelo de negócio deve funcionar com a mentalidade de se destacar para o cliente e justificar a avaliação de quem o indicou como capaz de oferecer um serviço jurídico de alta qualidade.

Ainda que fiel a seus valores, a advocacia não vive em um mundo à parte, está inserida em uma sociedade de informação, que é ágil, digital e multifuncional. A excelência na experiência do cliente e a construção de um nome andam juntas na criação de jornadas duradouras.

COLOQUE NO WAZE

Já expus aqui a minha visão do que é ser advogado. Agora, arrisco-me em outra questão: o que é ser um bom advogado? Após 5 anos entre dezenas de trabalhos acadêmicos, páginas e páginas lidas de muito "juridiquês", azucrinação de professores, passagem por estágios obrigatórios, trabalho de conclusão de curso, chega o tão almejado encerramento do curso de Direito.

Claro que ainda há outras formalidades a serem cumpridas, como a burocracia para pegar o diploma e a aprovação no exame da Ordem[1].

Mas essa hecatombe equivale apenas ao endereço de partida no Waze. Ao informar ao aplicativo o destino, que imagino que seja sucesso, reconhecimento e uma carreira próspera, ouve-se aquela voz desafiadora: tudo pronto, vamos!

Vamos mesmo?

A maravilhosa tecnologia do Waze nos permite saber com antecedência o itinerário e o tempo estimado até o endereço final. Em nossa carreira, contudo, não há um aplicativo de navegação que torne possível sabermos com antecedência os obstáculos à frente e o tempo que demoraremos no percurso.

O que se pode fazer é se preparar para chegar mais rápido, desviando de obstáculos, mudando rapidamente de pista, buscando caminhos alternativos e pisando firme no acelerador. Nem todos que saem da faculdade formados estão preparados para fugir do congestionamento, da estagnação e da mediocridade de uma carreira sem brilho. Não à toa, muitos que se formam em Direito desistem da profissão ainda nos primeiros anos.

1 Dados publicados pelo jornal *Folha de S.Paulo*, em 2022, mostram que 9 em cada 10 instituições que oferecem o curso de Direito no Brasil aprovam menos de 30% dos alunos no exame da OAB.

Por essa razão, é fundamental considerar os principais fatores que tornam alguns advogados bem-sucedidos; em outras palavras, há muitas opções de customização para as viagens dos profissionais da advocacia.

Ainda que pareça um clichê, repito: é preciso desenvolver paixão pela advocacia. Pessoas apaixonadas pelo que fazem são mais felizes e têm um desempenho melhor. Mais adiante retornarei a esse tema.

Já destaquei aqui a minha forma de procurar ver o cliente, que é de maneira humanizada e com empatia, e que busco transmitir a ele amparo e esperança.

Uma das juízas mais aclamadas da Suprema Corte americana, Ruth Bader Ginsburg, disse certa vez aos estudantes de Direito que eles deveriam tentar usar seu o diploma para "tornar as coisas um pouco melhores para outras pessoas". Faço coro ao que ela disse. É preciso estar comprometido em ajudar o cliente; isso traz significado e aumenta a paixão pela profissão.

Como já salientou o saudoso comandante Rolim Amaro, fundador da TAM: "Gosto de fazer negócios fazendo amigos". O princípio básico é que amigo ouve amigo. Acredito, e falo isso para todos que trabalham comigo, que é importante dedicar tempo para compreender o que o cliente, a outra parte e os tribunais estão dizendo. Bons advogados têm prazer em ouvir todas as informações.

Obviamente, eu não poderia deixar de mencionar que bons advogados conhecem bem sua área de atuação; o acúmulo de conhecimento deve começar durante a graduação. Quando percebi que a área tributária me levaria a potenciais grandes clientes, não tive dúvidas nem fiz corpo mole para ampliar meus conhecimentos nesse ramo do Direito, ainda que não profundos, mas o suficiente. Agora, não negligenciei a contratação de advogados experts no tema à estrutura da NWADV. Isso valeu para o tributário, como vale para todas as áreas do Direito.

Poderia acrescentar ainda que bons advogados são criativos. A lei não é uma ciência pura. O pensamento arejado, sem vícios, ajuda a criar uma solução que o cliente talvez nem percebesse que era possível. Destaco ainda a perseverança: bons advogados sabem como perseverar nos momentos difíceis.

Aqui retorno à Comunicação: bons advogados sabem se comunicar com o cliente, com tribunais, com outros advogados, juízes, e de várias maneiras. Eles conseguem transmitir ideias importantes em discussões nos ambientes jurídicos e em conversas particulares. Nesse contexto, ressalto também o poder da Comunicação Escrita: além de documentos jurídicos, bons advogados sabem contar histórias convincentes, destacando fatos e argumentos relevantes, sem a afetação do "juridiquês". Mais adiante abordaremos o uso indiscriminado da linguagem de tribunal.

> "O SUCESSO NADA MAIS É DO QUE ALGUMAS DISCIPLINAS SIMPLES, PRATICADAS TODOS OS DIAS."
>
> JIM ROHN

Todas essas características comuns a bons advogados podem ser desenvolvidas e praticadas.

Após me formar na faculdade, busquei ser o meu próprio Waze para encontrar as melhores rotas e fugir dos congestionamentos e dos enroscos da estagnação profissional e, assim, chegar mais rápido ao meu destino: ser bem-sucedido.

"Radar reportado à frente."

DEVE-SE TER MEDO DO GOOGLE!

Certa vez, um estudante me perguntou se eu temia me envolver em um escândalo. Lógico que sim! No entanto, mais do que medo de estar envolvido em um escândalo ou coisa que o valha, tenho medo mesmo é do Google! É lá que posso ficar terrivelmente exposto a milhões de pessoas e ser encontrado rapidamente numa busca de qualquer lugar, basta um smartphone à mão.

Da mesma maneira que, se não puder ser encontrado com uma "googlada" por potenciais clientes, não existo profissionalmente.

Reitero: se não está na internet, não está no mundo. Parafraseando Descartes: estou no Google, logo existo.

Um dos eventos que caracterizam a transformação do mundo como o conhecemos atualmente é o acesso à internet. As pessoas estão constantemente com os olhos voltados para a tela, checando e-mails e mensagens e em busca de informações e entretenimento.

Já nos habituamos a solucionar inúmeras questões profissionais com apenas alguns cliques. A tecnologia tem acelerado consideravelmente o andamento dos processos, liberando os profissionais do Direito de tarefas repetitivas e permitindo que se concentrem em atividades intelectuais e estratégicas. A tecnologia impacta e continuará impactando profundamente o Direito.

Por sua vez, as mídias sociais representam um fenômeno de infinitas possibilidades que nos permite falar com as personalidades mais importantes do mundo, até o Papa está lá, e encontrar pessoas nos mais remotos cantos do Planeta.

Dito isso, conto a seguir por que resolvi abrir minhas redes sociais e me expor integralmente.

Em primeiro lugar, quero enfatizar que meu êxito profissional veio por meio de um trabalho duro, jogo limpo, cooperação e respeito, e não vejo razão para não compartilhar, especialmente com os mais jovens, o que deu certo e foi bom para a minha carreira.

Como muitos já sabem, sou um participante ativo nas redes sociais, onde compartilho abertamente aspectos da minha vida pessoal e profissional e, obviamente, recebo elogios e muitas críticas por acharem que ostento ou me exibo demais.

Para esses, digo: vocês não têm noção do quanto me divirto com isso nem sabem como isso também dá trabalho!

Começou lá em 2017, quando fui convidado para dar uma palestra para estudantes da faculdade de Direito da Universidade Federal do Rio Grande do Norte. Ao concluir minha apresentação, um conselheiro da Ordem dos Advogados, que também era professor nessa instituição, me disse desoladamente que 80% dos alunos dele demonstravam interesse em seguir carreiras no funcionalismo público, pois não viam perspectiva na advocacia privada. Aquele índice chamou minha atenção, até porque não existem vagas na carreira pública para acomodar tamanho contingente, e esse ideal se reproduz em muitas outras faculdades de Direito em todo o Brasil.

A partir daquele dia, iniciei um processo de evolução pessoal nas redes sociais para dar ao mercado um parâmetro realista de uma advocacia bem-sucedida, com seus prós e contras. Assumi o papel de representar a imagem do advogado bem-sucedido, próspero, feliz e de ser referência para muitos outros. Sim, isso é possível. Mostro meu estilo de vida, meus escritórios, sócios, minha família, minhas casas, carros, barcos e aeronaves sem maquiagem nenhuma, pois, como já mencionei, tudo isso é resultado de trabalho árduo e conquistado com mérito.

Embora possa doer em alguns, o relevante é demonstrar que, se eu consegui, outros também podem conseguir. Não quero, em hipótese nenhuma, passar a falsa imagem de que não enfrento agruras vez ou outra, mas mostrar como os componentes dessa engrenagem funcionam por dentro.

O importante é que estou inspirando muitos jovens a ingressar no curso de Direito, incentivando outros a perseverarem e a concluírem seus estudos e motivando outros, recém-formados, a se apaixonarem pela carreira jurídica.

Penso que posso dizer que sou um influenciador no sentido mais amplo do termo, com poder de impactar as decisões de outras pessoas com minha experiência profissional e meu estilo de vida.

Ouço, até com certa frequência, colegas advogados lamentando os baixos rendimentos e as dificuldades de atuar num mercado cada vez mais competitivo e desigual. Como já mencionei, iniciei minha carreira do zero absoluto, e muitos já diziam à época que a advocacia estava fadada ao insucesso.

A eloquência que tenho nas redes sociais é uma via de mão dupla, pois, ao mesmo tempo que me coloco como um dos modelos possíveis de advogado, estou também me tornando uma figura pública fora do círculo jurídico. E, obviamente, isso não deixa de ser bom para a minha atividade. Um profissional em sã consciência não pode subestimar o alcance das redes sociais: os perfis de mídia social podem levar potenciais clientes a encontrar neles as informações necessárias para contratar seus serviços. Essa é uma estratégia que as marcas de consumo aperfeiçoaram. Por isso, toco o bumbo do empreendedorismo. Advogados precisam pensar e agir como empreendedores.

Aldous Huxley é o autor da afirmação:

> “CONHECIMENTO NÃO É AQUILO QUE VOCÊ SABE, MAS O QUE VOCÊ FAZ COM AQUILO QUE VOCÊ SABE.”

Fazer “aquilo que você sabe” só é possível quando terceiros têm conhecimento do que você sabe. Simples assim. Sem custos significativos, é possível compartilhar conhecimentos e percepções, estabelecer a liderança de pensamento e engajar-se em diálogos relevantes por meio da seção de comentários. Esse é o mundo das mídias sociais.

Faço questão de responder pessoalmente todas as mensagens que recebo, milhares diariamente, mesmo que seja apenas com um simples "curtir" para o comentário de um seguidor. Em suma: ser competitivo, hoje, implica, sem dúvida, estar também nas redes sociais.

A Thomson Reuters pediu a advogados americanos de pequenos escritórios que classificassem seus desafios mais significativos, e a conquista de novos clientes encabeçou a lista. Não à toa, 80% dos advogados dos Estados Unidos usam as mídias sociais como parte de sua estratégia de marketing.

As plataformas digitais são uma maneira econômica, personalizada e altamente eficaz de se envolver com seus atuais e potenciais clientes. Sobreviver apenas de indicação pode gerar taquicardia à medida que indicações não ocorrem na frequência, quantidade e forma desejadas, sobretudo para quem está dando os primeiros passos na advocacia. Ademais, ressalte-se, reputação e fidelidade dos clientes podem ser a propaganda mais digna que um profissional pode almejar, porém esse binômio – uma deliciosa massagem em nosso ego – não é suficiente para, por si só, sustentar financeiramente um profissional e seu escritório.

Recordo aqui as palavras de meu amigo, o publicitário Roberto Justus: "Essa história de que o importante é competir é conversa de derrotado. O importante é competir para vencer".

Obviamente, e tudo depende do mercado em que esse profissional está inserido, dos espaços que pretende ocupar e de sua ambição. Mas chamo a atenção:

Não basta ser bom, tem de parecer bom; não basta parecer bom, tem de ser bom.

Nesse contexto, precisamos nos esforçar para estar na mesma página de nossos clientes, que, mais do que nunca, estão se tornando mais experientes em mídia e tecnologia e esperam que os advogados com quem fazem negócios estejam nessa mesma sintonia.

Imagino, ainda, que estar nas mídias sociais é uma forma de se mostrar transparente ao mercado, que não gosta de caixinhas de surpresa; ele deseja saber quem você é, como se comunica e se expressa, quem está a seu lado e como conduz seus negócios. A mídia social é a materialidade virtual de suas iniciativas. Esse é o baile da vida; se "todo artista tem de ir aonde o povo está", você também deve ir aonde o seu cliente está. Não importa o tamanho de sua empresa ou a área do Direito em que você atua: as mídias sociais vão ajudá-lo a alcançar novos clientes.

Prefiro o Instagram para me comunicar com meus seguidores e o mercado. É uma plataforma que me permite compartilhar conteúdos relacionados ao meu estilo de negócios e vida, de forma positiva e humanizada. Também utilizo o LinkedIn, mais adequado para abrigar conversas profissionais.

Dependendo de fatores como área de atuação, público-alvo e tipo de postagens, algumas redes podem ser mais apropriadas do que outras (não negligenciem plataformas como o YouTube nem outras que ainda possam surgir). Mais do que apenas um passatempo, as mídias sociais representam um valioso canal de Comunicação e de Marketing.

Segundo a *Statista*, plataforma online especializada em dados de mercado e consumidores, o Brasil tinha cerca de 165 milhões de usuários de redes sociais em 2022. A estimativa é de que esse número salte para 188 milhões até 2027. Das comunidades online iniciais, o mundo virtual evoluiu e fisgou pessoas e profissionais de todas as idades, que utilizam as plataformas para negócios, interações sociais e comunicação diária. Ainda que dentro das quatro linhas dos regulamentos estabelecidos pela OAB, faço-me notar com um cronograma consistente de postagens.

Dito isso, afirmo que não se luta contra o poder das mídias sociais. Elas são essenciais para levar sua mensagem ao público certo.

53436285790 Views
1253568870 Likes
#FAÇA-SENOTAR
clic!

TERNO CURTO

Não tenho fita métrica para medir com precisão o quanto o terno da advocacia tradicional encolheu entre a formação acadêmica e a realidade do mercado. Encolhimento este que se deve, em grande parte, à ênfase quase exclusiva que a formação do bacharel em Direito coloca na preparação para a atuação judicial. Essa discrepância pode ser verificada com um simples olhar para o currículo da maioria dos cursos de Direito.

Há uma aversão cultural às matérias direcionadas à estruturação de negócios, além de o foco de grande parte dos estudantes estar voltado para a prestação de concursos públicos, perpetuando o que os especialistas chamam lindamente de "estandardização do direito", que é uma espécie de equalização do ensino. Dessa forma, a preparação vira algo semelhante aos cursinhos para o vestibular.

Ora, é claro que juízes, promotores e procuradores são essenciais para a democracia e a administração da justiça; o que quero dizer é que essa roda transforma o ensino e a doutrina em ferramentas limitadas, reduzindo consideravelmente seu espectro de abordagem e profundidade do conteúdo.

O curso de Direito não prepara o bacharel para que atue como gestor responsável pelo seu próprio escritório de advocacia nem busca despertar no estudante o interesse para essa atuação, o que, além de representar uma lacuna, se reflete em uma deficiência nos profissionais que chegam ao mercado de trabalho.

A minha percepção é de que, quanto aos aspectos técnico e acadêmico, a faculdade vai muito bem, obrigada, mas falha retumbantemente ao não preparar os futuros advogados para a vida extra-acadêmica. Não tenho dúvidas de que o núcleo acadêmico é bonito e necessário, mas não reflete integralmente a realidade extramuros das arcadas.

Começo pelos professores: muitos deles são extremamente acadêmicos e focados exclusivamente na advocacia tradicional. Não tenho pretensões a ser docente, mas acho que a faculdade deveria também ter profissionais de campo, com o meu perfil e o de outros advogados, para se estabelecer uma mescla que ajudaria a dar uma perspectiva mais ampla aos estudantes.

Há tempos afirmo em textos que o modelo de negócio jurídico no Brasil passou por mudanças substanciais e que, agora, o tomador de decisão, responsável pela contratação de um escritório para sua empresa, apresenta um contorno cada vez mais disruptivo.

A sociedade e a comunicação global mudaram, assim como a forma que as pessoas buscam e absorvem conteúdo para se sentirem seguras para tomar decisões. Notam-se ainda profundas mudanças no modo como nos relacionamos com outras pessoas, como gerimos problemas, como trabalhamos e até como aprendemos.

Atualmente, o mercado valoriza um novo profissional jurídico, incumbido de novas funções em meio a tantas transformações impulsionadas pelo surgimento de novos negócios, novas tecnologias e novos modelos de consumo.

O Brasil tem um número absurdo de faculdades de Direito; são 1.240 cursos superiores para a formação de advogados em território nacional até a data em que escrevo, enquanto no resto do Planeta a soma chega a 1.100, de acordo com o Conselho Nacional de Justiça (CNJ).

A nação inteira se doutorou, Eça de Queiroz?

> **“A NAÇÃO INTEIRA SE DOUTOROU. DO NORTE AO SUL, NÃO HÁ, NÃO ENCONTREI SENÃO DOUTORES.”**
>
> EÇA DE QUEIROZ

Por si só, o número de faculdades já é um convite à discussão, assim como a qualidade do ensino. Mas nem pensar aqui em levantar esse debate, meu foco é outro.

Noto diariamente, no trabalho em meu escritório, que, além de um serviço técnico jurídico impecável, as grandes organizações querem ver as funções jurídicas transformadas em parcerias de negócio, mais proativas e estratégicas. Esse é o motivo pelo qual bato tanto na tecla do empreendedorismo, porque há, de fato, um descompasso na grade curricular das faculdades de Direito concernente à atual dinâmica comercial jurídica.

Cada vez mais se exige que o profissional jurídico seja um estrategista de negócios, com conhecimento multidisciplinar para a operação do próprio Direito, algo que vai além da expertise jurídica.

Sim, precisamos discorrer sobre a adequação da formação universitária para que os operadores do Direto estejam aptos a se desenvolverem perante a nova realidade.

Vale dizer novamente:

> "NÃO É O MAIS FORTE QUE SOBREVIVE, NEM O MAIS INTELIGENTE, MAS O QUE MELHOR SE ADAPTA ÀS MUDANÇAS."
>
> DARWIN

As faculdades de Direito devem se conscientizar de que, para manter-se relevante, o advogado precisa ter uma formação abrangente, e isso demanda disciplina e diálogo com outras ciências. Afinal, como moldar profissionais com um novo perfil ensinando a eles as mesmas disciplinas e incentivando as mesmas habilidades? É improvável, se não impossível.

Acho que, de certa forma, até Warren Buffett concorda comigo ao expressar seu inconformismo com a formação profissional:

> "NOSSA EXPERIÊNCIA COM MBA RECÉM-CRIADOS NÃO TEM SIDO TÃO BOA. SEUS REGISTROS ACADÊMICOS SEMPRE PARECEM ÓTIMOS E OS CANDIDATOS SEMPRE SABEM EXATAMENTE O QUE DIZER; MAS MUITAS VEZES ELES TÊM POUCO COMPROMISSO PESSOAL COM A EMPRESA E CONHECIMENTO GERAL DE NEGÓCIOS."

Algumas pesquisas apontam as principais tendências para o advogado do futuro, incentivando a busca, o conhecimento e a atualização dos profissionais do Direito em relação às inovações tecnológicas e às novidades do mercado.

Entendo que já passou da hora de essas tendências serem transformadas em novas disciplinas nas faculdades de Direito.

Cito aqui várias áreas que deveriam, há muito, ter se tornado disciplinas complementares; entre elas, gestão financeira, práticas de negociação, empreendedorismo e, obviamente, Marketing (tenho até receio de essas disciplinas já serem insuficientes com o desenvolvimento da inteligência artificial (IA) e os chatbots, como o ChatGPT).

A lista não se esgota nem se restringe a essas sugestões. Mas a ausência desses temas na grade curricular demonstra que realmente estamos num descompasso entre onde está o Direito e para onde caminha a sociedade moderna.

Por isso, estou convencido de que é preciso estabelecer caminhos, conteúdos, métodos e práticas que possibilitem atingir um novo perfil de profissional. Para isso, deve-se, sim, urgentemente, promover mudanças no currículo das faculdades.

A busca de um profissional apto para novas funções não é para o futuro, é para hoje, é para já.

Sem o radicalismo de querer jogar o passado no lixo ou execrar aqueles que muito têm contribuído, a questão agora é transformar mentes para que se tornem capazes de enfrentar esse grande desafio.

> “TEMOS DE NOS TRANSFORMAR
> NA MUDANÇA QUE QUEREMOS VER.”
>
> GANDHI

É justamente em meio a essa ebulição que a atividade advocatícia, constitucionalmente considerada indispensável à administração da Justiça, sem se afastar dos alicerces que fundamentam o Direito, deve ratificar valores, rever conceitos e ampliar os horizontes da profissão para sobreviver, crescer e se desenvolver aproveitando as oportunidades trazidas pelos novos tempos.

Como argumenta o professor Baroli:

> "NÃO HÁ MAIS O QUE ESPERAR, A DISCIPLINA DE COMUNICAÇÃO E MARKETING PRECISA FAZER PARTE DO CURRÍCULO DOS MELHORES CURSOS DE DIREITO OFERECIDOS NO MERCADO, DADA SUA RELEVÂNCIA NA ÁREA, E É MELHOR UM ADVOGADO APLICANDO MARKETING DA FORMA CORRETA, RESPEITANDO A ÉTICA E PRECEITOS DA OAB, DO QUE PROFISSIONAIS SE COMUNICAREM DE FORMA ERRADA E SEM CONHECIMENTO."

A advocacia não pode ser atropelada pela realidade, devendo oferecer aos estudantes habilidades para que se transformem em advogados, sim, mas também empreendedores e líderes inovadores.

O terno da advocacia tradicional ficou curto demais para tantas transformações no ambiente jurídico, e as faculdades de Direito precisam liderar o caminho com novas ideias educacionais.

Àqueles que estão se formando e aos recém-formados, recomendo apropriarem-se de suas carreiras e buscarem as ferramentas necessárias que podem agregar valor e conduzir ao sucesso.

ELEMENTO ESTRANHO AO SISTEMA

Em momento nenhum me questionei se a carreira de advogado era realmente para mim. Desde o início, escolhi abrir meu próprio escritório e modular a prática da advocacia ao meu jeito. Sempre vi na advocacia uma fonte de possibilidades de ascensão social e avanço profissional. Porém, parecia-me nítido que a advocacia estava clamando por transformações, e não me perguntei por quê, mas como.

A primeira coisa que fiz foi rejeitar o sistema tradicional e o caminho convencional porque, se estes fossem a minha opção, provavelmente estaria no retraimento de uma carreira sem brilho nem perspectiva. Optei pela luz e pelo que dava sentido à minha vida. De outro modo, talvez fosse ainda um opaco Nelson Rodrigues. Sim, no início adotei o meu último sobrenome, no entanto parei de usá-lo para não ser confundido com o grande jornalista e escritor (brincadeira!).

Note que não estou criticando pessoas que têm objetivos diferentes dos meus; estou reafirmando que, para atingir meus objetivos, não poderia repetir a mesma fórmula de outros profissionais. Ora, se larguei a roça de Jaguapitã porque não via ali futuro para mim, por que não persistiria no caminho de uma carreira bem-sucedida?

Como mencionei, não me encaixava no molde tradicional e não via na carteira da OAB, por si só, a garantia de uma carreira rentável, estável e socialmente respeitável.

Eu precisava pensar como empreendedor para apresentar meus serviços e conhecimentos jurídicos dentro de um sistema que se autoprotege e constitui uma forma de reserva de mercado. Aliás, até na linguagem a advocacia se revela supressiva, distante daquela do resto da sociedade.

Se era possível dar um salto a fim de atingir mais rápido meus objetivos, por que eu não deveria tentar?

"Recuso-me a aceitar como crime minha própria existência e o fato de eu ter de trabalhar para meu sustento. Recuso-me a me sentir culpado porque trabalho melhor do que a maioria das pessoas – porque meu trabalho vale mais do que o de meus semelhantes e mais pessoas estão dispostas a me pagar. Recuso-me a pedir desculpas por ser mais capaz – não aceito pedir desculpas por ter tido sucesso. Recuso-me a pedir desculpas por ter dinheiro. Se isso é mau, aproveitem. Se é isso que o público considera prejudicial a seus interesses, então que me destrua. É esse o meu código de valores – e não aceito outro" (autodefesa do personagem Hank Hearden, no julgamento retratado na obra *A revolta de Atlas*, de Ayn Rand).

Não venho de uma família de juristas, não tenho pilhas de títulos acadêmicos, comecei do zero absoluto e era um elemento completamente estranho ao sistema, mas, sempre que necessário, questionei as amarras estabelecidas por códigos e regulamentos. Não por ser um anarquista, como já afirmei, mas por sobrevivência, porque via que muitas das regras que regulamentam a profissão são anacrônicas e estão carregadas com uma boa dose de falsa ética moral que privilegia o *status quo* dominante.

Obviamente, não estou incitando aqui o desrespeito às regras, mas propondo aos profissionais mais jovens uma reflexão fora das amarras de um modelo de advocacia que, a meu ver, está em extinção.

À Ordem dos Advogados do Brasil cabe a importante missão de nortear a classe advocatícia por meio de normas e condutas constitucionais e essencialmente relevantes. Porém, embora vital para a existência do Estado Democrático de Direito, a Ordem caminha a passos lentos rumo aos novos tempos, ainda sendo "analógica" em uma era digital.

Já dizia Oscar Wilde: "Aqueles que não fazem nada estão sempre dispostos a criticar os que fazem algo". Uma pessoa com a minha origem jamais poderia ascender profissionalmente se obedecesse, cega e irrestritamente, a procedimentos que são, em essência, freios para impedir, por meio de punições ilógicas e irreais, que pessoas fora do sistema se destaquem.

Durante anos, convivi com represálias por, simplesmente, querer fazer do meu nome sinônimo de excelência e qualidade jurídicas em âmbito nacional. Diante das amarras, valia-me da ideia de que as regras de publicidade não visavam à promoção da atividade advocatícia em si.

> "A VIDA ESTÁ CHEIA DE DESAFIOS QUE, SE APROVEITADOS DE FORMA CRIATIVA, TRANSFORMAM-SE EM OPORTUNIDADES."
>
> MARXWELL MALTZ

E por que tamanha relutância quanto à minha postura? Acredito que por eu trazer o novo a uma classe que viveu por anos sob a sombra de uma reserva de mercado nitidamente corporativista.

Em que pese o brilhante passado histórico da Ordem dos Advogados do Brasil, o que não se nega, como legítima representante da advocacia, atividade constitucionalmente consagrada como uma das funções essenciais à Justiça, esse histórico restou ofuscado pelo distanciamento da Entidade na promoção e no incentivo de jovens advogados que buscam inserção no mercado.

Contudo, cada vez mais, busquei investir no meu crescimento profissional e no do meu escritório, como qualquer outra empresa costumeiramente faz.

Ora, meu raciocínio é simples: se um jovem recém-formado não pode se apresentar ao mercado, como ele formará uma carteira de clientes?

> "REPÓRTERES E EDITORES USAM A INTERNET PARA PROCURAR HISTÓRIAS, PESSOAS E EMPRESAS INTERESSANTES. ELES VÃO TE ENCONTRAR?"
>
> DAVID MEERMAN SCOTT

É indubitável que os valores da advocacia são de inegável importância e devem ser resguardados e protegidos. O equívoco reside, à luz do princípio da proporcionalidade, na ausência de adequação (na lição de Humberto Ávila, "um meio é adequado se promove o fim"). Aos olhos dos advogados americanos, por exemplo, poderíamos parecer alienígenas ou contemporâneos da Idade da Pedra.

As regras que servem de base para os Estados Unidos inteiros permitem a Comunicação dos Serviços Jurídicos em todas as mídias. Lá não se proíbe a prática da Comunicação em si, mas o que se noticia por seu intermédio. O reconhecimento da legitimidade da veiculação de publicidade por advogados naquele país se deu a partir de uma batalha judicial nos anos 1970, após advogados do Arizona oferecerem seus serviços jurídicos em um anúncio de jornal, listando, inclusive, seus honorários. A questão foi parar na Suprema Corte, que entendeu ser uma violação constitucional ao direito de liberdade de expressão proibir a publicidade aos advogados. Daí, a OAB de lá, que é a American Bar Association (ABA), precisou acatar a decisão.

Várias outras questões ainda foram esclarecidas por aquela Corte; entre elas, duas que devem ser ressaltadas: que era retrógrada a crença de que os advogados estão de alguma forma acima do comércio; e que a publicidade de serviços jurídicos não é intrinsecamente enganosa.

Para os americanos, uma vez que a publicidade pode ser o único contato que muitas pessoas têm com os advogados, ela deve ajudar o público a compreender seus direitos legais e o processo judicial e deve defender a dignidade da profissão de advogado, além de encorajar a confiança do público na competência e na integridade do advogado.

Convém destacar que, desde a decisão da Suprema Corte, os escritórios de advocacia americanos fizeram alocações orçamentárias substanciais para a propaganda como qualquer outra corporação, dando à prática da advocacia fortes características empreendedoras.

"O que difere um profissional de outro são suas competências e valores, e é justo e legítimo que o cliente jurídico tenha o direito de escolher o que é melhor para ele. Para isso, precisa de informações claras, éticas e fidedignas para escolher o melhor profissional", argumenta o professor Baroli.

Ainda que tenhamos evoluído muito na regulamentação para o uso da Comunicação e do Marketing nos Serviços Jurídicos – e a OAB tem muito mérito nesse contexto –, o princípio geral que rege a atividade da advocacia, no Brasil, é o de que "o advogado deve proceder de forma que o torne merecedor de respeito e que contribua para o prestígio da classe e da advocacia" (art. 31 da Lei n. 8.906/94).

Claro que é preciso coibir formas de assédio e abusivas na captação de clientes. Porém, o argumento de que uma conduta irresponsável prejudica a dignidade da profissão como um todo precisa ser revisto; e, assim como faz o Conar com publicitários e agências de publicidade, os infratores em práticas publicitárias sobre serviços advocatícios também devem ser punidos ao propagar conteúdo falso, enganoso ou ofensivo, inclusive dentro dos Códigos Civil e Penal.

O que se deve considerar é se, com o pretexto de zelar pelas regras de ética e responsabilidade profissional, não se está, de maneira implícita, punindo sobretudo aqueles recém-chegados ao mercado jurídico e, simultaneamente, fomentando uma assombrosa reserva de mercado. Sem mencionar o fato de a Comunicação poder promover a competitividade nos serviços jurídicos.

Ora, a permissão da veiculação de publicidade por advogados nos EUA foi amparada pelo direito constitucional da liberdade de expressão. A Constituição brasileira também garante o direito de liberdade de expressão.

Assim, vislumbra-se curioso paradoxo: proíbe-se, restringe-se, veda-se a publicidade profissional ao argumento de que esta atentaria contra a classe, quando, na verdade, trata-se de legítimo meio de difusão de informações, de conscientização de direitos e, consequentemente, de consagração do nobre sacerdócio da advocacia, com a observância dos mandamentos do advogado cunhados por Eduardo Couture, em especial os de estudo (adquirir, transmitir e aplicar o conhecimento jurídico), de pensamento (reflexão crítica), de trabalho (sério e compromissado) e de luta (pelo Direito).

O professor Hiram Baroli, coautor deste livro, apresenta argumentos científicos sobre Marketing que corroboram esse ponto:

> "A ESSÊNCIA DO MARKETING PARA ADVOGADOS É CRIAR VALOR PARA O CLIENTE, ATENDENDO ÀS SUAS NECESSIDADES, UM CONJUNTO DE ESTRATÉGIAS ÉTICAS PARA PROMOVER OS SERVIÇOS DO ADVOGADO, GARANTINDO OPORTUNIDADE E COMPETIÇÃO JUSTA NO MERCADO. O PROFISSIONAL ADVOGADO, INCLUSIVE OS MAIS JOVENS E ENTRANTES NO MERCADO, PRECISAM PROMOVER SEUS SERVIÇOS E SE TORNAR CONHECIDOS; ELES PRECISAM TER A OPORTUNIDADE DE ESTABELECER A SUA PRESENÇA NO MERCADO. É IMPORTANTE LEMBRAR QUE AS NORMAS ÉTICAS EXISTEM PARA PROTEGER A SOCIEDADE E OS CLIENTES DOS SERVIÇOS JURÍDICOS, MAS TAMBÉM PARA GARANTIR O DIREITO A UMA CONCORRÊNCIA JUSTA E LEAL."

Baroli acrescenta ainda:

> "A SOCIEDADE PRECISA SER RESPEITADA E DEVE TER O DIREITO DE CONHECER OS SERVIÇOS JURÍDICOS OFERECIDOS, O QUE DIFERENCIA UM PROFISSIONAL DE OUTRO E QUAIS AS REALIZAÇÕES DE UM PROFISSIONAL. A SOCIEDADE TEM O DIREITO DE SABER QUEM É QUEM DE MANEIRA NUA E CRUA. ESTAMOS NA ERA DIGITAL, NA ERA DO CHATGPT, É DIREITO DE QUALQUER PROFISSIONAL A AUTOPROMOÇÃO, DESDE QUE RESPEITE OS PRINCÍPIOS ÉTICOS E DA VERDADE. ADVOGADO SEM MARKETING E PROPAGANDA É COMO UM PRODUTO SEM RÓTULO; E, SEM INFORMAÇÕES, O CLIENTE É VÍTIMA."

Claramente, a restrição à publicidade dos escritórios de advocacia em nosso país tem a ver com a formatação jurídica brasileira. Já no primeiro Código de Ética Profissional do Brasil, composto pelo Instituto dos Advogados de São Paulo, em 1921, havia expressa proibição da propaganda de serviços de advogados; e o Estatuto da OAB (Lei n. 8.096/94) diferencia a atividade advocatícia de qualquer outra atividade comercial.

Ao longo do tempo, muitas dessas regras permanecem para a advocacia brasileira, como um carrinho de mão empurrado numa autovia.

Em uma sociedade líquida, nas palavras de Zygmunt Bauman sobre a sociedade moderna, marcada pela fluidez, instabilidade e incerteza, em comparação a uma sociedade mais estável e sólida do passado, as instituições como um todo devem se flexibilizar e se adequar às mudanças sociais que refletem a nova realidade de mercado.

Portanto, a advocacia, como uma prestação de serviço que é, também deveria estar atrelada ao uso da Comunicação e do Marketing, permitindo o crescimento dos novos advogados e daqueles que objetivam inserir-se no mercado e fazer crescer seu nome e – por que não dizer? – sua marca.

> “A LIBERDADE DE EXPRESSÃO DOS INDIVÍDUOS PRIVADOS INCLUI O DIREITO DE NÃO CONCORDAR, DE NÃO OUVIR E DE NÃO FINANCIAR OS PRÓPRIOS ANTAGONISTAS.”
>
> AYN RAND

Existem diferenças entre profissionais em todas as ocupações. Repito: o sucesso é o resultado da competência sob todos os aspectos.

CONTA-SE QUE UM LAVRADOR, CANSADO DAS RECLAMAÇÕES DA MULHER E DOS FILHOS COM AS CONDIÇÕES EM QUE
VIVIAM, FOI PEDIR CONSELHO AO PADRE, QUE DISSE A ELE PARA COLOCAR UM BODE NA SALA E RETORNAR EM UMA SEMANA.
PASSADO ESSE TEMPO, O LAVRADOR RETORNOU E DISSE QUE TODOS ESTAVAM CHATEADOS, A CASA ESTAVA UMA SUJEIRA DANADA E FEDIDA.
O PADRE ENTÃO DEU A SUGESTÃO FINAL: "TIRE O BODE DA SALA E IRÁ VER O QUE ACONTECE".
FEITO ISSO, FOI AQUELE ALÍVIO. A FAMÍLIA O AGRADECEU, SE PRONTIFICOU A AJUDAR MAIS E ELOGIOU SUA BONDADE EM SOLUCIONAR AQUELE INFORTÚNIO.

Para os jovens profissionais, principalmente aqueles provenientes de classes menos abastadas, o consumo é uma espécie de reparação social que vem como brinde com a ascensão social. Percebi esse sentimento em mim quando comecei a ganhar alguns tostões em minha carreira. Não canso de dizer:

> "O INVEJOSO NÃO QUER TER O QUE VOCÊ TEM; ELE QUER QUE VOCÊ NÃO TENHA."

Em diversas passagens deste livro, narro situações em que minha vida pessoal e meus bens, adquiridos como fruto de muito trabalho, são censurados pelo simples fato de a minha profissão ser a advocacia.

Isto é, se a advocacia me rendeu grandes lucros, eu estaria automaticamente impedido de divulgar em meus perfis sociais qualquer sinal característico de ostentação ou seria enquadrado pela prática de infração ético-disciplinar.

Qual a razão disso tudo? Faço aqui, inclusive, um paralelo ao *Conto da serpente e do vaga-lume*, segundo o qual um dia uma serpente começou a perseguir um vaga-lume, o qual fugia rápido, com medo da feroz predadora, e a serpente nem pensava em desistir. O vaga-lume fugiu e a serpente, encantada pelo brilho do inseto, não desistia, até que no terceiro dia, já sem forças para continuar fugindo, o vaga-lume parou e disse à cobra:

— Posso lhe fazer três perguntas?

A serpente permitiu.

— Pertenço à sua cadeia alimentar?

— Não.

— Eu já lhe fiz algum mal?

— Não.

— Então, por que você quer acabar comigo?

— Porque não suporto ver você brilhar.

Com as atuais regras de publicidade, é praticamente impossível investir na reputação do advogado e em seu nome utilizando-se dos instrumentos que a sociedade atual permite. Contamos com uma ampla gama de tecnologias, além de outras que estão surgindo, e, no entanto, as portas estão praticamente fechadas para a sua plena utilização.

Fica, pois, o questionamento: como um jovem advogado com o objetivo de inserir-se no mercado, sem poder valer-se dos instrumentos e ferramentas que atualmente são a chave para alcançar clientes (considerando que a "advocacia de porta em porta" e do "boca a boca" não existe mais), por meio da exposição do seu trabalho, sem nenhum caráter antiético ou antiprofissional, se a própria Instituição cria barreiras sob o pretexto da existência de uma suposta infração ética, sem que exista de fato qualquer intenção antiética por trás daquela publicidade?

Ora, se as redes sociais são canais de comunicação, se potenciais clientes se encontram ali concentrados e as utilizam como parte de seus negócios, por que o advogado não pode se valer dessa tecnologia?

No mais, se fizermos um comparativo, em outras profissões não se vê uma abordagem tão restritiva à atuação do profissional e regras de publicidade e promoção de serviços como as impostas à advocacia.

> "SENDO ASSIM, AS REVOLUÇÕES NÃO CONCERNEM A PEQUENAS QUESTÕES, MAS NASCEM DE PEQUENAS QUESTÕES E PÕEM EM JOGO GRANDES QUESTÕES."
>
> ARISTÓTELES

As leis, como os sentimentos, podem esconder interesses. Um exemplo grotescamente óbvio, que ajuda na compreensão do que estou querendo explicar, são as antigas leis do apartheid, na África do Sul. A quem interessavam aquelas leis? Obviamente, a uma minoria privilegiada, que queria manter tudo como estava. Essas leis eram éticas ao alijar uma grande parcela da população de seus direitos? Não, de forma alguma!

Por isso, concordo plenamente com as considerações de Ayn Rand[2] sobre o sistema.

Sem *chororô* ou *mimimi*, sou um caso concreto e real de algumas perseguições com base num pseudoprincípio de ética e moral. Não sou o único.

Antes de prosseguir, quero deixar bem claro: defendo com afinco o papel da OAB, mas tenho por obrigação neste capítulo trazer para discussão alguns aspectos que podem estar prejudicando uma parcela considerável de advogados, principalmente os mais jovens, na medida em que uma série de interposições pode levar a uma obscura reserva de mercado.

A interferência econômica é árdua para todos; da mesma forma que a ingerência no âmbito administrativo vai além do aceitável. É essencial que adaptações sigam as regras que o mercado dita: competência e resultados.

A Comunicação e o Marketing não podem ser renegados a um lugarzinho insignificante.

Em uma sociedade marcada não apenas pela livre expressão do pensamento e pela autonomia da vontade, mas também pela liberdade econômica e fundamentada pelos princípios da livre-iniciativa e livre concorrência, a competitividade existente no mercado exige que o advogado se adéque ao jogo liberal em que está inserido.

Falo aos quatro cantos de minha origem, pois não tenho nada a esconder sobre meu passado. Nunca tive vergonha da minha realidade, daquela quando eu era pobre ou a de agora, quando sou rico.

A esta altura da minha vida, não fingirei ser parte de uma realidade que não me representa mais. Isso não é justo com a minha história, com aqueles que conhecem a minha ascensão e com a minha profissão.

---

2 Ayn Rand (1905-1982) foi uma escritora norte-americana de origem russa que defendia a razão e o reconhecimento de direitos como liberdade individual, livre-iniciativa e livre concorrência, propriedade e felicidade.

Alguns gostam de dizer que sou exibicionista. Eu não tenho problema com isso. Quem tem deve procurar ajuda médica ou psicológica. Tudo o que tenho devo a esse "trabalho estúpido, maravilhoso, chato e incrível"[3].

A coação disfarçada pela busca de uma imagem homogênea, quando a realidade tem inúmeras nuances, é hipocrisia.

Me deixe, por favor, ser genuíno para ostentar a minha paixão e alegria pela advocacia e por aquilo que ela me deu – com muito orgulho –, resultado de muito suor, planejamento e profissionalismo.

> "NADA PODE TORNAR MORAL A DESTRUIÇÃO DOS MELHORES. NÃO SE PODE SER PUNIDO POR SER BOM, OU PAGAR POR TER SIDO HÁBIL."
>
> AYN RAND

Tenho a minha história e não me envergonho dela, da mesma forma que tenho muitos defeitos e não faço questão de escondê-los. Porém, acredito que posso ser um bom exemplo e mostrar que pessoas com uma história igual à minha também têm o direito de batalhar para serem bem-sucedidas. Não me encastelei, como fazem muitos advogados bem-sucedidos. Procuro expor a minha verdade e não tenho receio de encarar os possíveis problemas que eu possa ter com isso.

Minha proposta é promover a reflexão sobre as amarras da profissão para encontrar novos modelos que possam ajudar a impulsionar nosso ofício, mas, sobretudo, inspirar a busca de caminhos que levem à realização profissional dentro de um sistema justo e aberto.

Pois, como assinalou Montesquieu:

> "AS LEIS INÚTEIS ENFRAQUECEM AS LEIS NECESSÁRIAS."

---

[3] Jim Halpert, personagem da série *The Office*.

Corremos o risco, sim, de fabricar uma geração de advogados fracassados; e ainda Maquiavel:

> "PARA BEM CONHECER A NATUREZA DOS POVOS,
> É NECESSÁRIO SER PRÍNCIPE,
> E, PARA BEM CONHECER A DOS PRÍNCIPES,
> É NECESSÁRIO PERTENCER AO POVO."

Pelo fato de ter sido "povo" e estar na posição de um "príncipe", conheço os dois lados.

A OAB tem o dever de zelar pela respeitabilidade da profissão e regulamentar a publicidade na advocacia. Reconheço que, ainda que vagarosamente, a Ordem tem avançado em algumas questões no sentido de modernizar as regras que regem a profissão e espelhá-las na realidade atual, mas ainda de forma modesta.

No final de 2022, por exemplo, a seccional de São Paulo deu um passo importante para tornar a Ordem mais justa e plural, como é de fato a advocacia brasileira, quando enviou para o Tribunal de Justiça desse estado uma lista sêxtupla para cada uma das vagas do Quinto Constitucional, com os nomes de três mulheres e três homens, constando, no mínimo, os nomes de dois advogados e advogadas negros.

Além de otimizar a remoção de obstáculos que emanam de cor ou sexo e que bloqueiam a realização individual e profissional, essa pluralidade, com certeza, terá o impacto de dar à OAB uma nova cara, que possibilitará a confecção de regras mais inclusivas e capazes de buscar o equilíbrio e romper com ranços culturais que fazem a balança pender para um lado, que desconsideram o princípio da igualdade, negam a existência de tais distorções e, por conseguinte, mantêm-se indiferentes à necessidade de encontrar soluções para resolver o problema.

Não generalizo, obviamente, mas alguns que estão em cargos de poder na advocacia, e estão lá para se projetarem para um cargo político ou para tentar uma vaga pelo Quinto Constitucional, enxergam de maneira equivocada o que é ser advogado e se colocam acima da profissão, distanciando o conteúdo das regras da prática real da advocacia e das necessidades profissionais.

A Comunicação e o Marketing precisam estar direcionados à apresentação dos atributos técnicos e éticos do profissional e da sociedade, mas jamais podem ser escamoteados para um metaverso de outra realidade.

Portanto, leitores e em especial jovens advogados, convido vocês a refletirem sobre as regras da publicidade, as quais devem ser debatidas em um espaço procedimental democraticamente demarcado.

Uma coisa é certa: não podemos admitir a restrição do pleno exercício constitucional de nossa profissão. Mudanças são necessárias.

VISÃO TERRITORIAL DO MEU PRÓPRIO UMBIGO

Beca e empreendedorismo combinam lindamente. Um dos mais respeitados juízes britânicos, Tom Denning, já prenunciou:

> "É HORA DE OS ADVOGADOS OLHAREM PARA OUTRAS ÁREAS PARA GANHAR DINHEIRO ALÉM DO DIREITO."

Quando escuto alguns advogados apegados à imagem tradicional da advocacia, que desconsidera as transformações sociais e tecnológicas e a nova dinâmica de negócios, penso que eles querem apenas continuar a manter o bode na sala. O processo de transformação exige a quebra de paradigmas e, entre eles, o maior, que é o cultural.

Um dos mentores do RH moderno, o americano David Ulrich, pondera que a habilidade de se transformar nunca foi tão importante para o sucesso de um negócio. Empresas que não *se* transformam não são capazes de sobreviver ao atual cenário volátil e complexo. A afirmação de Ulrich vale para a advocacia e para qualquer outra atividade. É preciso, sim, que os operadores do Direito estejam capacitados perante a nova dinâmica de mercado, impulsionada pelo desenvolvimento de novos negócios.

Há mais de 20 anos, passo boa parte do meu tempo indo de um lado para outro do País. Essas viagens não são para mim apenas um dever profissional, elas representam um sopro de ar fresco, de onde retiro, muitas vezes, inspiração e coragem para continuar a empreender, pois tenho a oportunidade de conversar com pessoas das mais diferentes origens e especialidades empresariais. Conto isso para dizer que aprendi, com a experiência, a me conectar com outros pontos de vista, outras realidades. De alguma maneira, sinto-me próximo do que o grande navegador Amyr Klink expressou:

> “UM HOMEM PRECISA VIAJAR PARA LUGARES QUE NÃO CONHECE PARA QUEBRAR ESSA ARROGÂNCIA QUE NOS FAZ VER O MUNDO COMO O IMAGINAMOS, E NÃO SIMPLESMENTE COMO É OU PODE SER.”

Essas viagens pelo Brasil me quebram a arrogância. A cada visita, tenho a oportunidade de conhecer pessoas que se tornaram referência em suas áreas de atuação. Empresários bem-sucedidos, longe dos grandes centros urbanos. Sinto-me privilegiado com essas viagens, que me possibilitam sair do círculo de preconceitos contra o próprio País. Às vezes, ficamos presos à visão territorial de nossos umbigos. Por isso, entendo bem a determinação desses empreendedores que, mesmo longe do eixo Rio-São Paulo, prosperam, tornam-se grandes e saem dos modelos pré-fabricados. Por mérito, competência e, claro, coragem. Grandes grupos estão sendo formados fora dos principais polos de negócios do País graças ao dinamismo e à visão desses desbravadores.

O sucesso não é reservado a poucos; está ao alcance de todos. Como já relatei, tive a oportunidade, ainda nos tempos de estudante, de conhecer alguns empreendedores que moldaram a minha visão de mundo e me impulsionaram a ser um advogado-empreendedor.

Tenho absoluta certeza de que, se optasse unicamente por ser advogado, como prega a cartilha tradicional, estaria ainda em Bauru numa sala minúscula limpando, com a gravata, o café no canto da boca.

Modestamente, há tempos venho espalhando a fagulha segundo a qual, além do diploma, é preciso desenvolver um comportamento jurídico empreendedor, como já destacou o psicólogo americano David C. McClelland, que dedicou sua vida ao estudo do comportamento empreendedor. Sou referência para aqueles que gostam de mim e até para os que não gostam. Tenho certeza de que, de alguma forma, influencio a todos.

Empreender faz pessoas felizes. Não é à toa que, de maneira geral, os empreendedores são mais saudáveis do que aqueles que trabalham para alguém. Essa não é uma afirmação oca. Pesquisadores da Universidade de Baylor e da Universidade da Luisiana descobriram, ao combinar dados do Centro de Controle de Doenças e do Censo dos Estados Unidos, que, à medida que o número de pequenas empresas aumentava, a saúde da comunidade ao redor melhorava.

Sua pesquisa foi tema de uma reportagem da *Forbes* americana, que concluía: "Os empreendedores, ao que parece, têm uma incidência significativamente menor de doenças físicas e mentais, visitam o hospital com menos frequência e relatam níveis mais altos de satisfação com a vida".

Empreendedores fazem o que amam, são donos de suas decisões e assumem riscos calculados para atingir seus objetivos, e o princípio de tudo é adotar totalmente uma mentalidade de crescimento baseada na confiança de que você pode aprender e adquirir o que precisa para ter sucesso.

Além dos meios, porém, é preciso difundir o conhecimento e a cultura empreendedora. Disso já se sabe e se fala há décadas, mas não desenvolvemos plenamente esses quesitos tão fundamentais, nem sequer abandonamos definitivamente a velha ideia de que "se nasce empreendedor".

É possível, sim, desenvolver essas características. Frequentemente, em meus artigos, invoco nossos empreendedores de sucesso para que se transformem em agentes propagadores do empreendedorismo.

Indivíduos empreendedores resultam em uma sociedade empreendedora, criando valores individuais, organizacionais e sociais.

A narrativa de que possuir um extraordinário conhecimento jurídico se traduz em produtividade, sucesso e riqueza não é real e não contribui para o desenvolvimento de uma prática de negócios que ampare você e sua família financeiramente, na grande maioria das vezes.

Advogados empreendedores amam o desafio de construir seu próprio método de trabalho, sem medo de dar duro visando à autogestão, de equilibrar expectativas e demandas. Acho que aí está a chave para entender por que empreender faz bem à saúde.

Certa vez escrevi um artigo sobre o discurso que Steven Spielberg fez para formandos da Universidade Harvard, em 2016, que chamou minha atenção pelo exemplo de vida e por estar repleto de indicações sobre empreendedorismo. Com uma carreira imensamente vencedora como diretor, roteirista e produtor, ele é responsável por filmes como *Indiana Jones, Tubarão, Jurassic Park,* entre tantos outros *blockbusters.* Spielberg começou a faculdade na adolescência, mas, no segundo ano, a Universal Studios ofereceu a ele o "emprego dos sonhos", como ele próprio afirma. "Deixei a faculdade porque sabia exatamente o que queria fazer", contou ele. Tenho a mesma compreensão: siga a placa de suas aspirações e não perca tempo dando voltas para fazer o que gostaria de fazer. Busque encontrar os meios para realizar seus objetivos.

Em outro trecho de seu discurso, Spielberg destaca o direcionamento profissional, adotando a atitude de alguns de seus personagens como exemplo.

> "O QUE VOCÊ ESCOLHE FAZER A SEGUIR É O QUE CHAMAMOS NOS FILMES DE 'MOMENTO DE DEFINIÇÃO DO PERSONAGEM'. ESSES SÃO MOMENTOS COM OS QUAIS VOCÊ ESTÁ MUITO FAMILIARIZADO, COMO AQUELE EM QUE INDIANA JONES ESCOLHE A MISSÃO EM VEZ DO MEDO DE SALTAR SOBRE UM MONTE DE COBRAS. 'COBRAS'. POR QUE TINHA QUE SER COBRAS?"

Esta é uma grande lição: o sentido de missão nos faz superar os medos.

Spielberg ainda pondera sobre intuição e consciência. "Elas trabalham em conjunto, mas sua consciência grita: 'aqui está o que você deve fazer', enquanto sua intuição sussurra: 'aqui está o que você pode fazer'. Ouça aquela voz que lhe diz o que você pode fazer". É preciso encontrar a medida correta para que essa receita dê certo, com a intuição guiada pela razão.

Desde a infância, ouvimos as vozes de nossos pais, de nossos amigos, professores e patrões. Podemos aprender com a experiência de outras pessoas, mas não podemos nos acomodar em fazer o mais fácil, que é simplesmente concordar em nome da boa convivência ou por conveniência.

> "NÓS NÃO SEGUIMOS MAPAS PARA TESOUROS ENTERRADOS, E UM X NUNCA, NUNCA MARCA O LOCAL."
>
> *INDIANA JONES E O TEMPLO DA PERDIÇÃO*, 1984

Como já mencionei, quando revelei meu sonho de ter um escritório com dimensões nacionais, ainda no início da carreira e sem dinheiro, muitos me chamaram de louco.

Jeff Bezos, fundador da Amazon, disse ao jornal *Miami Herald* em 1982, logo após se formar no colégio, que queria criar uma colônia no espaço sideral para milhões de pessoas. À época, muitos viram ali um ego exosférico de um recém-formado. Mas Bezos ergueu a Amazon e já vem colocando foguetes na órbita terrestre. A semente da colônia espacial, portanto, já está plantada.

O que quero dizer é que é possível tantos outros Nelson Wilians na advocacia e tantos outros Jeff Bezos empresários porque o que nos fez sermos possíveis foi a nossa determinação.

Todos os humanos têm a mesma capacidade de sonhar, porém nem todos têm ambição e disposição para realizar. Para realizar, é preciso estar preparado para o desafio de empreender; para empreender, a primeira coisa que um profissional deve ter na cabeça é que não se está 100% no controle de tudo e que é necessário aceitar correr riscos.

Aconselho: faça um *turnaround*[4] mental sobre a prática da advocacia.

Isso é importante porque, como advogados, acreditamos que podemos fazer melhor e mais rápido; como empreendedores, aprendemos a olhar à frente e a dar significado ao que fazemos para sermos os melhores e sermos recompensados por isso.

Se nada do que eu disse até aqui é convincente para se adotar uma postura empreendedora, o que escrevo agora talvez seja o argumento mais forte: ser empreendedor é arcar com os maiores ônus, mas é também colher a maior parte das recompensas do negócio. Esse ponto é fundamental, ainda que muitos fiquem corados pelo destemor em deixá-lo escancarado. Para estes, então, mostro outra perspectiva: empreender gera riqueza, cria empregos e negócios e alimenta a economia.

Mesmo que as probabilidades digam que poucos se tornarão multibilionários, que alguns ganharão apenas o suficiente para uma vida tranquila e que tantos outros ainda poderão fracassar, "empreendedores pagam o preço que ninguém mais pagará", nas palavras de Jeff Goins, escritor e empresário americano. Digo que vale a pena, no que estou em boa companhia, como a de Amelia Earhart, pioneira da aviação dos Estados Unidos, defensora dos direitos das mulheres e escritora:

> "O MAIS DIFÍCIL É A DECISÃO DE AGIR, O RESTO É APENAS TENACIDADE. OS MEDOS SÃO TIGRES DE PAPEL. VOCÊ PODE FAZER QUALQUER COISA QUE DECIDIR FAZER. VOCÊ PODE AGIR PARA MUDAR E CONTROLAR SUA VIDA; E O PROCEDIMENTO, O PROCESSO, É SUA PRÓPRIA RECOMPENSA."

---

4 Em gestão, *turnaround* significa promover uma reestruturação completa do negócio, para que ele possa se readaptar à sua realidade.

Não estou me restringindo aqui a ter o próprio negócio; embora ache que tê-lo é o melhor caminho, o conceito é mais amplo porque, até mesmo como contratado de um escritório, ter um comportamento jurídico empreendedor melhorará sua performance e fará bem a toda a equipe, além de ser importante *para se manter necessário.*

No interior da fervura do caldeirão de transformações que cozinha todas as atividades profissionais, não é demérito buscar novas perspectivas de crescimento profissional, o que passa por um comportamento empreendedor.

Esse comportamento abrange o domínio de um conjunto de habilidades, como liderança, gerenciamento de negócios, comunicação e pensamento criativo. Habilidades, como já frisei, que podem e devem ser desenvolvidas.

> “TODOS OS LIMITES SÃO AUTOIMPOSTOS.”
>
> ÍCARO

Coloco aqui partes de um artigo que escrevi e que materializa a falta de maleabilidade e de habilidades extras dos advogados para os postos de liderança de grandes corporações. Uma pesquisa da Universidade de Chicago, em conjunto com a Universidade Estadual da Flórida e a Universidade Stony Brook, examinou a formação educacional de 3.500 CEO, menos de 10% vinham da área jurídica.

A pesquisa documenta que os CEO com experiência jurídica são eficazes no gerenciamento de riscos de litígios, definindo políticas empresariais mais avessas ao risco. Porém, demonstra que essas ações têm grande valor apenas quando as empresas operam em um ambiente com alto risco de litígio ou altos requisitos de conformidade.

Obviamente, o caminho para chegar a uma posição tão cobiçada nunca é linear, e a jornada de cada um até o topo da montanha estabelece obstáculos diferentes. Mas o fato é que as organizações, há algum tempo, estão vendo benefícios em contratar CEO com formação jurídica.

Porém, se por um lado os CEO jurídicos apresentam facilidades em estabelecer processos que reduzem riscos e promovem o *compliance,* por outro, existe certo antagonismo, pois advogado é avesso a riscos, ao passo que CEO estão constantemente flertando com o risco para atingir metas empresariais de crescimento, segundo, claro, parâmetros planejados.

A capacidade de compreender a lei e de gerir bem a reputação da empresa, portanto, por si só, não basta para que um advogado ocupe o cargo de gestor. As empresas buscam também outras habilidades nos profissionais jurídicos, e entre elas está a de entender as pessoas e saber como se comunicar com elas. Essa habilidade é tão preponderante para quem tem pretensões a um cargo de CEO quanto o pensamento analítico-jurídico.

Outra questão é que, como advogados, somos treinados para o embate. Mas, no mundo dos negócios, o jogo do ganha-ganha é condição necessária; mesmo em situações mais desagradáveis, é necessário produzir resultados amigáveis, o que requer o desenvolvimento das habilidades de negociação. Para tanto, ter inteligência emocional é essencial.

Não é de hoje que falo da necessidade de transformar afirmativamente a mentalidade do profissional jurídico em empreendedora em 3 em 1: visionária, administradora e técnica, além de combater o estereótipo de apego às palavras e de aversão aos números. Não vejo para a advocacia outro caminho a percorrer nesse ambiente complexo e em constante mudança em que vivemos.

À imagem dos grandes juristas e de toda a sua formalidade, precisamos desafiar nossos limites e demonstrar outras habilidades para fugir da zona de conforto e do represamento da profissão. A formação e a experiência não podem se tornar uma âncora na carreira, mas um interruptor. A jornada é contínua e vale lembrar:

> **“O LIMITE DE SUA COMPREENSÃO ATUAL NÃO É O LIMITE DE SUAS POSSIBILIDADES.”**
>
> GUY FINLEY

A transformação deve ser uma escolha consciente.

RESET

Quando falo em inovar na advocacia, alguns dizem que estou querendo reinventar a profissão. Reinventar não. Talvez ela precise ser reiniciada para atualizar alguns softwares. Mas confesso que tenho mais perguntas sobre isso do que respostas, o que me lembra a fábula do rato perdido na floresta que pediu ajuda à coruja para encontrar a saída.

— Fácil — disse a coruja —, crie asas e voe, como eu faço.

— Mas como posso criar asas?

— Só aconselho sobre a estratégia.

O sentido da reinicialização a que me refiro é o do autoaperfeiçoamento para explorar formas criativas de melhorar processos em busca de uma melhor prestação de serviços e de uma experiência mais rica para o cliente. Trata-se de uma mentalidade que precisa ser agregada. As grandes empresas já detectaram que, para não ficarem para trás, precisam ter um dedo no pulso da inovação.

No mercado do Direito, há notícias diárias de disputas jurídicas que surgem em ambientes emergentes, e algumas envolvem as maiores corporações do Planeta e bilhões de dólares.

Não é possível atuar da mesma forma que atuávamos 10 anos atrás. Não é possível entrar hoje em uma empresa ou em um escritório de advocacia e fazer uma viagem "de volta ao passado", com tantas e constantes mudanças comportamentais e tecnológicas.

A inovação deve ser vista como uma forma de permitir que o cliente faça negócios com você com mais facilidade. Como em qualquer setor empresarial, a advocacia só poderá produzir valor se seu sistema de inovação estiver pronto para traduzir prioridades e assumir compromissos com resultados.

Há uma frase de Antoine de Saint-Exupéry, autor de *O pequeno príncipe*, que gosto sempre de lembrar quando me deparo com ideias complexas, de difícil execução:

> "UMA PILHA DE PEDRAS DEIXA DE SER UMA PILHA DE PEDRAS QUANDO UM ÚNICO HOMEM A CONTEMPLA TRAZENDO DENTRO DE SI A IMAGEM DE UMA CATEDRAL."

O mundo está em rápida transformação e em busca de novas condutas, e os relacionamentos frutíferos estão no centro de toda prática jurídica bem-sucedida. Os meus primeiros clientes foram os próprios médicos da clínica onde eu advogava numa pequena sala, e eles passaram a me indicar para outras pessoas. Mas procurei e continuo procurando estender minhas conexões a todas as áreas, inclusive à política (mas sou apartidário: nem "tão perto do fogo para não me queimar, nem tão longe para ser esquecido ou que não sinta o calor").

Se eu dependesse, entretanto, apenas do *networking*, demoraria dezenas de anos para chegar aonde cheguei. A lógica atual do mercado está alinhada à inovação, a novos hábitos de consumo e a novas demandas. Independentemente da área de atuação, é necessário continuar a aprender, desaprender e reaprender, preparando-nos permanentemente para o futuro.

> "O ANALFABETO DO SÉCULO XXI NÃO SERÁ AQUELE QUE NÃO CONSEGUE LER E ESCREVER, MAS AQUELE QUE NÃO CONSEGUE APRENDER, DESAPRENDER E REAPRENDER."
>
> ALVIN TOFFLER

Há inúmeras possibilidades que podem ser destravadas, mas é preciso pensar de forma original para alcançar potenciais clientes. Contudo, os manuais de gestão de pessoas dizem que, para aprimorar nossas habilidades, é primordial investir na aquisição de conhecimentos em gestão de pessoas, de negócios e comunicação. O mundo do Direito está mudando, assim como aquilo que as pessoas querem dos escritórios de advocacia e dos advogados. Tudo pode, de uma vez, se resumir à conveniência, à capacidade de resolver problemas e à maneira como nos relacionamos e nos comunicamos.

Diferentemente do que acontecia anteriormente, se o cenário parecia estável, lento e previsível, hoje tudo muda mais rápido num mundo cada vez mais conectado. Não importa quão boa seja sua reputação, se você não for proativo e não souber apresentar seus serviços, terá pela frente enormes desafios.

Talvez eu seja o único advogado de um grande escritório que fale abertamente sobre sucesso sem ficar restrito ao êxito jurídico. Por trás de todo escritório exitoso há um advogado de sucesso. Já falei aqui sobre o que é ser advogado e o que é ser um bom advogado. Amplio agora para o que é ser um advogado bem-sucedido. É o número de ações que ele ou ela ganhou ou a receita gerada em um ano? Acredito que as duas coisas. Porém, é mais fácil encontrar advogados que são extremamente triunfantes no que diz respeito a vencer muitas causas, sem recompensa financeira à altura. No mundo empresarial (para confirmar isso, basta dar um Google), sucesso e riqueza andam de mãos dadas, ainda que alguns líderes empresariais não tenham sucesso e riqueza em níveis iguais.

"Muitas pessoas medem seu sucesso por quanto dinheiro ganham ou pelas pessoas com quem se associam", escreveu o bilionário Richard Branson no LinkedIn, e concluiu: "Na minha opinião, o verdadeiro sucesso deve ser medido por quão feliz você é".

Concordo que o dinheiro não serve de métrica para a felicidade, mas ele é, a olho nu, o reconhecimento do sucesso. Ser advogado com sucesso, mas pobre é, para dizer o mínimo, estranho. Este é o exemplo que quero deixar aos jovens profissionais, e que poucos medalhões da advocacia têm coragem de falar abertamente: é importante cultivar relacionamentos tanto profissionais como pessoais; controlar o imenso ego característico dos advogados, estar aberto a soluções eficazes no atendimento de seus clientes; ser resiliente e ter atitudes positivas e, fundamentalmente, ter uma mentalidade voltada para triunfar. Proponho reiniciar o software da advocacia, redefinir algumas funções e criar uma aba de como ser bem-sucedido. Para isso, é preciso quebrar barreiras, desatar amarras e silenciar a voz interior que diz: "Você não pode"[5]. E, fundamentalmente, faz-se imperioso se tornar visível e entender o seu negócio como um todo.

> "MESMO QUE ESTEJA NO CAMINHO CERTO,
> VOCÊ SERÁ ATROPELADO
> SE FICAR SENTADO NELE."
>
> WILL ROGERS

5 "Se você ouvir uma voz dentro de você dizer: 'Você não pode pintar', então, pinte, e essa voz será silenciada" (Van Gogh).

TIRE A ESPINHA E SABOREIE A CARNE

Há infinitas definições sobre o significado de sucesso, exatamente porque cada indivíduo pode ter a sua própria definição. Para alguns, sucesso é uma carreira brilhante em uma grande organização; para outros, é ter o seu próprio negócio ou simplesmente ter satisfação sem necessariamente estar relacionado a uma posição profissional. O sucesso não tem tamanho único. O fundamental é reconhecer o quanto ele significa em sua vida para que mereça alcançá-lo. Isso é dar direcionamento à sua própria trajetória e modelá-la, não é simplesmente viver o modelo de outros. Para mim, o sucesso significou viver os meus objetivos e conseguir realizá-los.

Gosto muito da amplitude da definição de sucesso dada pelo filósofo alemão e Nobel da Paz Albert Schweitzer:

> “O SUCESSO NÃO É A CHAVE PARA A FELICIDADE. A FELICIDADE É A CHAVE PARA O SUCESSO. SE VOCÊ AMA O QUE FAZ, VOCÊ SERÁ BEM-SUCEDIDO.”

Acrescento que, quanto antes você tentar alcançar seus objetivos, maiores são as chances de chegar ao sucesso.

No século passado, alguns empreendedores se tornaram milionários antes dos 30 anos. Hoje isso também acontece, e em número maior ainda; basta dar uma espiada nas diversas publicações que divulgam a lista das pessoas mais endinheiradas do mundo. Estão lá os maiores bilionários e bilionárias do Planeta. Entre eles, muitos ainda não completaram três décadas de vida. Boa parte desses “trintões” milionários está ligada à área de tecnologia, jovens que criaram ou implantaram alguma solução tecnológica que abarrotou suas contas bancárias. Ser milionário jovem não é uma tarefa fácil, afinal, além de colocar o ovo em pé, é preciso muito comprometimento, dedicação e força de vontade para alcançar essa meta em tão pouco tempo de vida e carreira.

Mas há uma pilha de questões jurídicas que estão em grande evidência e podem impulsionar a carreira de muitos jovens advogados. Se a experiência dos milionários *under 30* da tecnologia parece distante da realidade da advocacia, faço esta relação com a minha trajetória profissional novamente: aos 22 anos eu estava andando de ônibus em Bauru, e antes dos 30 já estava comprando meu segundo avião.

Há uma vasta literatura sobre *cases* de sucesso, justamente porque, como bem observou o comediante americano Kin Hubbard, "você já conheceu um homem de sucesso que não falou sobre isso?".

É inevitável que, em algum momento, acabemos fazendo conjecturas sobre o nosso itinerário e os erros do início que impactaram nossa busca pelo sucesso. Por óbvio, procuramos sempre fazer o melhor que podemos com o que temos, mas

> "OS ERROS QUE COMETEMOS EM NOSSA JUVENTUDE, PAGAMOS PELO RESTO DE NOSSAS VIDAS."
>
> CHUCK PALAHNIUK

Erros na juventude podem significar enormes pedras em nosso caminho e nos forçar a um longo desvio ou até nos impedir de atingir nossas metas. A pergunta sem resposta é:

> "POR QUE SOMOS SOLICITADOS A TOMAR AS DECISÕES MAIS IMPORTANTES DE NOSSAS VIDAS QUANDO SOMOS TÃO JOVENS E TÃO PROPENSOS A ERROS?"
>
> SAMUEL PARK

Depois de ler um artigo intitulado "O que eu diria ao meu eu de 20 anos", voltado aos cuidados do corpo e da mente, ocorreu-me criar uma versão direcionada à advocacia.

FAÇAM UMA MAGIA PARA QUE MEU CAVALO VOE!
IMPOSSÍVEL, CAVALOS NÃO VOAM, VOSSA MAGESTADE.
DE FATO... REALMENTE É IMPOSSÍVEL.
EU... POSSO FAZER O CAVALO VOAR...
COMO?
COMO O CAVALO NUNCA VOOU, EU PRECISO DE UM TEMPO PARA TREINÁ-LO.
ME DÊ DOIS ANOS E O CAVALO VOARÁ!
HM...
VOCÊ É LOUCO?! CAVALOS NÃO VOAM!
EM DOIS ANOS, O REI PODE MORRER, EU POSSO MORRER, O CAVALO PODE MORRER, E AINDA QUEM SABE, VAI QUE ESSA "MERDA" VOE!

Muitas coisas, lamentavelmente, descobri da maneira mais difícil. Assim, ao vasculhar o início da minha carreira e avaliar o que posso considerar como acertos e erros, meu objetivo é passar alguma experiência para aqueles que estão começando agora. Afinal, como diz o melhor treinador da história da liga de basquete juvenil americana, John Wooden: "os jovens precisam de modelos, não de críticos".

Não obstante, é preciso ver a minha experiência com ressalvas, pois não podemos aplicar as práticas de ontem aos problemas de hoje; mas conceitos como empreendedorismo, coragem, resiliência, planejamento, liderança e paixão são atemporais. Lendo minha história, aproveite como se fosse um peixe à mesa, tire a espinha e saboreie a carne.

> "QUE VOCÊ SEMPRE SE LEMBRE DE APROVEITAR A ESTRADA, ESPECIALMENTE QUANDO FOR DIFÍCIL."
>
> KOBE BRYANT

Quem está em início de carreira e quer ser dono do seu próprio nariz precisa lembrar que será proprietário e CEO de sua empresa; que terá de bater o pênalti e correr para defender e estar preparado tanto para representar os interesses de seus clientes como para administrar o seu negócio. Consequentemente, você será o seu próprio líder.

A verdade é que todos somos líderes e seguidores, dependendo dos papéis que desempenhamos em determinado momento. Geralmente as pessoas com elevado grau de liderança sabem decifrar suas emoções, administrar os próprios sentimentos e possuem muita habilidade para dialogar com os outros. Em outros termos, essas pessoas souberam desenvolver competências socioemocionais para desempenhar o papel de líder. As competências socioemocionais são definidas como "um conjunto de capacidades que a pessoa possui e que se expressa em padrões de pensamentos, sentimentos e comportamentos". Em síntese, tais capacidades são essenciais para nos conectar com os outros e refletem a forma como interagimos emocional e socialmente.

Essas competências, porém, precisam ser aprimoradas dia após dia para que se possa gerenciar melhor as situações do cotidiano e obter resultados para todo o escritório.

Quando se trata de liderança, para mim, os melhores professores são aqueles que deixaram suas ações como pontos de ensinamento. Um deles foi o imperador francês Napoleão Bonaparte. Por mais heterodoxos que seus métodos fossem, não se pode negar quão brilhante ele era como líder. Para Napoleão, nenhum trabalho estava abaixo dele. Mesmo quando era um general célebre, não hesitava em descer de seu cavalo e entrar nas trincheiras. Ele participou do trabalho daqueles que ele liderou, o que lhe garantiu ficar **ciente do que acontecia nos escalões mais baixos,** mesmo quando já ocupava o topo. Napoleão se recusou a seguir o que era a norma e, quando viu uma posição vantajosa para suas tropas, ele a agarrou. Inventou truques nas formações de batalha que chegavam a confundir seus generais, mas que se revelaram excelentes movimentos. Sua capacidade de traduzir a intenção em realidade e de agir de acordo com sua intenção vem do seu comprometimento. A verdadeira liderança busca incessantemente mudanças positivas.

> “UM LÍDER É UM VENDEDOR DE ESPERANÇA.”
>
> NAPOLEÃO BONAPARTE

Como líderes, devemos aprender a nos adaptar em um mundo em transformação.

Em seu discurso de posse, em 20 de janeiro de 1993, o ex-presidente americano Bill Clinton observou que as distinções entre as relações internas e externas estavam se tornando confusas à medida que a população global era afetada por uma economia fraca, catástrofes ambientais e pela corrida armamentista.

Durante seus 8 anos como presidente, ele enfrentou essas questões enquanto conduzia os Estados Unidos ao século XXI. A estratégia econômica de Clinton concentrava-se na disciplina fiscal, no investimento em educação, saúde e tecnologia e na abertura de mercados externos.

Mesmo após um rumoroso escândalo que abalou o seu governo e as investigações que o levaram a um processo de impeachment (do qual foi absolvido no Senado), em seu segundo mandato, a gestão de Clinton é lembrada pelos americanos como uma das mais bem-sucedidas do século XX, não apenas por suas enormes realizações internas e significativas conquistas no tocante à política externa, mas também por liderar o País em meio aos desafios da chegada de um novo século.

Nelson Mandela é outro exemplo de líder cujo compromisso com a liberdade lhe rendeu o Prêmio Nobel da Paz. Mas a premiação foi concedida, sobretudo, por sua longa campanha em prol de uma sociedade democrática e livre que uniu a África do Sul. Mais do que suas realizações, esses homens nos apontam a perspectiva de que não importa quão brilhante você se considere, é preciso encontrar pessoas que compartilhem sua visão, complementem suas habilidades e implementem seu plano. É preciso articular o propósito do seu negócio e ajudar os seus colaboradores a se conectarem com ele. Isso exige liderança. E, aí, brota uma pergunta simples, mas imprescindível e irritante de responder objetivamente – o que é liderança?

Eu me valho de uma explicação de Kevin Kruse, CEO da LEADx e autor do livro *Great Leaders Have no Rules* (Grandes líderes não têm regras), que descreve aquilo que não tem a ver com liderança. A primeira coisa é que liderança não tem a ver com posição, hierarquia ou idade. Nada disso é automaticamente sinônimo de liderança. Liderança também não tem a ver com títulos. Kruse conjectura que se pode ser um líder na vizinhança, na família, entre os amigos, sem ter um título ou precisar de um. Da mesma forma que liderança não tem necessariamente a ver com carisma, responsabilidade e características dominadoras. Outra coisa que não tem a ver com liderança é gestão. "Os gerentes precisam planejar, medir, monitorar, coordenar, resolver, contratar, demitir e tantas outras coisas. Normalmente, os gerentes gerenciam as coisas, enquanto líderes lideram pessoas", ressalta Kruse.

Na minha opinião, todos esses "não têm a ver" podem ajudar na arte de liderar, mas não são essenciais. Então o que é liderança? Continuo a me valer do raciocínio de Kruse, que propõe conhecer a definição de liderança de alguns dos "homens de negócios mais respeitados de nosso tempo". Porém, o consultor americano faz uma análise crítica dessas definições, já eu prefiro registrá-las aqui apenas para conhecimento e reflexão.

> "A ÚNICA DEFINIÇÃO DE LÍDER
> É ALGUÉM QUE TEM SEGUIDORES."
>
> PETER DRUCKER

> "LIDERANÇA É A CAPACIDADE
> DE TRADUZIR A VISÃO EM REALIDADE."
>
> WARREN BENNIS

> "LIDERANÇA É INFLUÊNCIA, NADA MAIS, NADA MENOS."
>
> JOHN MAXWELL

Essas definições são aparentemente estreitas, mas, na soma, conectam diversos pontos, considerando sobretudo que são de grandes líderes. Kruse, após tecer comentários sobre cada uma delas, apresenta a sua:

> "A LIDERANÇA É UM PROCESSO
> DE INFLUÊNCIA SOCIAL, QUE MAXIMIZA
> OS ESFORÇOS DOS OUTROS
> PARA A CONSECUÇÃO DE UM OBJETIVO."

Concordo plenamente que liderar é maximizar esforços, já disse aqui mesmo que busco maximizar qualidades e minimizar defeitos e concordo também que a liderança decorre da influência social, não da autoridade ou do poder. Quando me faço constantemente presente nas redes sociais, submeto-me a críticas e elogios, mas, sobretudo, me torno um influenciador, não só para o público externo como também para os meus pares, sócios e colaboradores. Desse modo, eles compreendem que a minha forma de ver e agir no âmbito corporativo é integral, para fora e para dentro do escritório. Não à toa, gosto de criar ambientes para que outras lideranças em meu escritório quebrem paradigmas e ajudem as pessoas a se desenvolverem mais e melhor. Por isso, insisto na tecla de que é preciso adquirir outras habilidades, entre elas a de liderança; e, para tanto, é preciso se estabelecer como líder.

Quando estava em Bauru, recém-formado, o meu discernimento era o de que eu deveria liderar a minha carreira. Precisaria agir e pensar como um líder, ainda que apenas de mim mesmo. Isso guiou os meus passos na direção de evoluir de um prestador individual de serviços de advocacia para abrir o meu primeiro escritório e, depois, multiplicar essa experiência muitas vezes. Passei de líder de mim mesmo a líder de uma secretária, de um estagiário, depois de um advogado, até chegar a liderar milhares de pessoas.

Quando comecei, estabeleci uma mentalidade que foi se ampliando para outras situações, ambientes e pessoas, tal como o efeito de uma pedra atirada num lago calmo, que forma uma cadeia de ondas que se movem em muitas direções. Existe um adágio popular que afirma:

> “O PESSIMISTA RECLAMA DO VENTO.
> O OTIMISTA ESPERA QUE ELE MUDE.
> O SÁBIO AJUSTA AS VELAS.”

Quando se trata de como vemos o mundo, a maioria de nós se enquadra em uma das duas categorias: otimista ou pessimista. O otimismo é uma mentalidade que permite que as pessoas vejam o mundo, outras pessoas e eventos da forma mais favorável e positiva possível. Prefiro o realismo, que pode nos aproximar da compreensão da realidade. Toda a minha caminhada profissional é resultado de um processo consciente em alguns casos e não consciente em outros, o que me ajudou a construir o meu negócio. Olhando para trás, percebo que alguns fatores foram importantíssimos; e um deles foi, novamente, me estabelecer como um líder; depois, constituir um conjunto diversificado de habilidades e qualidades.

Processo não consciente tem um significado importante porque aprendi à medida que avançava na minha área de atuação. Às vezes as coisas saíam do controle e batia aquela insegurança. Mas sempre mantive uma atitude positiva, ao mesmo tempo que procurava me preparar para solucionar problemas, sempre focando na missão de meu negócio, seguindo intuitivamente aquela sabedoria de "ajustar as velas" dependendo do vento que soprasse.

Liderança pode ser ensinada, aprendida, exercitada e praticada. Grandes líderes geralmente possuem uma combinação de várias qualidades, como criatividade, motivação, visão e empatia. Napoleão é um exemplo de líder que personifica muitas qualidades e com enorme capacidade de se adaptar às diferentes situações para atingir seus objetivos. É importante encarar a percepção de fraqueza, com positividade e preparação. Liderar não é um ato apenas para si mesmo, e sim criar uma visão inspiradora, estabelecer um objetivo comum, orientar seus seguidores e, sobretudo, liderar pelo exemplo.

> “DAR O EXEMPLO NÃO É A MELHOR MANEIRA DE INFLUENCIAR OS OUTROS. É A ÚNICA.”
>
> ALBERT SCHWEITZER

Não bastam habilidades técnicas e o diploma; o crescimento profissional passa por desenvolver também habilidades de liderança. Para ser um líder eficaz é preciso outra habilidade, que é o cerne deste livro: saber se comunicar, uma qualidade social fundamental, que pode significar uma vantagem na vida e nos negócios. Saber se comunicar é uma habilidade poderosa para liderar e crescer profissionalmente.

Ainda há outro fator que também abordaremos aqui – inteligência emocional, a capacidade de influenciar as nossas emoções e as de outras pessoas. Grandes líderes e grandes comunicadores a têm de sobra.

FÍGADO DE PLÁSTICO

A cada passo que dou em minha trajetória, lembro a mim mesmo que é por uma boa razão. O que escrevo aqui, obviamente, não se afasta dos alicerces que fundamentam o Direito nem dos pilares firmados pela advocacia, mas ratifica valores ao mesmo tempo que objetiva a ampliação dos horizontes da profissão, em compasso com os novos tempos.

O exercício da profissão deve ser pautado por uma autorreflexão, que leve a assumir um papel ativo no planejamento da carreira. No entanto, é importante ver a profissão de forma realista.

Após um processo de qualificação longo, potencialmente caro e incerto, ainda há a possibilidade de um trabalho extremamente estressante. Qualquer que seja a área jurídica escolhida, o trabalho envolverá uma série de tarefas, concorrência feroz e muita psicologia, tornando fundamental o domínio de novas habilidades que nos levem a identificar o que o mercado está apto a absorver.

Quem quer ter sucesso precisa ter em mente um CNPJ e pilares sólidos de gestão para fazer parte daquele grupo diferenciado de advogados. Para tanto, deve-se aprender a ser dinâmico em outras áreas e agir, como já pontuamos, de forma empreendedora.

As qualidades e características que tornam alguns advogados bem-sucedidos no desenvolvimento de negócios podem ser cultivadas por meio de muita disciplina e de trabalho árduo.

Aonde, de verdade, você quer chegar? A resposta, provavelmente, desembocará em um advogado com uma forte mentalidade de crescimento.

Como disse Steve Jobs: "Seu tempo é limitado, então não o desperdice vivendo a vida de outra pessoa".

Tenho dito com frequência que não basta ter a técnica e saber usar a tecnologia; é necessário ter a capacidade de reconhecer e controlar suas próprias emoções, ao mesmo tempo que as aproveita adequadamente para obter a melhor reação possível, conforme as situações determinam. Em vista disso, é preciso ter inteligência emocional, pois quem lida bem com as emoções consegue melhores resultados profissionalmente.

O conceito de inteligência emocional foi popularizado pelo psicólogo americano Daniel Goleman. A boa notícia é que a inteligência emocional pode ser desenvolvida e praticada para transformar a cultura, a produtividade e a eficiência no local de trabalho.

A faculdade é rica em conceitos liberais, mas não nos ensina nada sobre inteligência emocional, que imagino ser a intersecção entre liderar e ter sucesso. Já exercendo a profissão, aprendemos algumas coisas aos trancos e barrancos, sem metodologia e desorganizadamente.

Aumentar as habilidades emocionais beneficiaria não apenas os advogados e os empreendedores, mas também seus clientes.

Há muita literatura sobre as *soft skills* ou habilidades socioemocionais, que Goleman descreve e que podem determinar o sucesso nos relacionamentos, no trabalho e até mesmo proporcionar bem-estar físico e mental: autoconsciência; autorregulação; motivação; empatia e habilidades sociais.

O que é necessário é buscar a própria transformação, o que, em determinados momentos da vida, significa saber engolir muitos sapos, para ser direto. Foi o que mais fiz na vida. Acho que já engoli uma lagoa inteira repleta de sapos, lagartos e crocodilos. Mas, para minha sorte, tenho fígado de plástico. Isso sempre teve uma razão: o bem maior dos negócios!

O ego[6] não pode ser maior do que o propósito de quem está em início de carreira ou mesmo que o negócio que está construindo, aliás em nenhuma etapa de nossa vida profissional. O que não significa não ter dignidade. Significa colocar o propósito acima de nossas reações emocionais. Vou dar um exemplo real.

---

6 Ego significa um senso de autoimportância que pode levar à arrogância.

Certa vez, conversando com um colega advogado – que estava arruinado financeiramente por negócios malfeitos –, ele encheu o peito para dizer que havia brigado com outro advogado, que o estava ajudando, por discordar dele e supostamente tê-lo ofendido em sua moral. Esse tal outro advogado, já bem estabelecido na carreira, próspero e influente, poderia ser uma ponte importante para a carreira desse colega, que simplesmente jogou tudo para o alto.

Eu simplesmente disse a ele: desde quando uma pessoa na situação em que você se encontra pode ter uma atitude intempestiva em nome da moral ou de uma pseudomoral?

O que ele fez foi descarregar a metralhadora verbal dele, cheia de mágoas, e perder uma grande oportunidade porque não soube controlar as emoções em razão de uma situação caótica de discórdia. Faltou-lhe inteligência emocional.

Ego, todos nós temos, mas é preciso saber torná-lo menor do que o nosso propósito.

Inteligência emocional é passível de ser desenvolvida? É. Não é fácil, mas é possível porque temos de aprender a lidar, em primeiro lugar, com a nossa própria natureza e, para isso, é preciso desenvolver mecanismos que nos permitam controlar a nossa natureza, que pode estar carregada de vícios.

Há quem diga que tem pavio curto. Toda vez que alguém me diz que tem pavio curto, não posso deixar de considerar que tal característica é um vício que precisa ser tratado, ainda mais porque quem assim se declara está consciente dela. Continuar nessa toada é fazer mal a si mesmo. Mas ter noção de ter pavio curto já é um bom caminho para alongar esse pavio.

Para desenvolver a inteligência emocional é crucial conhecer a si mesmo. Desculpe a repetição, mas é crucial, repito!

De alguma forma, todos os dias alguém me ofende. Isso começou com o meu pai, que foi aprender a me chamar pelo nome quando eu já tinha 20 e poucos anos. Antes, era na base de "seu burro", "imbecil" e "animal de teta". Só com o tempo descobri que o que ele queria dizer com animal de teta era "égua".

Uma das primeiras grandes lições de minha vida foi descobrir que eu não podia ter medo de ser rejeitado por pedir o que eu precisava, pela minha condição socioeconômica ou por ter começado a carreira com o pé esquerdo, digamos assim. Foi como se se abrisse uma cortina à minha frente, descobri muito sobre mim mesmo: quem eu era, de onde vim e, principalmente, aonde queria chegar.

O empresário e escritor Jia Jiang escreveu um livro muito interessante, intitulado *100 Days of Rejection* (100 dias de rejeição)[7], no qual aborda a questão da rejeição e narra a experiência dele para se "dessensibilizar da dor da rejeição e superar seus medos". Vale a leitura.

---

[7] No Brasil, o livro ganhou o título de *Sem medo da rejeição*: como superei o medo de ouvir um não e me tornei mais confiante.

> “PERCEBI QUE MEU MEDO DE SER REJEITADO ERA PIOR DO QUE A PRÓPRIA REJEIÇÃO.”
>
> JIA JIANG

Também posso dizer que comecei a minha jornada quando comecei a expor e a enfrentar a minha condição para superá-la. Por isso, brinco que quem é pobre não tem ego, tem necessidades. Superar o medo da rejeição me deu humildade e autoconhecimento. Não tive medo de ser rejeitado por estar advogando em uma sala de médico, da mesma forma que não tive vergonha de me expor a um dos meus primeiros clientes, ainda em Bauru, nos “anos mais selvagens da advocacia”. Após resolver uma questão jurídica para esse cliente – um empresário carioca do setor de confecções –, ele me chamou para fazer o acerto dos meus honorários. Retirou um bolo de dinheiro da gaveta e perguntou: quanto é?

Eu respondi: Aquele Kadett que está na garagem, que você pegou como parte de pagamento de uma dívida; estou precisando de um carro. Você me venderia o Chevrolet abatendo o valor dele dos meus honorários e parcelando o saldo?

Não tive pudores de mostrar a minha condição e de correr o risco de receber um “não”. Por mais desconfortável, a rejeição é um resultado provável. É preciso aprender a lidar com ela e enfrentá-la para avançar nos relacionamentos profissionais, o que implica também saber engolir sapos.

Foram muitas lições que me ensinaram a controlar minhas emoções. Ainda engulo 90% dos sapos que me jogam. Alguns, dou-me ao luxo de cuspir de volta. Mas só faço isso depois de refletir se devo ou não fazê-lo.

Quer um forte motivo para investir em novas habilidades, entre elas a inteligência emocional? O mercado jurídico cresce a uma taxa média anual de 20%, muito acima do crescimento do Brasil. Então, olhe para esse potencial, mas olhe também para o 1,3 milhão de advogados que exercem regularmente a profissão no País e para os milhares de alunos que se matriculam anualmente nos cursos de Direito. A concorrência é severa.

VIRTUDES NÃO FAZEM MAL, VÍCIOS SIM

Se não conhecesse a mim mesmo, em especial meus vícios, e não procurasse me cercar de pessoas que não tivessem os mesmos vícios, eu não estaria onde estou. É fundamental reconhecer erros e acertos com a mesma naturalidade. Isso é o que entendo como a virtude da humildade. O humilde reconhece a própria verdade, sem supervalorizar ou desvalorizar a si mesmo além da conta. É na medida certa. Quanto mais você enxerga a realidade, quanto mais dentro da realidade você se enxerga e, dentro dessa realidade, age com inteligência, assim agirá dentro da humildade, porque humildade é verdade. Verdade em relação a si próprio, sobre quem você é, o que você pode e como você pode. Esse é um exercício que faço diariamente.

Ainda que bem posicionado hoje, meu escritório, assim como qualquer outro, está vulnerável ao declínio, obrigando-me a rever permanentemente processos e a refletir sobre a nossa missão. Isso é posicionamento, é estratégia geral de negócios, é desenhar o futuro para se manter competitivo e relevante. O exemplo vale para todas as áreas. Como já disse, refletir no conceito da humildade é um exercício que faço para fugir da soberba, que é me enxergar mais do que na realidade sou.

> “SE VOCÊ É A PESSOA MAIS INTELIGENTE DA SALA, ENTÃO VOCÊ ESTÁ NA SALA ERRADA.”
>
> CONFÚCIO

Soberba é quando acho que sou mais inteligente do que realmente sou, quando acho que sou mais técnico do que realmente sou, quando acho que sou mais empreendedor do que sou. Em outras palavras, é uma visão equivocada de mim mesmo, que leva a uma visão equivocada do meu meio.

A respeito da soberba, há um conhecido provérbio grego que diz que os deuses, quando querem destruir um homem, primeiro o embriagam com a soberba.

Aqui, eu retorno à minha mãe e ao início de minha carreira, quando já estava começando a ganhar um dinheirinho e cheguei à minha casa com aquele Kadett 1992, um carrão na época, pelo menos para mim, que até então só tinha andado em Bauru de ônibus circular ou de Fiat Panorama 1982. Minha mãe olhou o carro e disse:

> "NÃO SE GABA DA MULINHA ANTES QUE ELA SUBA A SERRA, POIS ANTES DE CHEGAR LÁ EM CIMA ELA PODE EMPACAR E DESPENCAR."

Estamos cheios de exemplos de mulinhas que empacaram no mundo empresarial. Eike Batista talvez seja a maior delas no Brasil. Esse é outro ponto que me leva frequentemente a um exame de consciência sobre a minha trajetória como advogado e empreendedor. Maquiavel, o sempre polêmico Maquiavel, que se tornou um guia de muitos líderes políticos e de titãs da indústria, dizia, em síntese, que alguém pode se tornar príncipe pela sorte. Mas quando essa sorte o abandona é que ele precisa provar que é, de fato, um príncipe. Para permanecer como príncipe, ele precisa ter virtude. Entenda-se virtude como competência e sorte, como a roda da fortuna, que é cíclica. Na visão de Maquiavel, ser virtuoso é saber o momento certo de agir, sem deixar margem para a fortuna. Ou seja, para a sorte.

Nos negócios as coisas não são diferentes. Existem pessoas que têm a sorte de herdar uma grande herança, por ter nascido em uma família próspera. E há outras que também nascem em uma família próspera e conseguem se tornar mais prósperas ainda por causa da virtude, da competência. É o caso de Elon Musk: nasceu numa família rica e conseguiu prosperar ainda mais.

> "ACHO QUE É POSSÍVEL QUE PESSOAS COMUNS ESCOLHAM SER EXTRAORDINÁRIAS."
>
> ELON MUSK

Um exemplo brasileiro? João Apolinário. Nasceu numa família rica e ficou ainda mais rico que o pai. Há exemplos suficientes para atentarmos a essa sabedoria de Maquiavel – sorte e competência –, porque, no fim das contas, administrar um negócio é nada menos do que administrar um pequeno país, e o único juiz de seu desempenho é a realidade do mercado, que é indiscutivelmente mais honesto, mas invariavelmente mais brutal.

Quando faço palestras em faculdades ou em eventos da jovem advocacia da OAB, sempre digo que, se, além de coragem e resiliência, eu tivesse feito um planejamento, teria alcançado muito mais sucesso na minha trajetória profissional e num tempo muito mais curto.

A maioria das pessoas age seguindo seus impulsos, reagindo às oportunidades e às crises durante sua vida. Falo de forma conceitual para propor algumas reflexões e sempre baseado na minha experiência e no relacionamento que tenho com advogados e empresários de vários setores.

Descobri, lá no início, as minhas limitações e cerquei-me de pessoas que supriram essas limitações. Quando busco essas pessoas, elas também enxergam em mim as minhas limitações; e, então, surgem questionamentos.

Eu, que sou muito melhor do que o Nelson, por que fico com ele?

Eis um dos X da liderança. Nos meus "anos mais selvagens da advocacia", eu não precisava conquistar apenas de dentro para fora, precisava conquistar também de dentro para dentro. Eu brincava que nós éramos uma sociedade de leões. Os homens e mulheres do meu time eram leões e leoas. Algumas pessoas me alertavam: "esses seus leões vão comer você".

Naquela época, convivi com muitas traições e rebeliões. Aliás, até hoje isso acontece, em proporção muito menor, obviamente. Hoje, os resultados de minha atuação são amplamente perceptíveis. Fui testado antes e ainda sou.

Após quase três décadas de história na advocacia e grandes conquistas, há, porém, um novo status e uma complexidade que exige outro nível de questionamentos, justamente porque o resultado está aí e ele demonstra que, além de coragem, tenho virtudes.

Mas no início não era assim. À medida que eu montava um time de profissionais, um ou outro esticava a corda para testar a minha liderança, lembrando aqui que eu era muito jovem, tinha 20 e poucos anos. Um jovem liderando um escritório de advocacia, com muitos leões e leoas. Mas eu me obrigava a um exercício, que era o de lembrar diariamente que palavras convencem, exemplos arrastam. E ainda:

> "DUAS COISAS MOVEM OS HOMENS: INTERESSE E MEDO."
>
> NAPOLEÃO BONAPARTE

Sendo diretamente didático: por que essas pessoas grudavam em mim? Por interesse. Estavam ganhando dinheiro e prosperando ao meu lado. Em alguns momentos, porém, elas achavam que poderiam caminhar sem mim e ganhar mais do que eu. Tentaram várias vezes. A grande maioria fracassou estrondosamente (e, se alguns hoje estão bem, não tenho receio de dizer que, se comigo ainda estivessem, estariam melhor). No que eles fracassaram? No "conhece-te a ti mesmo" – não buscaram o conhecimento de si para chegar a conhecer a verdade sobre o mundo.

A soberba precede a ruína. Achavam que eram mais do que realmente eram. Deixe-me fazer uma ressalva aqui: eram pessoas com muitas virtudes, mas também com muitos vícios – como todos nós. Tenho virtudes e vícios, mas busco constantemente conhecer meus vícios. Não precisamos conhecer nossas virtudes, porque elas não fazem mal, pelo contrário. Precisamos abrir os olhos para os nossos vícios. São eles que nos desmoronam. A grande maioria das pessoas se esquece disso. Exaltamos nossas virtudes e escondemos os nossos vícios debaixo do tapete.

As minhas virtudes fluem por si sós, mas os meus vícios precisam ser tratados. Foi isto que procurei fazer: tratar e superar meus vícios. Acho que, de certa forma, isso me traz alguma vantagem competitiva. Em meu próprio escritório, precisei lidar com inúmeras situações que se contrapunham à minha capacidade.

SEM PAIXÃO, É APENAS LUTA PELA SOBREVIVÊNCIA

O sucesso é uma das melhores sensações da vida. As dificuldades surgem para nos testar, e os sacrifícios profissionais, quando superados, são dádivas a nos forjar profundamente. Tudo que escrevo aqui está baseado na minha experiência e em tópicos que desenvolvi para artigos e palestras; vira e mexe, falo em coragem, resiliência e planejamento, pois a vida é como estar numa roda-gigante – ora se está em cima, ora se está embaixo.

Thomas Edison passou por um longo período de fracassos antes de finalmente criar a lâmpada elétrica. Foi Edison quem disse:

> "O GÊNIO É 1% INSPIRAÇÃO, 99% TRANSPIRAÇÃO."

Não podemos esmorecer, devemos trabalhar incansavelmente para alcançar nossos objetivos, como fazem os lobos. Eles são implacáveis quando se trata de buscar abrigo, água, comida ou proteção. Não sossegam até conseguir o que procuram. Essa é uma mentalidade que precisamos adquirir.

Começo, então, falando de coragem, a primeira das qualidades. É necessário ter coragem para superar as adversidades. Arrisco dizer: coragem não é ausência de medo, é agir apesar do medo.

Mas é importante entender que é condição *sine qua non* trabalhar duro para colher bons resultados; e, se hoje o trabalho não o leva a alcançar seus objetivos, você precisa repensar e escalonar resultados.

É necessário ter resiliência para aguentar as adversidades e recompor-se. Temos de olhar para onde estamos e aonde queremos chegar, como um lobo que não olha para trás quando marcha em direção ao seu objetivo.

Há muitas circunstâncias em nossas carreiras que nos obrigam a esquecer o passado e a continuar marchando, apesar dos fracassos, que são inevitáveis. Foi o que fiz quando imaginei um escritório que estivesse em todos os estados do País, o que não havia até então. Precisei superar, com resiliência, inúmeros fracassos, tempos difíceis e enormes dissabores.

Somos dotados de inteligência, consciência e capacidade para analisar nossos atos, executar tarefas, planejar nossas atividades e colocá-las em prática. E volto ao planejamento: sem saber como e aonde se quer chegar, chega-se a um lugar aleatório.

Por que é tão difícil enriquecer ou prosperar? Porque há muitos desvios pelo caminho que sugam o nosso tempo e nos desviam da direção correta.

Parafraseando o escritor Nelson Rodrigues: "Aprendi a ser o máximo possível de mim mesmo", todos os dias.

Fora os grandes conglomerados, noto que são poucas as pequenas e médias empresas que realizam planos e estipulam metas a serem perseguidas, com etapas ligadas a elementos societários, tributários, contábeis, mercadológicos e administrativos. Tal quadro é ainda mais perceptível em se tratando de escritórios de advocacia, o que se deve, em grande parte, a deformidades na formação profissional dos bacharéis em Direito. Como já afirmei, há um completo desconhecimento de gestão de negócios e de pessoas nos cursos de Direito. Por essa razão, tantos advogados levam adiante suas atividades praticamente de forma amadora e desorganizada por toda a vida.

Quando olho para o meu início como advogado e empreendedor, constato que a falta de planejamento foi o que me fez bater a cabeça, com voos à base de solavancos, como o do besouro, acertava aqui, desarranjava ali. Só com o tempo percebi que planejar consiste, acima de tudo, em prever o resultado que se deseja alcançar, sem descuidar da metodologia. A falta de planejamento sugava o meu tempo e me tirava da direção correta.

É óbvio que o planejamento estratégico deve considerar as especificidades de cada escritório, levando em conta as especialidades dos sócios, o mercado em que se insere e eventualmente os espaços que pretende ocupar. Mas, de forma geral, trata-se de atividade que já é bastante executada e conhecida.

Pela minha vivência no NWADV, que tem uma estrutura diferenciada e consolidada, faço alguns comentários sobre as circunstâncias que vivemos em nossa caminhada.

O planejamento é algo que faz parte de nossa existência para, inclusive, atender nossos clientes de forma diferenciada. Não só por possuirmos filiais em todos os estados do Brasil e parcerias estratégicas no exterior, mas também por estarmos alinhados com o que de mais moderno existe em termos de tecnologia ligada à advocacia.

Hoje, fala-se muito em disrupção, pois disrupção é o nosso lema, e não nos limitamos a aperfeiçoar a advocacia tradicional com modernos recursos, mas também estamos incessantemente "saindo da caixa", buscando novos clientes e novas áreas do Direito, procurando inovar na advocacia e no mercado.

Encaramos nosso escritório como um empreendimento, e tanto advogados como colaboradores não jurídicos devem estar comprometidos com os objetivos e metas estabelecidos.

Os profissionais não jurídicos trazem conhecimentos técnicos complementares primordiais, utilizam uma série de mecanismos tecnológicos de apoio à atividade jurídica, os quais, se estivessem sob responsabilidade dos advogados, lhes roubariam tempo para a prospecção de novos clientes, a elaboração de petições, pareceres e relatórios, entre outros.

Não podemos e não devemos atuar de forma artesanal, com desperdício de recursos humanos e materiais, ocupando o tempo de profissionais de vários níveis, desde estagiários até os sócios mais prestigiados, com tarefas repetitivas ou que fogem da expertise deles.

Escritórios de advocacia não se diferenciam das demais empresas. Mesmo considerando as especificidades dos profissionais da área jurídica, trata-se de um empreendimento como tantos outros que existem. Apresentamos resultados, colhemos lucros, amargamos prejuízos e pagamos tributos como todas as demais empresas do mercado; então, por que não deixarmos a gestão a cargo de diversos profissionais? Para isso é preciso pensar de forma disruptiva, buscando renovar o modelo tradicional e refletir sobre estruturas e ideias completamente novas.

O crescimento e o aperfeiçoamento das atividades de nosso escritório levaram à necessidade de implementação de boas práticas de gestão para assegurar não só elevados padrões de qualidade dos serviços prestados como também o bom relacionamento entre todos os colaboradores do NWADV e a manutenção de nossa cultura corporativa.

À coragem, resiliência e planejamento acrescento uma generosa dose de paixão. Durante uma entrevista, me perguntaram:

"Que dica você daria para um jovem advogado que quer tornar o seu escritório o maior de seu mercado?"

Siga seu coração e corra riscos, mesmo se for preciso ir sozinho.

Alguns anos atrás, ninguém pensava que o carro elétrico poderia ser usado como carro principal. Mas Elon Musk assumiu o desafio e desenvolveu o Tesla.

> "SE VOCÊ GOSTA DO QUE ESTÁ FAZENDO, PENSA NISSO MESMO QUANDO NÃO ESTÁ TRABALHANDO. É ALGO QUE ATRAI SUA MENTE E, SE VOCÊ NÃO GOSTA, SIMPLESMENTE NÃO CONSEGUE FAZER FUNCIONAR."
>
> ELON MUSK

Já me perguntaram aonde eu queria chegar. Mesmo que mais uma vez possa soar pretensioso, repito aqui: quero que o nome do meu escritório seja para a advocacia o mesmo que Gilette é para lâmina de barbear, Bombril para palhinha de aço ou Durex para fita adesiva. Quero que Nelson Wilians e advocacia sejam uma metonímia[8].

---

8 Metonímia é o emprego de um termo no lugar de outro, havendo entre ambos estreita afinidade ou relação de sentido.

Não é somente a ambição de ganhar muito dinheiro que me faz acordar e ir para o escritório enfrentar enormes desafios todos os dias, é também a paixão pela advocacia e querer fazer do meu nome uma referência nacional. Vou conseguir? Sei lá. Desafios nos movem.

> "ENCONTRE UM TRABALHO DE QUE GOSTE E ADICIONE CINCO DIAS A CADA SEMANA."
>
> H. JACKSON BROWN JR.

Reafirmo como um superlativo: encontre um trabalho de que goste e adicione sete dias a cada semana.

CLARO, O DINHEIRO IMPORTA

Símbolo de pecado e luxúria, prazer e poder, o dinheiro conturba a consciência humana, incendeia discussões sobre razão e ego, azeda e azeita relacionamentos. Das cátedras às tabernas, a relação do homem com o dinheiro sempre foi motivo de longas teses filosóficas no decorrer dos séculos.

Em uma de suas melhores versões, o filósofo Arthur Schopenhauer anotou que "o fundamento de toda a nossa natureza e, portanto, de nossa felicidade, é nosso físico; e o fator mais essencial da felicidade é a saúde, seguida em importância pela habilidade de nos mantermos independentes e livres de preocupações, isto é, dinheiro!".

Boa, grande Schopenhauer: depois de saúde, dinheiro é a melhor coisa que existe! Sem drama nenhum, concordo, mesmo sabendo que muitos dirão que se trata de uma frivolidade afetada pela contemporaneidade e que há outros bens mais nobres, como a amizade, a família.

Isso é fato. Experimente ter dinheiro e não ter a família por perto para lhe dar uma felicidade sublime, tente ter dinheiro e não ter amigos por perto para compartilhar tudo de bom que você conseguiu por meio dele. Mas, com dinheiro, as necessidades básicas atendidas e todos os bens que o seu dinheiro pode comprar, tudo fica melhor. Percebe que um conceito não exclui o outro? Saúde e dinheiro, que me desculpem, são fundamentais para que todo o resto se torne simplesmente o máximo! Até chegar ao ponto de poder fazer ações do bem com seu dinheiro e de se sentir mais feliz ainda! Foi isso o que aconteceu com a criação do Instituto Nelson Wilians.

Para que alguns torcessem ainda mais o nariz, lembro uma passagem, supostamente verdadeira, da vida de Napoleão Bonaparte, o cavaleiro da modernidade – com a qual me justifico. Napoleão estaria conversando com o czar da Rússia sobre o futuro das relações entre a França revolucionária e a Rússia, quando o czar, um tanto horrorizado com a gula pelo poder daquele falso imperador, um reles novo-rico, teria dito: "Eu luto pela honra, o senhor luta por dinheiro". Ao que Napoleão teria respondido: "Cada um luta pelo que não tem".

Acredito que seja possível ganhar dinheiro "sem perder a alma". Mas vamos aos fatos. Seguir sua paixão pode deixar uma sensação de bem-estar e felicidade em tudo o que você faz, mas, por outro lado, é possível que você se questione ansiosamente quanto às reais chances de ganhar dinheiro fazendo aquilo pelo que você é apaixonado, principalmente em início de carreira. A paixão por si só não paga bem. O dinheiro serve como uma medida do sucesso.

Além disso, vale lembrar a lei sobre esforço e recompensa, do sociólogo e médico alemão Johannes Siegrist, que postula que "uma falha na reciprocidade entre os esforços gastos e as recompensas obtidas no trabalho provoca fortes emoções negativas e reações de estresse, com efeitos adversos de longo prazo na saúde".

Ainda que se diga que, se você optar por seguir sua paixão, os dias de trabalho parecerão menos monótonos e não haverá uma sensação de tédio, "um dia de trabalho continuará sendo um dia de trabalho". Isso realmente é verdade, e a ela se adiciona o que assinalou Robert Frost: "trabalhando fielmente 8 horas por dia, você pode acabar sendo dono do seu próprio negócio e trabalhar 18 horas por dia".

Há muita sabedoria em todos esses pontos de vista, mas o fato é que realizar um trabalho com o coração provoca uma mudança de percepção que, em última análise, impactará em seu senso geral de identidade, trazendo um sentimento de satisfação pelo que você faz e muitos benefícios.

Mas também é verdade que o dinheiro vai ajudá-lo a pagar as suas contas e dar conforto à sua família. As pessoas podem viver sem satisfação no trabalho, mas não podem sobreviver sem dinheiro.

No mundo ideal, juntar dinheiro e a paixão pelo trabalho o tornará mais feliz, mais saudável e realizado, porque paixão e dinheiro é o binômio de sucesso. Não tenha vergonha de oferecer seus serviços, e bem. Aliás, uma coisa que aprendi a duras penas foi compor o preço dos meus honorários de forma justa.

Tom e Jerry

Pobre, de uma família humilde de agricultores do interior do Paraná, sem referência na área jurídica, apenas formado em advocacia: quantos anos eu precisaria para crescer na carreira? Muitos advogados passam a vida trabalhando e ganham apenas o bastante para sobreviver. Apesar de todas as limitações do meio socioeconômico em que nasci e cresci, minha ascensão profissional foi meteórica. Meu sucesso veio tão rápido quanto o de alguns jovens do setor da tecnologia que desenvolvem um aplicativo e, num piscar de olhos, ficam ricos; alguns, bilionários. A compensação financeira não foi na magnitude da alcançada por eles, obviamente, mas do zero absoluto passei a ter muitos dígitos na conta bancária, logo cedo, na profissão. Entretanto, é bom reforçar que sempre arregacei as mangas e fui à luta atrás de meus propósitos. Usei intensamente a Comunicação e o Marketing, área pela qual tenho grande paixão, para alavancar a minha vida profissional.

Foi ainda na faculdade de Direito que comecei a me aprofundar no assunto, lendo livros, reportagens e conversando com pessoas da área. Ficava atento a quem ganhou o Top of Mind, da *Folha de S.Paulo*. Devorava a revista *Exame*, que falava muito sobre publicidade e, hora ou outra, trazia reportagens sobre as agências e sobre as grandes sacadas publicitárias.

Lembro muito bem da disputa entre a Pepsi e a Coca-Cola. Fiquei fascinado com a ousadia dos publicitários para mostrar de forma altamente criativa as maravilhas de seus produtos, num confronto corpo a corpo para não perder terreno à concorrente, num mercado de bilhões de dólares. Era uma batalha diária, sem trégua, 24 horas por dia. Sim, os publicitários podiam descansar nos fins de semana, mas o combate continuava com a veiculação de peças publicitárias nas mídias, nas revistas, nas tevês, nas rádios. Não se tratava de vender refrigerantes, mas de vender um estilo de vida. Ambas as marcas não descuidavam do rival e despejavam caminhões de dinheiro em publicidade. Eu me lembro do teste do sabor, da campanha da Pepsi; da nova fórmula da Coca-Cola e, depois, dos ursos-polares. A Pepsi contra-atacava com grandes estrelas da música. Era realmente um desafio de criatividade.

Tudo isso mexia com o meu imaginário e me fazia pensar em como poderia usar a Comunicação para me aproximar de potenciais clientes. Eu não era nem a Pepsi nem a Coca-Cola da advocacia, sequer era a Tubaína.

Mas uma frase sempre latejava em minha cabeça: "quem é visto é lembrado". Eu tinha de me fazer lembrado. Assim como o slogan do jeans US Top: "O mundo trata melhor quem se veste bem"[9].

A primeira ferramenta que desenvolvi foi o singelo cartão de visita: uma prosaica peça de comunicação utilizada há séculos. Hoje, com as agendas digitais, está em desuso, mas eu continuo confeccionando e distribuindo o meu cartão de visita, pois o considero uma forma altamente personalizada de marketing. Eu mesmo desenvolvi o logo em forma de brasão para o meu primeiro cartão e toda a Comunicação de meu escritório, ainda em Bauru. Brasão e advocacia sempre andaram de mãos dadas porque remetem a conceitos da tradição jurídica, algo que teve como inspiração provavelmente símbolos dos tempos das Cruzadas. Criei o brasão com o objetivo de associar o meu nome a essa tradição jurídica, mas nem sequer havia passado perto de um grande tribunal de Justiça antes da minha formatura na faculdade de Direito.

Obviamente, fiz isso de forma intuitiva. Mas eu já sabia que o cartão de visita transmitiria a imagem do meu negócio e justamente por isso era importante.

No centro do brasão a imagem da balança da justiça, considerada por muitos o símbolo máximo do Direito, que representa o equilíbrio, a equivalência e a equação entre o certo e o errado.

Para dar destaque ao cartão e ao logo, escolhi as cores preta e dourada. Onde as busquei? Na pintura do carro de Fórmula 1 de Ayrton Senna,

---

9 https://www.youtube.com/watch?v=lMVj-FZSY0U>.

o icônico Lotus John Player Special, da temporada de 1986. Elas vinham acompanhadas de toda uma simbologia que remetia à sofisticação, tecnologia e, claro, às conquistas. Mas, sobretudo, eu as escolhi porque já estavam na memória afetiva da maioria dos brasileiros.

Embora, diga-se, não fosse nada comum na advocacia o uso de cores fortes; elas eram usadas em outros segmentos. Mas eu as escolhi justamente por serem um contraponto à sisudez da tradição e, principalmente, porque eram chamativas.

Um parêntese: havia mês em que eu entregava mais de 100 cartões. Era de fato a minha autoapresentação. Ali estavam todas as informações necessárias sobre mim. Eu gastava muita sola de sapato e cartão de visita naqueles "anos mais selvagens da advocacia".

Para florear esse árduo trabalho de formiguinha: eu era extremamente diligente para transformar os meus objetivos em realidade. Espalhei o brasão preto e dourado com as iniciais do meu nome em todos os lugares imagináveis: canecas, cinzeiros, canetas, agendas, que distribuía indiscriminadamente para os meus clientes e para aqueles que ainda não eram meus clientes. Era para ser visto e lembrado.

Em 2022, recebi, com muita honra, o título de cidadão bauruense e sei, por alguns conhecidos que estavam na solenidade de entrega, que ainda sou muito lembrado em Bauru graças à farta distribuição que fiz de cartões, canetas e agendas com o meu nome estampado.

Usei esse logo por quase duas décadas. Em 2019 ele foi devidamente aposentado porque já havia cumprido o seu papel e estava obsoleto. Eu não precisava mais de um símbolo que remetesse a um modelo de advocacia que não traduzia a minha personalidade e a identidade de nosso escritório. Já era o momento de um reposicionamento, de uma nova identidade que estivesse em sintonia com o meu estilo de advogar e com o modo de o NWADV se colocar no mercado.

Já era tempo de uma modernização completa. Somos um escritório de advocacia único, com um conceito de atuação moderno, ágil e incomparável. Mudamos nossa identidade visual para consagrar esse conceito e continuar seguindo o nosso curso. Quando a Equipe de Comunicação propôs fazer um estudo para a renovação de nossa identidade visual, eu, de bate-pronto, concordei. Eles ficaram impressionados porque achavam que eu resistiria à ideia, já que pensavam que aquele brasão era como um filho para mim. Mas à minha cabeça veio novamente a frase de Machado de Assis:

> "ESTÁ MORTO:
> PODEMOS ELOGIÁ-LO À VONTADE."

Ainda que sempre dentro dos limites da responsabilidade e com o regulamento embaixo do braço, busquei explorar meus limites para entender até onde poderia ir sem ultrapassá-los.

Bem no início da carreira (1995), espalhei alguns outdoors por Bauru, inclusive coloquei um dentro da sede da Ordem. Passaram-se vários dias até que um conselheiro me solicitou que os retirasse porque aquilo poderia ser interpretado como uma infração aos regulamentos da instituição.

Nas palestras que faço por todo o Brasil, percebo que os jovens advogados têm receio em dar um passo em direção aos seus objetivos quando julgam que isso poderia extrapolar limites, o que evitam. Alguns dizem que ajo como ajo porque sou o Nelson Wilians. O que eu fazia era para sobreviver. Sou filho do "seu" Nelson e da dona Benedita, lá da roça. Se não me apresentasse ao mercado e mostrasse que queria trabalhar, como conseguiria me manter? Como já disse, o mercado de advocacia é fechado e delimitado por barreiras. Não há como um jovem advogado crescer simplesmente porque tem a carteira da Ordem, alugou uma salinha e colocou uma plaquinha na porta. É preciso se mostrar e se oferecer. Os falsos moralistas estão aí para jogar esses jovens no abismo.

Quando falo com pessoas de outras áreas sobre as limitações da ad-ocacia quanto à Comunicação, a reação é de espanto diante de tantas roibições em um mundo totalmente digitalizado e instantâneo. São limi-ações desentoadas, que atrasam o desenvolvimento profissional e freiam competitividade.

Ao dizer que é preciso coragem, resiliência e planejamento para su-erar as restrições e galgar degraus, estou também me referindo à aspere-a do Código de Ética.

O Nelson Wilians – permita-me usar a terceira pessoa – começa sua arreira com um cartão de visita e evolui até chegar à era das redes sociais. em folga aos sábados, domingos e feriados – faço postagens em minhas edes sociais privadas diariamente. Como acontece com os publicitários e uas peças, que rodam em diversas mídias sem descanso, também eu estou á postando, interagindo e sendo lembrado 24 horas por dia, ainda que essas ostagens nem sequer de longe mencionem o meu escritório. Minhas redes alcançam atualmente 28 milhões de perfis por mês. Vejam o *print* da tela.

Certa vez, publiquei em minha rede social privada um vídeo em que apareço dirigindo um dos meus Rolls-Royce e, alguns dias depois, recebi uma notificação para retirar o vídeo do ar porque mostrava as iniciais do meu nome: NW. A postagem estava em minha rede privada e não mencionava de nenhuma forma o nome do meu escritório ou qual era a minha profissão. Mas alguém associou a minha postagem à captação de clientes. Conto isso apenas para mostrar que há conflitos e enganos de interpretação.

Desde o início de minha carreira, a Ordem brinca comigo de Tom e Jerry. Vou até onde posso ir. Dessa maneira, abro espaço para outros advogados, principalmente para os mais jovens, que veem em mim um parâmetro. Mas provoco, sobretudo, uma discussão permanente sobre as amarras da advocacia referentes à Comunicação.

O presidente de uma seccional me disse, em uma ocasião:

— Vejo que você tem um problema aqui. Por que não me comunicou? Eu poderia verificar isso com mais atenção.

— Obrigado — respondi —, mas não preciso.

Ele me olhou com certo espanto e sorriu. Eu estava, claro, brincando. Mas não deixa de ser uma referência: se uma ação minha de Comunicação chamou a atenção da Ordem, deve ter chamado a atenção do público também.

Por isso, não me canso de repetir: independentemente da idade, não é o mais inteligente nem o mais forte que sobrevive, é o que se adapta. Eu me adapto e procuro estar aberto às novas formas de Comunicação. Mesmo que, em um primeiro momento, não entenda uma ou outra plataforma.

As redes sociais, utilizadas por 59,3% da população global, se tornaram rapidamente ferramentas estratégicas de Comunicação e

Marketing. Há muitos leads[10] em potencial esperando para encontrar o seu conteúdo. Um grande amigo, dono de emissora de televisão, ficou surpreso com a audiência alcançada por um debate eleitoral no YouTube. Da mesma forma que empresários amigos, ligados ao futebol, estavam impressionados com a audiência dos jogos nas plataformas digitais.

São duas versões sobre o mesmo tema, sem um conhecer a opinião do outro. Tire suas conclusões.

> "SE NÃO FOR APROPRIADO, NÃO FAÇA.
> SE NÃO FOR VERDADE, NÃO DIGA.
> QUE SEU IMPULSO SEJA FIRME."
>
> MARCO AURÉLIO, IMPERADOR ROMANO

Assim como a concorrência está a um clique de distância, devemos nos manter também a um clique do cliente. Desde 2010, as empresas e as instituições deram a largada para abrir suas contas de mídia social. Quando querem encontrar alguém, é lá também que vão procurar. Justamente por isso, precisamos dessa tecnologia a fim de "entender o contexto em que as ações de nossos clientes acontecem, para entender melhor essa cidadania cada vez mais empoderada e relevante para o que você quiser fazer, mas também para participar da conversa social no ecossistema digital", como ressalta o consultor José Antonio Llorente, da LLYC.

Obviamente a advocacia não vive apenas de clientes, mas não sobrevive sem eles. Devemos buscar enxergar o elefante como um todo para avaliar a contribuição que a Comunicação e o Marketing, como função e habilidade, podem trazer para o nosso negócio. Não devemos fechar os olhos e, apenas pelo tato parcial, determinar a percepção do todo, como acontece na parábola dos cegos e do elefante.

---

10 Lead é um usuário que demonstra interesse em um tema relacionado a um produto ou serviço e fornece espontaneamente um meio de contato.

"Um grupo de cegos ouviu dizer que um animal estranho, chamado 'elefante', havia sido trazido para a cidade, mas nenhum deles estava ciente de sua configuração e forma. Por curiosidade, eles disseram: 'precisamos inspecionar e conhecê-lo pelo toque, do qual somos capazes'. Então, eles o procuraram e, quando o encontraram, tentaram tateá-lo. No caso da primeira pessoa, cuja mão pousou na tromba, disse: 'este ser é como uma cobra grossa'. Para outro cuja mão chegou à orelha, parecia uma espécie de leque. Quanto à outra pessoa, cuja mão estava sobre a perna, ela o descreveu como um tronco de árvore. O cego que colocou a mão do lado disse que o elefante era uma parede. Outro, que tateou o rabo, descreveu-o como... etc. etc. etc."

Não é apenas nos momentos de crise, seja por motivos econômicos, seja por um evento que altera a normalidade e a percepção de uma organização e da própria advocacia, que devemos nos preocupar com a Comunicação. No auge da Comissão Parlamentar de Inquérito (CPI) da covid-19, no Senado, no fim de 2021, tive a oportunidade de escrever sobre a Comunicação de crise, em artigo da *Folha de S.Paulo*. Naquela ocasião, a CPI trouxe para a linha de fogo empresas e pessoas de destaque no cenário nacional, o que me lembrou de algumas lições do advogado e publicitário Stuart Leach sobre o gerenciamento de reputação em litígios, que vão ao encontro do que procuramos fazer ao colocar a Comunicação sob o guarda-chuva da nossa atuação jurídica.

Tornar-se advogado, como todos sabem, significa ser capaz de pensar de forma lógica e sistemática, analisar criticamente dados, informações e circunstâncias complexas e, sobretudo, ter um bom entendimento do caráter humano.

O primeiro erro de uma empresa ao lidar com um litígio é não pensar em como ele será relatado. A memória da internet é eterna, o que cai na rede fica na rede, tornando-se vital gerenciar o que é dito sobre sua disputa até para minimizar futuras perdas nos negócios, com base na versão de eventos do seu "oponente" no Google, que é de domínio público. Como já disse, tenho medo é do Google, não da crise.

Da mesma maneira que a estratégia jurídica é fundamental, a Comunicação é básica para se examinarem vulnerabilidades, riscos e consequências em uma disputa. Ainda que a abordagem seja diferente para cada caso, é preciso avaliar a vantagem em divulgar primeiro a sua narrativa com a finalidade de controlar a maneira como o fato será relatado.

É comum que a empresa seja reticente em se pronunciar publicamente sobre determinado fato. No entanto, esperar passivamente que ele seja esquecido, por exemplo, pode significar o alastramento de uma narrativa negativa, impulsionada pela mídia, que obteve respostas do outro lado; até porque o que sai na imprensa pode chegar aos tribunais. Cabe à advocacia também avaliar essa possibilidade.

É preciso entender onde estão os riscos antes de iniciar um litígio ou até mesmo antes de responder a uma reclamação, examinando e identificando todas as vulnerabilidades. O sucesso na esfera jurídica nem sempre evita arranhões na reputação, significando uma perda diante da opinião pública maior do que a conseguida nos tribunais.

Em alguns momentos, é melhor realmente esperar do que ser proativo. Mas é preciso certificar-se de ter uma estratégia de refutação muito forte para resistir a qualquer ataque. Cada oportunidade de Comunicação deve ser vista como uma estratégia do Direito, mesmo quando se está exposto à publicidade negativa. Ainda que não haja defesa para o que foi lançado contra a empresa, a maneira como se lida com essa situação é o que permitirá seguir em frente com sucesso quando a disputa terminar.

O ponto de partida, de fato, é entender quais são os riscos, a fim de gerenciá-los e indicar como será a mensagem, a quem direcioná-la e em quais canais deve ser usada – nem sempre é preciso se comunicar de forma generalizada. Isso implica também determinar quem se quer manter ao lado, como investidores e como clientes, pois, ao término da disputa, é preciso ser visto como o justo vencedor ou o perdedor injustiçado.

Há crises que são como uma chuva de meteoros, com potencial de transformar reputações em terra arrasada, rapidamente. É onde mídia, opinião pública e processos jurídicos se chocam, gerando imprevisibilidade e expectativa de caos.

As diversas plataformas transformaram expressivamente o cenário da prática do Direito, e numa velocidade frenética. Sendo assim, a Comunicação passou a ser, de fato, "um Elemento do Processo Jurídico". Para caminhar por esse solo pantanoso, a advocacia necessita recorrer a outras habilidades, a fim de operar sob os holofotes do grande público. Ainda assim, observo que algumas equipes jurídicas preferem o silêncio durante o litígio, como se apanhar calado rendesse algum bônus no tribunal. É fundamental centralizar e organizar os fatos para que apenas as informações corretas e úteis sejam comunicadas à mídia. Cabe à advocacia diferenciar e combinar elementos de litígio e de crise, já que a história pode viralizar em minutos e o desenrolar da disputa legal conduzir a uma crise de reputação.

Como assinala o consultor americano James F. Haggerty, são necessários habilidades e sistemas para gerenciar a opinião pública nas questões jurídicas, a fim de "vencer a batalha crítica e, talvez, no processo, a guerra"; ou seja, não basta ter o direito, é importante zelar pela forma como se comunica a percepção desse direito.

Sem mencionar o caso concreto, no final de 2019 e início de 2020, tivemos um caso rumoroso que exigiu um trabalho intenso para que a nossa narrativa ganhasse espaço na mídia, justamente porque a outra parte tinha amplo acesso aos veículos de comunicação.

PS: "narrativa" mexe apenas com adjetivos; quando dinheiro está envolvido, trata-se de "negócio".

Evidentemente, estou falando aqui, nestes últimos parágrafos, da narrativa do litígio, mas vale para enfatizar que os profissionais da área jurídica estão sendo forçados a ser também comunicadores, além da voz do cliente.

Então, como adquirir essa habilidade quando nem sequer se lida com a Comunicação em suas próprias redes sociais?

DR. NELSINHO E A HISTÓRIA DA ADVOCACIA

Quando o entorno não o estimula, é preciso contrariar as circunstâncias, independentemente das limitações do meio socioeconômico em que você vive. Como fez o garoto William Kamkwamba, do Malawi, que construiu um moinho de vento utilizando uma bicicleta quebrada, uma pá de ventilador de trator, um velho amortecedor e troncos para produzir energia e captar água. Com isso, ele rompeu, sem a ajuda do governo, uma barreira de fome e miséria em seu povoado que durava anos.

Como já contei, foi um personagem de gibi que me inspirou a ser advogado, e foi devido à paixão por histórias em quadrinhos que, em 2020, em meio a outras atividades comemorativas do Dia do Advogado, resolvemos contar a história da advocacia nesse formato.

Ali nascia o Dr. Nelsinho, meu Mine-Me e meu zoilo. A tarefa dele era se intrometer de forma bem-humorada – como ele tem feito, aliás, ao longo deste livro – nos eventos que lapidaram a profissão de advogado através dos tempos, resultado de árduo trabalho de pesquisa desenvolvido pelos jornalistas Vagner Ambrosio e Luisa Peleja. Como me disse o Vagner, não havia alguém melhor do que o próprio Nelson Wilians para ser o protagonista, "advogado, fanático por história e cartuns, e com acentuada atração pelo calor dos holofotes". Sem dúvida (risos).

Aproveito para convidá-lo a ler a entrevista (p. 331) que fiz com o cativante Dr. Nelsinho. Ele é ótimo, para dizer o mínimo.

Para abrilhantar o projeto e dar humor e leveza à história da advocacia, buscamos os talentosos cartunistas Laerte e Rafael Coutinho. Laerte tem uma longa trajetória de publicação de tirinhas na *Folha de S.Paulo* e é mundialmente conhecido por seus traços e criações, como os Piratas do Tietê e Overman.

Além de terem sido postados em nossas redes sociais, os quadrinhos foram publicados na *Folha de S.Paulo* e no *Estadão*. A repercussão do Dr. Nelsinho foi estrondosa, tanto que, no ano seguinte, convocamos novamente a dupla para dar vida aos personagens e transformar a história da advocacia em desenho animado. Em seguida, vieram os totens do Dr. Nelsinho em tamanho natural, que produzimos e espalhamos por todas as filiais de nosso escritório.

Destaco que não apenas os nossos colaboradores começaram a fazer selfies ao lado do Dr. Nelsinho e postar nas redes sociais como também os clientes que visitam nossos escritórios.

Confesso que começo a sentir certo ciúme do querido do Dr. Nelsinho.

Os quadrinhos foram uma forma inédita e grandiosa de homenagear quem representa a Lei, a Justiça e a Democracia, em data tão significativa: 11 de agosto, Dia do Advogado.

Conforme destaquei à época do lançamento dos cartuns, nós, do NWADV, não temos compromisso com o mau humor. Foi a forma que encontramos de exaltar e reconhecer a importância dos profissionais do Direito para o bom funcionamento da Justiça com muita informação, mas de modo que todos que acompanham as nossas redes sociais pudessem também se divertir.

No "gibi digital", dos primórdios da advocacia até os dias atuais, em que os advogados são desafiados a dominar as ferramentas digitais e otimizar o exercício da advocacia, a narrativa sempre buscou envolver o leitor de forma leve e bem-humorada. Foram meses de pesquisa e elaboração.

Essa iniciativa representou, de fato, uma viagem informativa no tempo, de caráter didático e com o objetivo de entreter, cuja repercussão não se deu apenas entre os operadores do Direito: o público em geral também gostou do Dr. Nelsinho. A resposta da própria categoria, na forma de centenas de mensagens nos parabenizando, foi recompensadora.

Vale ressaltar: essa inovação só foi possível devido às recentes decisões da OAB no sentido de permitir o impulsionamento de publicações nas redes sociais e de admitir o Marketing, ainda que de caráter meramente informativo e primando pela discrição e sobriedade, "não podendo configurar captação indevida de clientela ou mercantilização da profissão".

Dito isso, conto novamente com o auxílio luxuoso da escritora Ayn Rand, que apontou:

> "A BARBÁRIE É MOVIDA PELA INVEJA E ATACA OS MELHORES POR SEREM MELHORES. HÁ ALGO MAIS PODRE QUE ISSO?"

Sim, acredite, recebi uma notificação de uma seccional da OAB por infração disciplinar, de acordo com a qual eu teria intentado a captação indevida de clientela valendo-me de publicidade irregular, por meio de "material publicitário" intitulado "O mês do advogado começou", em que estaria "anunciando a divulgação da história de sucesso do escritório do referido advogado".

Ora, o material divulgado jamais teve essa intenção ou utilizou expressões que poderiam ser entendidas como autopromoção, propaganda de teor comercial, valores de serviços etc. Limitava-se à prestação de homenagem ao tradicional mês dos advogados.

A representação ainda argumentava que o material teria "causado reações públicas extremamente negativas para a advocacia brasileira". Uma enquete realizada por uma publicação especializada em notícias jurídicas mostrou que a grande maioria dos advogados aprovou a homenagem feita pelo nosso escritório: "86% dos votantes a consideraram legal e informativa". Apenas 14% disseram que a iniciativa era "ilegal e exagerada". A publicidade se revelara mera homenagem ao mês do advogado, com exposição histórica dos imperativos da classe.

A representação contra o meu escritório era a percepção exclusiva e particular de um corregedor, que ainda me descreveu como alguém que "regularmente faz publicações com exibição de imagens de carros luxuosos e de aeronave particular, a revelar a terceiros o seu alto poder aquisitivo, cujas 'ostentações', no particular do presente expediente, possui nítido caráter de captação e publicidade irregular".

Por óbvio, essa representação não foi adiante. Além de não haver infração alguma naquela conduta, até mesmo o presidente do Conselho Federal da Ordem dos Advogados do Brasil havia destacado e endossado a homenagem ao mencioná-la em suas redes sociais, e postar o link com as histórias do Dr. Nelsinho.

Coloco na minha própria conta que o Dr. Nelsinho é um *case* de sucesso.

O professor Hiram Baroli explica que "o Marketing empresta de outras áreas do conhecimento os fundamentos de que necessita para conhecer o consumidor". Eu arredondaria a frase: a advocacia precisa emprestar de outras áreas do conhecimento os fundamentos de que necessita para conhecer o cliente.

USO DRONES E SOU UM RELÓGIO CUCO

Advogados são ótimos para confeccionar páginas e páginas de documentos. Mas não conseguem atualizar suas próprias páginas na internet. Esquecem informações lá como se fossem bugigangas em gavetas empoeiradas. Alguns não atualizam nem o próprio currículo. Muitos se convenceram de que estão ocupados demais para cuidar de seus perfis nas mídias sociais ou têm nestas um assombro psicológico. Essa negligência com a Comunicação, como já disse, vem já da faculdade de Direito, em que o foco tende a ser a Teoria Jurídica. A Comunicação eficaz economiza tempo e melhora o relacionamento com a clientela. Eu me programei para funcionar nas mídias sociais como um relógio cuco, faço postagens diariamente no mesmo horário. Os meus seguidores já se acostumaram com a regularidade de novos conteúdos.

Evidentemente, é preciso usar as mídias sociais e o Marketing dentro dos limites estabelecidos pelas regras da advocacia, e, para isso, é necessário estar familiarizado com tal regramento.

A ideia é usá-las para se conectar, e o conteúdo deve ressoar para que o seu público confie e goste de você.

Uma consideração da Associação Americana de Advogados sobre o uso das mídias sociais clareia esse tema:

> "ASSUMIR O CONTROLE DE SUA PRESENÇA ONLINE É UMA NECESSIDADE, E HÁ POUCAS MANEIRAS MELHORES DE FAZER ISSO DO QUE AS MÍDIAS SOCIAIS. USADAS COM CUIDADO, AS MÍDIAS SOCIAIS PODEM DAR VOZ À SUA EMPRESA, AMPLIAR SUA REPUTAÇÃO PROFISSIONAL E AJUDAR A GERAR NOVOS NEGÓCIOS."

Incentivo os meus colaboradores jurídicos a compartilharem seus conhecimentos técnicos com o objetivo de elevar o nome do nosso escritório. Em contrapartida, isso permite também educá-los sobre boas práticas de mídia social. Com frequência, destacamos nossa responsabilidade social corporativa e o nosso trabalho *pro bono*, realizado por intermédio do Instituto Nelson Wilians.

Para mim, as mídias sociais não servem apenas para promover a cultura da empresa; destacamos diversas situações, inclusive em eventos do escritório, nos quais os funcionários se divertiram. Tudo fez e faz parte de um processo de evolução; de meros transmissores de informações jurídicas, passamos a promover um engajamento ativo de colaboradores e seguidores.

Não se trata apenas do que estamos dizendo, mas também de conhecer o que estão dizendo sobre nós e de conhecer nosso público. Dessa forma, as mídias sociais estão nos ajudando a nos conectar com nosso pessoal e nossos clientes, ao mesmo tempo que nos consolidam como um escritório *full service* estratégico e de abrangência internacional.

Destaque-se aqui o engajamento que os meus vídeos produzem, muito além do de outras postagens. Não à toa, valho-me de vídeos em minhas redes e não economizo nem meço esforços para a produção. Minha equipe usa diversos recursos na captação de imagens, como drones, potentes câmeras e iluminação profissional, além de sofisticados recursos para edição. Claro que estou há algum tempo lapidando a nossa produção com diversos profissionais da área de Comunicação. Mas comecei de forma muito simples.

O advogado americano Scott Malouf, um expert em mídias sociais, sugere que quem quer começar sua participação nas mídias sociais deve ir devagar:

> “COMECE PEQUENO, OUÇA PRIMEIRO ESPECIALMENTE AS PESSOAS QUE VOCÊ RESPEITA, E VEJA O QUE ELAS FAZEM E O QUE EVITAM. DEPOIS DE SENTIR QUE CONHECE UM POUCO A COMUNIDADE ONLINE, VOCÊ PODE SER MAIS ATIVO.”

Concordo plenamente. O professor Hiram Baroli aprofundará conceitos sobre o uso das mídias sociais mais adiante. Relato aqui a minha experiência e o alcance que as mídias sociais têm no aprofundamento da relação com os clientes e a sociedade como um todo. Como ressalta o professor Baroli, “um ponto importante na atuação de um gestor de Marketing é a construção da marca, como criar valor e fazer com que a marca seja reconhecida, identificada e valorizada, atingindo, assim, resultados e metas corporativas, sejam elas financeiras, sejam de fortalecimento de imagem”.

Importante reforçar: os perfis de mídia social podem levar as pessoas a você e ao site do seu escritório de advocacia. O gerenciamento eficaz de mídia social é crucial. Defina metas, faça um plano e seja consistente e ativo. Tenho certeza de que você terá mais chances de se envolver com seu público-alvo.

Ainda que o boca a boca seja uma fonte confiável na abertura de portas para novos negócios, essa eterna técnica de difusão é de curto alcance e restrita. Além de produzir conteúdo regularmente, como já disse, estou atento ao que o público espera ver nas minhas redes sociais, para calibrar o conteúdo de minhas postagens e produzir uma conexão contínua capaz de gerar engajamento.

Uma Comunicação eficaz é um fator crítico de sucesso. Seu perfil, além de ser público, para que possa ser pesquisado no Google, não pode ser negligenciado. Ele precisa sempre estar atualizado e alinhado a conteúdos interessantes.

A conclusão não poderia ser outra: comunicar-se bem é promover confiança em suas habilidades como advogado.

SERÁ QUE ESSE ADVOGADO ESTÁ TENTANDO ME ENGANAR?

Já me disseram: Nelson, até aquelas pessoas que dizem que o odeiam se inspiram em você. Isso mexe saborosamente com a minha vaidade, porque tudo que não quero é passar despercebido.

Grandes advogados são excelentes contadores de histórias, pois narram fatos convincentes ao júri no tribunal sobre a vida de seus clientes e seus problemas, sobre as evidências e a aplicação da lei. Essas histórias são reproduzidas nas aulas das faculdades de Direito, transformam-se em artigos e livros que influenciarão na formação de gerações de advogados.

Não tenho dúvidas de que elas compõem um material didático fabuloso, de ensinamentos sobre como lidar e como se comportar em tribunais, sobre a interpretação das leis e, especialmente, sobre como contar histórias.

Há estudos que comprovam que é possível reter muito mais informações quando são transmitidas em formato de histórias. Contar histórias, aliás, é uma habilidade humana de milhares de anos.

> "O UNIVERSO É FEITO DE HISTÓRIAS, NÃO DE ÁTOMOS."
>
> MURIEL RUKEYSER

Um artigo do consultor americano Allison C. Johs, presidente da Legal Ease Consulting, me chamou atenção para o fato de o *storytelling* ter se tornado uma ferramenta eficaz para o Marketing, que, além de uma narrativa envolvente, utiliza múltiplas plataformas.

Johs também ressalta que o *storytelling* realizado pelos grandes juristas quase sempre é protagonizado sob a ótica da técnica jurídica e raramente pela ótica dos clientes.

Não há nada de errado em o foco estar na técnica jurídica ou estar voltado para a própria advocacia. Mas não deixa de ser um olhar apenas para o próprio umbigo e, de certa maneira, distanciado da nova dinâmica de mercado. É preciso saber onde e quando ampliar essa narrativa a outros públicos; basicamente é isso que venho falando já há algum tempo.

Como é fundamental para as corporações perpetuarem sua cultura e valores, a advocacia precisa também aprender a contar histórias convincentes que estejam em sintonia com a vida do cliente, que sirvam de modelo para o seu problema e para que o cliente entenda como a jurisdição pode ser aplicada.

Os advogados precisam parar de se comunicar como se estivessem sempre conversando uns com os outros, da forma como é ensinado nas faculdades de Direito, pois passamos grande parte do nosso tempo nos comunicando com leigos. Ainda que você entenda o significado de suas palavras, a mensagem pode ser interpretada de forma distorcida pelo destinatário e gerar aquela interrogação na cabeça dele: será que esse advogado está tentando me enganar?

> “O MAIOR PROBLEMA NA COMUNICAÇÃO
> É A ILUSÃO DE QUE ELA ACONTECEU.”
>
> GEORGE BERNARD SHAW

É fato: o significado de toda Comunicação está na mente do ouvinte, não na do orador. É importante dizer o que o destinatário da Comunicação precisa saber, em vez do que o emissor deseja dizer. Essa é a narração memorável que fará o nome do advogado ser lembrado por quem mais lhe interessa: o cliente.

Os jovens advogados devem exercitar a criação de conteúdos que interessam a seus clientes, a potenciais clientes, à mídia e ao conjunto da sociedade, identificando o que eles sabem, sem fazer suposições sobre o que eles sabem.

Não estou querendo aqui dizer o que fazer, mas o que se pode fazer, e o que se pode fazer requer um pouco de esforço. O conceito de Comunicação e Marketing não deve ser visto como repugnante, mas como parte da profissão, que está inserida em uma sociedade liberal de mercado. Nos Estados Unidos, para onde olho muito, no final da década de 1990, com dezenas de milhões de dólares em jogo, os escritórios de advocacia começaram a contratar profissionais de Comunicação e Marketing. Nesse período, o Marketing era principalmente reativo. Hoje é uma função proativa, estratégica e de maior valor agregado.

O que observamos nos escritórios brasileiros ainda é a utilização de advogados em atividades notoriamente conhecidas como *backoffice*, tais como seleção e contratação, administração de instalações físicas, cobrança de honorários e, sim, na área de Comunicação.

Essa prática está primordialmente ligada à tradição de que somente profissionais do Direito atuam em firmas de advocacia, o que é um equívoco, uma vez que os escritórios devem ser encarados como uma iniciativa imbuída de objetivos, e tanto advogados como colaboradores não jurídicos devem estar comprometidos com os objetivos da organização.

"Não necessariamente se precisa ter uma equipe completa, porém é importante conhecer os diferentes papéis, cargos e competências dos profissionais que compõem o time de Marketing", explica o professor Hiram Baroli.

A Comunicação não deve ser encarada como um componente secundário; pelo contrário, deve ser primordial para a consecução das metas comuns.

A exposição nas mídias sociais gera confiança. O cliente tem acesso a informações sobre quem você é, como atua e onde atua. Assim, você não é visto como um tiro no escuro, mas como um exemplo de proatividade. Lembre-se, cobra que não anda não engole sapo.

A mensagem que quero passar aos que estão começando é que é preciso se mexer nessa direção de se fazer realmente ser notado. Com ou sem a ajuda de profissionais da área de Comunicação, deve-se buscar maneiras de ser visto e de se destacar dos concorrentes.

Reafirmo que a advocacia não é uma profissão para covardes. Se você ficar parado no seu canto, ninguém virá atrás de você. As pessoas vão procurar aqueles que têm voz nos veículos de comunicação.

A você, jovem advogado, desconhecido, sem uma rede de contatos e lutando para sobreviver, direi com todas as letras: você não tem nada a perder; pelo contrário, só tem a ganhar ao se fazer notar.

Já passei da fase de apenas modernizar o site do meu escritório, como muitos ainda estão fazendo. O site é somente uma parte do Marketing Digital. Quero estar na mesma página das empresas de outros setores pelas quais se comunicam com seu público-alvo.

Muitos executivos cresceram na era da mídia social. Então, qual linguagem você escolherá para falar com eles? Guarde seu latim para os tribunais.

> “O ADVOGADO QUE NÃO TIVER PRESENÇA NAS PLATAFORMAS DIGITAIS NÃO TEM CHANCE DE SE ALÇAR NO MERCADO E SER PERCEBIDO. O AMBIENTE DIGITAL É ONDE TUDO COMEÇA.”
>
> HIRAM BAROLI

Dizia-se há algum tempo que uma foto vale mais do que mil palavras. Alguém disse, porém, que uma foto com um bom texto vale mais ainda[11]. Concordo. O problema é que estamos no mundo instantâneo,

---

[11] A frase é atribuída ao homem que revolucionou a TV Globo, o Boni (José Bonifácio de Oliveira Sobrinho).

em que nos acostumamos a consumir informações de forma direta e sucinta, o que também nos obriga, para sermos lidos, a nos comunicarmos com poucos toques e, de preferência, utilizando muitos recursos de som e imagem. Esse é o ambiente das redes sociais.

Aqueles textos que parecem um tratado, que precisam abordar uma questão sob vários aspectos, podem ser úteis para documentos e processos, mas não para quem quer capturar a atenção de alguém e passar uma mensagem direta. Basta observar por qual razão o X (antigo Twitter), e o Instagram fazem sucesso.

Claro que as mídias sociais devem conduzir, sempre que necessário, para o site do escritório, que não deve ser direcionado apenas para transmitir informações do próprio escritório, mas ser também um repositório de conhecimento.

A Comunicação deve estar fortemente voltada para as mídias sociais, que ampliaram o público e abriram o mundo às empresas, e que também é uma terra fértil para a advocacia.

Os jovens profissionais devem, sim, abraçar essa tecnologia e usá-la sem moderação, aproveitando todos os recursos disponíveis. Como disse, os jovens que cresceram no ambiente digital estão ocupando cada vez mais os postos-chave, e é com eles que você deve procurar se comunicar, e na língua deles. Faça isso como um planejamento estratégico. Não tenho dúvidas de que, com o passar do tempo e o desatamento das amarras atuais da profissão, os grandes escritórios terão um departamento de Marketing forte, que ajudará no desenvolvimento de novos negócios, relacionamento com clientes, Comunicação etc.

Para quem está começando, o caminho é procurar encontrar maneiras dentro do mundo digital de chegar ao seu público-alvo; para isso, é importante observar uma carência da advocacia, que aprendeu a contar grandes histórias apenas para seus pares, e não para o mundo externo.

Como observa Johs, "a chave para uma grande história é que o leitor se identifique com o personagem principal".

O psiquiatra americano William Glasser, que desenvolveu diferentes teorias sobre diversas questões sociais, explica que é inerente ao ser humano não ser prisioneiro do tédio; logo, se um conteúdo provoca cansaço e desinteresse, o respectivo público-alvo não o consumirá.

Fuja do juridiquês, da verbosidade hermética do Direito. Algumas seccionais da OAB já estão instruindo seus membros a usar uma linguagem mais coloquial. Em outras palavras, fale como seu público fala.

Em minhas postagens e artigos, raramente uso termos técnicos. Prefiro uma linguagem simples, às vezes didática, para que seja fácil a meus seguidores entender a mensagem e, assim, para que possa me relacionar com a grande maioria deles. É um exercício no qual busco me concentrar, pois o protagonista da história é o cliente, não o advogado Nelson Wilians ou o seu escritório.

ESTILO É O QUE CONTA

Já que falei em saber contar história, chego a um tópico a ser bem observado. Na literatura, estilo é a maneira como um autor escreve ou conta uma história.

É o que diferencia um autor de outro e cria a "voz" que o público ouve quando lê. Machado de Assis tinha seu próprio estilo, assim como Eça de Queiroz, Guimarães Rosa e por aí vai. Existem muitas particularidades que, juntas, formam o estilo de um escritor; como a escolha de palavras, a pontuação, a técnica descritiva. O estilo também determina o clima de uma obra literária, por isso sua importância é enorme em todos os gêneros. Diferentes tipos de literatura precisam de estilos diferentes, e estilos diferentes vêm de autores diferentes. Trago todos esses elementos para a advocacia justamente porque não estou aqui para me mostrar como um modelo, mas como um estilo de advogado. Note bem a diferença. Estilo possibilita liberdade de escolher o que combina mais com seu jeito, que está relacionado à sua verdade; ao contrário de modelo, que está restrito a um formato de atuar, imposto de fora a você e relacionado à oferta e demanda. É algo como "estar na moda", que, muitas vezes, torna o profissional escravo de tendências e, obviamente, que se autoimpõe mesmo não combinando com a própria personalidade. É algo como ficar dentro da caixa.

O estilo está fortemente ligado ao seu poder de ter preferências, é construído a partir da sua identidade e reflete a sua personalidade, que não muda ao sabor das estações do ano. Quando se opta por um estilo de advocacia, é você quem a modela.

E digo mais: quem tem estilo tem credibilidade, segurança e autoconfiança, justamente porque o estilo reflete o seu modo de pensar e de atuar. Podemos aprender com as qualidades que gostamos de ver em outras pessoas, mas o estilo é sua marca, e, deixo bem claro, isso não significa algo engessado, que não evolui. As mudanças são constantes em nossa vida profissional. Mudamos com a idade, com nossos objetivos profissionais e com nossas vitórias e derrotas. Seu estilo muda conforme a sua vida muda.

Há tempos venho buscando definir meu estilo de atuação na advocacia, inclusive para que pudesse transmitir algo nesse sentido às futuras gerações de advogados. Somente quando um amigo me disse que eu tinha um estilo próprio na advocacia fui buscar algumas definições para entender o que isso significava. Em resumo, é a maneira particular como você se comporta ou conduz a si mesmo, profissionalmente.

Quando mencionei aqueles advogados barrigudinhos no Ministério do Trabalho, limpando a boca na gravata, referia-me ao estilo de advocacia que eu não queria exercer e do modo que os demais exerciam. Eles eram modelados por um pensamento profissional restrito. Eu queria projetar e fazer o meu próprio estilo de advocacia, baseado nos meus propósitos particulares.

Então, estilo é escolha, autoexpressão e, acima de tudo, atitude. Busque descobrir e desenvolver o seu estilo, que é seu jeito particular de fazer, executar e pensar a advocacia.

QUERO REPERCUSSÃO, E MUITA

Em uma palestra que fiz na PUC de Londrina, um estudante me perguntou qual dos dois critérios eu usava para aceitar uma causa: financeiro ou para fazer Justiça.

Respondi que esses dois e um terceiro que ele não mencionara: repercussão. Há casos que não acrescentam absolutamente nada à minha conta bancária, mas os aceito pelo que podem representar no meio jurídico e na mídia.

Essa questão de repercussão, porém, tem outro lado – quando a mídia torna o cliente um vilão, nem sempre é fácil para um advogado evitar ser visto da mesma forma. Porém, juntamente com a atenção da mídia, vem muita publicidade gratuita.

Muitos advogados se perguntam se vincular seu nome a uma causa impopular é realmente uma escolha sábia. A minha resposta está nesta frase:

> “NÃO QUERO ME IMPORTAR, QUERO VENCER.”
>
> HARVEY SPECTER

Mas vamos lá. Em primeiro lugar, não julgo a mídia por estar comigo ou contra mim em uma causa. Espero apenas que seja justa e relate a verdade dos fatos, o que uma parcela nem sempre faz, além de não escrever meu nome corretamente: “Wilians”, por favor, com um “l” só (risos). Em segundo lugar, ajo com a determinação de sair do caso maior do que entrei e mais famoso. Ao defender uma causa impopular, o advogado se tornará, sob muitos aspectos, infame, vencendo ou perdendo.

E, por fim, a advocacia também nos obriga a assumir casos e clientes impopulares.

> "QUEM VÊ CORRETAMENTE O ROSTO HUMANO: O FOTÓGRAFO, O ESPELHO OU O PINTOR?"
>
> PICASSO

É muito importante uma visão estendida da advocacia, que não se limita à técnica, a códigos e às leis. Não sou o único que aceita um caso pela repercussão. Há muitos outros advogados renomados que colocam o retorno financeiro abaixo da exposição na mídia, em determinadas situações. Essa visão macro é importante na construção de uma carreira profissional.

Por que a minha conduta tem esse viés de valorizar a Comunicação e o Marketing? Porque fui influenciado por empreendedores. O primeiro deles foi o dono do posto de combustível e diretor de RH da Santa Casa de Jahu, José Diogo Serda Oliva Jaú, para quem trabalhei como frentista nos finais de semana. Até conhecer esse homem, a minha pretensão era fazer a faculdade e ser, no máximo, gerente do Banco do Brasil. O segundo empreendedor foi o dono da Construtora Apoema, em Bauru, que veio a falir. Foi ele quem me indicou para o Sr. Siegfried Karg. Esses três homens moldaram o Nelson Wilians advogado-empreendedor, assim como muitos outros grandes empresários que conheci em determinadas etapas de minha trajetória profissional.

Estamos sempre influenciando e sendo influenciados. Essa é a minha posição hoje, influenciar os novos advogados. Foi exatamente essa a finalidade quando comecei a ter uma participação ativa nas redes sociais, quando resolvi participar de palestras e registrar algumas de minhas experiências profissionais neste livro.

Tenho a pretensão, sim, de alargar a visão das novas gerações de advogados, com minha experiência na advocacia, carreira e história de vida. Os tempos mudaram, e a Comunicação e o Marketing nos escritórios de advocacia vieram para ficar.

Para uma boa e segura Comunicação, é necessário estar familiarizado com os estatutos dos órgãos competentes, como o do Conar e o Código de Defesa do Consumidor, além, claro, do Código de Ética e Disciplina da OAB.

Nos próximos capítulos, o professor Hiram Baroli, da FGV, abordará com muita propriedade os conceitos de Marketing, que, tenho certeza, ampliarão o horizonte quanto ao tema e ajudarão muito no desenvolvimento prático para uma Comunicação eficiente, segundo as normas da profissão.

PARTE 2

MARKETING APLICADO

2 APLICAÇÃO DO MARKETING

Nas próximas páginas, empreenderei uma análise técnica de conceitos de Marketing, estabelecendo um paralelo com a abordagem intuitiva aplicada pelo personagem Nelson Wilians, que o elevou aos patamares de sucesso atualmente. Desde sua juventude, Nelson sempre teve como princípio que, para atingir o sucesso na carreira profissional, era fundamental construir uma imagem. Essa imagem deveria ser percebida, a priori, como bem-sucedida, dotada de credibilidade, e, consequentemente, gerar confiança. Mesmo diante de limitações de recursos, e ainda no início da carreira, ele buscava projetar uma imagem de advogado competente e profissional exemplar.

Essa característica se destacava em suas atitudes. No início de sua carreira, ele não contava com um carro, carecia de roupas de qualidade e enfrentava limitações financeiras. Entretanto, demonstrava habilidades notáveis de comunicação e presença de espírito. Algumas pessoas têm a capacidade de preencher uma sala apenas com sua presença, e essa era uma marca distintiva de Nelson. Desde o princípio, esforçava-se para construir essa percepção, buscando que aqueles que necessitassem de serviços jurídicos percebessem que ele estava ali para auxiliar.

Logo que começou a advogar, Nelson exercia suas atividades com os recursos disponíveis graças à amizade com um médico que permitiu o uso gratuito de um espaço em sua clínica. Atuava de maneira independente e individual, mas sempre buscava cultivar a imagem de homem bem-sucedido, passando a imagem de um profissional capaz de auxiliar seus clientes. Conduzir Marketing e propaganda não era uma tarefa fácil, pois ele enfrentava muitas limitações de recursos, uma realidade comum a muitos advogados iniciantes.

Enquanto cursava o segundo grau técnico em Contabilidade, no Colégio Estadual Dr. Nilson Ribas, em Jaguapitã, Nelson estudava à noite e trabalhava durante o dia. Em um intervalo de aulas, ele visitou a biblioteca do colégio e deparou-se com uma máxima de autor desconhecido: "A pessoa que quer fazer as coisas encontra os meios. O que não quer fazer nada encontra as desculpas".

Naquela época, havia um tabu no mercado jurídico sobre propaganda e Marketing. Embora esse cenário tenha mudado um pouco, o Código de Ética da época era obsoleto, e os profissionais temiam se expor.

> "AS LEIS INÚTEIS DEBILITAM AS NECESSÁRIAS."
>
> BARÃO DE MONTESQUIEU

Essa situação proporcionou a oportunidade para que Nelson se destacasse como advogado e fizesse fama. Ele superou todas as dificuldades e, mesmo diante das limitações, a propaganda e o Marketing fizeram a diferença em sua carreira. Quem quer fazer algo encontra os meios, e Nelson os encontrou, mesmo enfrentando todas as dificuldades materiais e regulatórias.

Qual é o primeiro papel de um advogado? Quando um cliente procura um profissional, relata um caso; o profissional analisa a lei, em que busca brechas para atender às necessidades do cliente. O Código de Ética é um controle que deve ser respeitado, e o profissional deve compreendê-lo profundamente, encontrando meios legais ou brechas também legais para agir. Entre agradar alguns colegas do órgão de classe e agradar os clientes, Nelson optou pelo segundo caminho.

Portanto, profissionais formados em Direito em geral são treinados na graduação para prestar assistência jurídica nas mais variadas especialidades; depois de formados, devem ser aprovados no exame da OAB (Ordem dos Advogados do Brasil); contudo, não são preparados para cuidar da própria comunicação, formam-se em instituições desatualizadas na área de Comunicação e Marketing e saem para o mercado de trabalho com arraigados preconceitos quanto à disciplina, sem terem tido a oportunidade de conhecer essa área e nela se aprofundarem. O avanço global da comunicação não deixa mais lugar a amadorismos nesse campo na prática do profissional de Direito. Inclusive, uma das maiores escolas de Marketing do Brasil, a ESPM (Escola Superior de Propaganda e Marketing), lançou, em 2021, a sua primeira turma de Direito, uma escola que tem em seu DNA o Marketing, a tecnologia e os negócios. Assim, não há mais o que esperar: a disciplina de Comunicação e Marketing precisa fazer parte do currículo dos melhores cursos de Direito oferecidos no mercado, dada sua relevância na área, e é melhor um advogado aplicando Marketing da forma correta, respeitando a ética e os preceitos da OAB, do que profissionais se comunicarem de forma errada e sem conhecimento.

No mundo globalizado de hoje, independentemente da área de atuação, os profissionais precisam se comunicar e mostrar o seu valor, porque um cliente escolherá o advogado A ou B ou C pelo que ele oferece. O que diferencia um profissional de outro são suas competências e valores, e é justo e legítimo que o cliente jurídico tenha o direito de escolher o que é melhor para si. Para isso, precisa ter acesso a informações claras, éticas e fidedignas.

Por tudo isso, profissionais advogados não têm uma ideia clara do que é a gestão de demandas do setor de Marketing dentro do seu negócio e acreditam, em sua maioria, que não precisam desse serviço, pois assim aprenderam no curso de Direito. Ou então entendem que, se o escritório jurídico tiver um único profissional, muitas vezes sem formação em Marketing, será o suficiente para conseguir atender às principais demandas de Comunicação, por exemplo, captação de novos clientes, criação de peças, manutenção e atualização de site, gerenciamento do Instagram corporativo, produção de vídeos, postagens, criação de logomarca, envio de e-mails informativos, gestão do CRM (conjunto de práticas e estratégias e tecnologias com foco no melhor relacionamento com o cliente), criação de aplicativo, geração de conteúdo informativo (*branded content*) e relações públicas.

No entanto, para uma boa e segura comunicação, são necessários profissionais com profundo conhecimento de Marketing e do Código Ética e Disciplina da OAB, além de estarem familiarizados com os estatutos dos órgãos competentes, como o Conar, e até mesmo com o Código de Defesa do Consumidor. Algumas vezes, dependendo do tamanho da demanda, é necessária uma equipe multidisciplinar para alcançar um resultado de excelência, e deve-se considerar que, com a velocidade dos avanços tecnológicos e o aumento do consumo de novos canais digitais, o mercado, em geral, vem criando cargos especializados para atender a essas novas demandas.

O que vemos nos dias de hoje são escritórios de advogados que pouco investem em Marketing. Muitos deixam a comunicação com profissionais de formação em Direito ou sem nenhuma formação específica relacionada com Marketing ou Publicidade.

Uma equipe completa não é obrigatoriamente necessária, porém é importante para o profissional que assumir a área como gestor de Marketing conhecer os diferentes papéis, cargos e competências dos profissionais que compõem o time de Marketing. O gestor de Marketing, por exemplo, tem como algumas de suas principais competências conhecer profundamente a área do Direito e, além da formação específica em Marketing, deve ter visão estratégica, conhecimento digital, conhecimento da legislação e da regulação do mercado; trabalhar com planejamento e orçamento, gestão e entrega de projetos, interpretação de dados e *analytics*; entender de inovação e estar sempre atualizado com novas tecnologias; ter sensibilidade comercial, senso de oportunidade e de liderança de equipes; conhecer sobre o gerenciamento de múltiplas tarefas e projetos, análise de mercado e concorrentes, relações públicas, pesquisas de satisfação e qualidade; e mostrar resiliência para a gestão de crises.

Esse profissional também precisa gerenciar as ações de Marketing da organização com o objetivo de implementar o planejamento estratégico traçado no ano anterior, integrando eventuais ajustes necessários no ano corrente.

Um ponto importante na atuação desse profissional é a construção da marca, a fim de criar valor e torná-la reconhecida, identificada e valorizada, atingindo, assim, resultados e metas corporativas, sejam elas financeiras, sejam de fortalecimento de imagem.

Dessa forma, definimos como funções do gestor de Marketing na área do Direito o gerenciamento e a implementação de novos serviços, planejamento, desenvolvimento e monitoramento da identidade visual da marca, supervisão e elaboração de campanhas publicitárias seguindo as normas dos conselhos éticos da OAB e dos órgãos competentes, supervisionar a estratégia do endomarketing (comunicação interna da organização), supervisionar outras atividades sociais ou promocionais, planejamento e implementação de estratégias de Marketing digital e ações relacionadas às mídias sociais e ao site corporativo, gerenciamento da rede de pesquisas, avaliação e página do Google, acompanhamento e análise dos indicadores de desempenho com foco nas ações do planejamento estratégico, gestão e controle de canais, gestão de custos, gestão das informações dos clientes seguindo as normas da LGPD (Lei Geral de Proteção de Dados), em vigor desde 2021, mensuração de resultados, criação do plano de Marketing, gestão dos colaboradores de Marketing, supervisão e aprovação de toda a comunicação de Marketing da instituição ou dos profissionais de Direito.

Dependendo do tamanho da organização, um gestor de Marketing não consegue atender às demandas para cuidar de todas as etapas do trabalho, sendo necessário montar uma estrutura de Marketing própria, para acompanhar mais de perto os resultados, e/ou contratar uma agência de Marketing externa.

Essa decisão estratégica de montar um departamento de Marketing interno ou de contratar uma agência externa ou, até mesmo, um modelo híbrido, que tenha um departamento interno mais agência apoiando o Marketing, deve ser tomada pelos sócios ou pela direção da empresa, considerando o tamanho da demanda, a questão de custos, a velocidade no atendimento, a qualificação técnica, os resultados, a inovação, a tecnologia e a qualidade.

Esteja atento: caso decida estruturar uma equipe de Marketing, busque contratar um gestor especializado para a sua organização de Direito. Dê preferência a profissionais com pós-graduação e com MBA, que geralmente têm conhecimento mais profundo e especialidades significativas; se o profissional tiver experiência no mercado jurídico, melhor ainda. Saiba que esse profissional deverá ser responsável pelo planejamento, estratégia e direção dos programas mercadológicos da sua empresa. Ele comandará o departamento de Marketing, criando o planejamento financeiro do setor, controlando o orçamento e desenvolvendo a execução dos projetos. Ele também definirá a escala de investimento em campanhas com foco na melhor performance, no fechamento de contratos, na lucratividade, na rentabilidade e no valor da marca. Outra função do cargo é estruturar times que atuem nos projetos dos clientes, além de definir o orçamento anual para alcançar as metas da presidência e acompanhar a entrada de receita dos produtos e serviços ofertados.

Existiam 1,1 milhão de advogados no Brasil em 2019; é o maior número de profissionais advogados do mundo, segundo a pesquisa da StartSe; em 2023, chegamos a 2 milhões de profissionais advogados no mercado. Para comparação, no Brasil existem cerca de 450 mil médicos.

SEJA UM PROFISSIONAL DIFERENCIADO

Busque outros conhecimentos além do Direito. Inovação, diferenciação, gestão de negócios e Marketing digital podem valorizá-lo como profissional. O mercado oferece muitas opções de cursos e especializações além do Direito, que podem enriquecer o seu conhecimento e torná-lo um profissional de destaque. O Marketing digital pode fazer muita diferença na sua carreira, destacando-o e diferenciando-o no oceano de advogados.

Outro ponto que pode ajudar a destacá-lo é o uso da tecnologia. Há diversas ferramentas, e, quanto mais tecnológico você for, mais bem-visto será; profissionais tecnológicos e conectados são percebidos como mais modernos, melhores e mais eficazes. Sempre inove sua forma de trabalhar, invista em novas ferramentas, busque conhecer e aprender as últimas novidades da tecnologia. Seja um advogado conectado e presente nas diversas redes sociais. Uma ferramenta digital muito utilizada na área do Marketing e que ajuda muito na gestão de clientes é o CRM (Gestão de Relacionamento com o Cliente). Essa ferramenta ajuda a gerenciar os relacionamentos e as interações com os clientes e leads; assim, é possível ter todas as informações de atendimento e relacionamento com cada cliente, permitindo atuar com mais qualidade e assertividade, o que reflete em clientes mais satisfeitos.

Seja um profissional executor de gestão inovadora, atuando com diferenciação; torne-se relevante e assim você conquistará mais clientes. Com planejamento e organização, você pode executar mais e melhor.

Atue vigorosamente com o Marketing digital; o advogado que não atua nessa frente está sempre um passo atrás de outros profissionais. Entenda que 58% da contratação de serviços se inicia no Google. Esteja presente nas diferentes plataformas e construa autoridade, gerando conteúdo e serviços de qualidade.

Descubra quais tendências e especialidades estão em alta; algumas especialidades podem estar surgindo, e os profissionais que saírem na frente podem se destacar.

CONCEITO E FUNDAMENTOS DE MARKETING

No início do século XX, os teóricos de Marketing introduziram a visão de utilidade de tempo e de espaço. Segundo Converse (1921), a produção abrange a criação de forma, lugar, tempo e utilidade. A utilidade de forma refere-se à variedade de produtos e serviços desejados para consumo. A utilidade de espaço envolve a distribuição desses itens onde são necessários. O Marketing abrange atividades que criam espaço e utilidade de tempo.

O enfoque inicial do conceito de Marketing estava na abordagem das necessidades humanas, incluindo não apenas as primárias, como comida e proteção, mas também as secundárias, ligadas à memória, imaginação e razão (Converse, 1921). Esse ponto de vista transcendia a distribuição.

Apesar disso, à medida que o campo evoluiu e a globalização da comunicação ocorreu, o entendimento incorreto do Marketing persiste. Muitos, inclusive profissionais do Direito, confundem frequentemente Marketing com publicidade. No entanto, o Marketing é mais amplo e engloba estratégias que atendem o mercado e comunicam serviços ao público.

Outro erro comum é comparar Marketing com vendas, pois alguns setores não costumam priorizar o Marketing. Em um ambiente dinâmico, porém, todos os departamentos de um escritório devem visar a satisfação do cliente. O Marketing deve colaborar com todos, garantindo o posicionamento adequado e atendendo a expectativas.

Especialistas em Marketing enfrentam estereótipos, prejudicando a percepção do papel de liderança e inovação que desempenham. A definição da American Marketing Association (AMA) destaca que o Marketing envolve planejar e executar concepções, preços, promoções e distribuição para criar trocas que satisfaçam metas individuais e organizacionais.

No contexto jurídico, um atendimento bem conduzido exemplifica o Marketing, beneficiando o cliente e toda a cadeia de serviços envolvida.

A compreensão adequada do Marketing é fundamental, sendo uma estratégia ampla que vai além da publicidade, focando no atendimento de necessidades individuais e organizacionais.

Veja as definições de Marketing de alguns teóricos:

> “O PROCESSO DE ATRAIR E MANTER O CLIENTE.”
>
> THEODORE LEVITT

> “É TODO O NEGÓCIO VISTO DO PONTO DE VISTA DO SEU RESULTADO FINAL, ISTO É, DO PONTO DE VISTA DO CONSUMIDOR.”
>
> PETER DRUCKER

> “UMA ORIENTAÇÃO DA ADMINISTRAÇÃO QUE VISA PROPORCIONAR A SATISFAÇÃO DO CLIENTE E O BEM-ESTAR DO CONSUMIDOR EM LONGO PRAZO COMO FORMA DE SATISFAZER OS OBJETIVOS E AS RESPONSABILIDADES DA ORGANIZAÇÃO.”
>
> PHILIP KOTLER

Nessas definições, diferentes teóricos consideram, no Marketing, sempre os seguintes conceitos: troca; necessidades e desejos; demandas; e ambiente. Percebe-se nessas conceituações que o Marketing é visto de formas diferentes, no entanto é claro que o cliente aparece sempre como objetivo central, em primeiro lugar, mesmo quando o termo “cliente” não é mencionado.

De forma geral, podemos dizer que fazer Marketing é trabalhar para encantar e satisfazer o cliente jurídico e, dessa forma, tê-lo sempre de volta. No entanto, por trás dessa forma extremamente simples de definir Marketing, há questões muito complexas. Como definir o que satisfaz o cliente jurídico? A satisfação depende do desempenho do serviço do profissional advogado e de como é percebido em relação ao valor referente às expectativas. Se as expectativas são correspondidas, o cliente fica satisfeito; se são superadas, ele fica encantado. Para saber o que satisfaz e encanta o seu cliente, é preciso conhecer o ambiente de atuação. Essa é uma das premissas do Marketing.

Assim, o Marketing é um negócio visto pelo ponto de vista do cliente jurídico, tendo sua essência no processo em que as partes envolvidas trocam algo para satisfazer os objetivos tanto do cliente como da empresa. É trabalhar para encantar o cliente, pensar em toda a experiência para, dessa forma, tê-lo sempre de volta e conseguir que ele indique a empresa para potenciais novos clientes. Com esse panorama em vista, é necessário passar a entender o cliente jurídico como se fosse a pessoa mais importante que existe, motivo pelo qual as organizações de Direito precisam investir em pesquisas de mercado, agências de Marketing, contratação de profissionais de Marketing e comunicação visando à compreensão das necessidades e dos desejos desse importante cliente. Trata-se de exatamente o que ele espera do nosso serviço e de passar segurança.

Considerando o conceito de Marketing, volto a comentar o caso Nelson Wilians. Desde o início, mesmo sem conhecimento, ele buscou diferenciar-se, almejando um espaço pouco ocupado por profissionais advogados. Seu objetivo sempre foi ter clientes satisfeitos e encantados. No caso dele, era puro instinto. Algumas pessoas têm uma noção mais exata da noção de expectativa *versus* realidade e conseguem adaptar seus serviços para melhor atender seus clientes.

Para Nelson, atender às necessidades do cliente é o meio. A empatia faz toda a diferença; o cliente pode ser conquistado. Como advogado, é preciso ter sinergia, estar próximo, conhecer o cliente e estar disponível. Isso se aplica a qualquer atividade que dependa de vendas e advocacia. Por mais nobre que seja a atividade, consiste em uma venda de serviço especializado em que é crucial criar relacionamentos e gerar confiança.

É importante ressaltar que o advogado não precisa agradar o juiz ou a autoridade; estes devem cumprir seu papel vital, defendendo a lei e a justiça. O objetivo do advogado deve ser a correta aplicação do ordenamento jurídico. Clientes satisfeitos atraem novos clientes. O advogado precisa, além de conhecimento técnico, ser percebido pelo mercado e ter indicações e referências.

Como você pode ser percebido pelo mercado? A resposta: propaganda e Marketing. Sei que alguns poderão torcer o nariz, mas é assim que funciona.

Nelson Wilians não se tornaria o maior advogado da América Latina se não tivesse aplicado Marketing e propaganda a seu negócio. Considerando a atual competitividade do setor, para um advogado se destacar é necessário utilizar propaganda e Marketing e ter uma área comercial ou institucional ativa, afinal alguns membros da classe não gostam do termo "comercial"; sendo assim, vamos "tucaná-los", ou seja, vamos usar um termo mais palatável, "institucional".

MIOPIA DE MARKETING

Os gestores cometem erros ao interpretar qual deve ser o foco da comunicação, e muitas vezes não consideram os benefícios, as expectativas dos clientes de Direito e a experiência proporcionada pela entrega prometida pelo serviço/produto. Com isso, podem errar ao prestar atenção somente no produto e no serviço, deixando de lado os benefícios oferecidos, as expectativas, necessidades e desejos do cliente jurídico. Theodore Levitt (1975) chamou esse desalinhamento da comunicação de "miopia de Marketing". Neste trecho, ele explica: "todos os setores que têm um desenvolvimento importante passam por uma etapa rápida de expansão. Porém, essa onda de entusiasmo expansionista está sempre sob ameaça de decadência. Assim, muitos setores param de crescer rapidamente, apesar de terem um excelente produto". E ele prossegue: "quando o desenvolvimento de determinado segmento é ameaçado, retardado ou detido, não é porque o mercado está saturado, mas porque ocorre uma falha administrativa. A falha está na cúpula. Os dirigentes, na maioria das vezes, desenvolvem essa miopia, que os impede de ver com maior amplitude".

As empresas têm de saber que seus produtos e serviços são apenas um meio, e não um fim em si mesmos, para atender a necessidades. No setor do Direito, o foco das organizações sempre será cumprir sua função básica, que é prestar atendimento jurídico, conforme as necessidades dos clientes, sabendo que estes buscam uma solução para um problema jurídico que entendem ser de Direito, nada mais que querer justiça. Mas o cliente jurídico espera mais que isso – aí está a miopia. Atender e orientar o cliente quanto à questão em seu conjunto é importante, porém o cliente precisa também de uma experiência agradável e acolhedora, ser atendido com a excelência e a exclusividade merecidas, além de segurança, conforto, respeito e muita informação e orientação dadas por um profissional competente, de boa formação, ágil e simpático, com diferenciais que gerem valor e aumentem a percepção de qualidade do cliente. Acima de tudo, é preciso que as informações sejam didáticas e decodificadas para a linguagem do cliente de modo que ele as compreenda facilmente.

E o seu escritório? Ou você, como profissional advogado? O que os clientes esperam quando o procuram? Entender uma questão jurídica da qual eles têm pouco ou nenhum conhecimento? Atendimento de excelência? Você está comunicando o que eles estão procurando? E a experiência? Está sendo positiva?

Para iniciar um trabalho que minimize a miopia de Marketing com clientes jurídicos, faça o seguinte:

- Levante informações completas do mercado, levando em consideração as necessidades atuais e futuras dos principais clientes do escritório. Considere mercados atendidos e mercados potenciais (que poderão ser atendidos) e faça o *benchmarking* (avaliação do que a sua concorrência está fazendo, assim o escritório poderá incorporar os melhores desempenhos já aplicados e/ou aperfeiçoar os seus próprios métodos).
- Desenvolva um trabalho com os profissionais (advogados) da linha de frente, aqueles que se relacionam com os clientes. Implemente ações de escuta ativa, de maneira que o foco esteja na resolução de problemas e na definição dos processos para a melhor satisfação dos clientes. Estes precisam ser ouvidos: dê atenção aos aspectos apontados, tornando a conversa eficiente, de forma a compreender todas as suas falas. Dessa forma, os clientes se sentirão valorizados e acolhidos e, consequentemente, o escritório terá a grande oportunidade de lhes entregar mais valor.
- Tenha um Departamento Comercial real, que desenvolva atividades de relacionamento e pós-venda com os clientes atuais e potencialize atividades com clientes potenciais. O foco deve ser mantido nos produtos jurídicos, assim como na

incorporação de indicadores que transmitam autoridade, porém o acompanhamento próximo e as ações assertivas, considerando as especificidades de cada cliente, serão reconhecidos e retribuídos.

Formas de relacionamento entre empresas e clientes

No início das relações econômicas na economia moderna, uma série de conceitos, hoje comum, simplesmente não existia. São exemplos os conceitos de consumidores, de qualidade e o próprio conceito de Marketing. Portanto, para compreender a essência do que chamam de "a era do produto" (onde se lê "produto" também pode ser lido "serviço", "conteúdo", "experiência" etc.), é necessário compreender um mundo de relações econômicas muito mais simples do que as que temos hoje.

Naqueles primeiros tempos, o produtor era o único responsável pelo formato do produto. Isso significa que o bom produto era aquele que o produtor considerava bom. Produtores antes da Revolução Industrial ainda tinham contato direto, pessoal, com seus clientes. Porém, com o surgimento da economia moderna, os produtores simplesmente perderam esse canal pessoal. Dessa forma, não tinham mais do que a sua própria experiência com o produto para saber o que era bom ou ruim. Assim se definia a essência da era do produto: o produtor definia o que vendia, formato, qualidade e preço. A vontade do consumidor não importava, ainda mais porque, como dito antes, o conceito de consumidor como conhecemos hoje simplesmente não existia.

A orientação para o produto foi eficaz enquanto havia mais compradores que vendedores. No momento em que os produtores se multiplicaram e passaram a precisar atrair compradores novos, o velho sistema não garantia mais vantagem para nenhum produtor, afinal todos pensavam e agiam de forma semelhante. A orientação para o produto foi o paradigma dominante até o momento em que deixou de ser eficaz.

No momento seguinte, surgiu o que chamamos de "era da orientação para vendas". Tratava-se do momento de concentração das atividades de Marketing na venda dos produtos disponíveis, normalmente quando a oferta de produtos e serviços era maior que a demanda. Ela se baseava no princípio de que os consumidores e as empresas, por vontade própria, em geral não buscavam novos produtos. Nesse período, a venda era mais importante, independentemente de se buscar saber o que o consumidor precisava. Trabalhando assim, era normal surgirem clientes insatisfeitos, que compravam por impulso, porém nesse período o consumidor não tinha muitas opções, já que todas as empresas trabalhavam com o mesmo objetivo: criar uma demanda maior do que a necessidade do consumidor.

Em economias industriais modernas, a capacidade produtiva aumentou muito e os vendedores precisam correr atrás dos clientes. Clientes potenciais são bombardeados por comerciais de TV, anúncios em jornais, malas-diretas e telefonemas de vendedores com o propósito único de gerar vendas rápidas para a empresa. Essa mentalidade se expressa no "vender a qualquer custo".

É quando surge a orientação para o mercado e, consequentemente, o Marketing, a descoberta do consumidor e o início da preocupação com suas necessidades e seus desejos. A satisfação do cliente se torna mais importante e impulsiona o negócio. A ideia central passa a ser: "por que gastar tanto dinheiro com propaganda e vendas se é possível perguntar ao cliente o que ele quer?". As vendas impulsionadas pela satisfação geram a fidelidade do cliente. Todos os setores de uma mesma empresa passam a funcionar para um único objetivo: o de atender às necessidades e aos desejos de clientes, o que, por meio da satisfação e da fidelização, atinge os objetivos da organização e gera lucro para os proprietários ou acionistas.

A orientação para o mercado é uma filosofia empresarial que desafia as orientações de produção, de produto e de venda. Ela sustenta que, para alcançar as metas organizacionais, a empresa precisa ser mais efetiva do que a concorrência na criação, entrega e comunicação de valor para o cliente. A possibilidade de observar essas necessidades teve um papel fundamental no desenvolvimento do Marketing, que foi fortemente influenciado pelas novas teorias oriundas da Psicologia Social, de novos métodos de coleta e de análise de dados. Com o objetivo de satisfazer as necessidades e os desejos desses consumidores, o movimento da era da orientação para o mercado foi no sentido de descobrir o que realmente eles queriam.

As empresas atendem às necessidades de seus clientes por razões éticas ou humanitárias, mas também por razões econômicas. A orientação para o mercado é apenas mais um dos paradigmas de relacionamento entre empresas e clientes. Após esses três períodos, o Marketing estava historicamente contextualizado. No entanto, é absolutamente natural que o fenômeno descrito chegue à própria orientação para o mercado.

Várias etiquetas de Marketing surgiram ao longo dos últimos anos: Marketing verde; endomarketing; Marketing de permissão; Marketing promocional; Marketing pessoal; *trade* Marketing etc. Várias dessas etiquetas se referem exatamente ao mesmo fenômeno, no entanto algumas receberam a atenção de acadêmicos de Marketing, como a etiqueta "Marketing de serviços".

O Marketing de relacionamento está sendo considerado uma das perspectivas dominantes. Clientes são parceiros de negócios e devem ser atendidos um a um, com atenção individualizada. No âmbito das relações com clientes individuais, tornou-se fundamental a coleta de informações sobre o comportamento dos indivíduos.

As bases teóricas do estudo do consumidor

O Marketing empresta de outras áreas de conhecimento os fundamentos de que necessita para conhecer o consumidor. Vemos isso na análise do comportamento do consumidor. Pelo menos três ciências emprestam seus conceitos à maior parte dos problemas analisados.

Estas são as ciências das quais o Marketing mais toma emprestados instrumentos de análise:

- **Antropologia cultural:** a que mais interessa aos profissionais de Marketing. É o estudo do "outro", podendo ser uma sociedade, uma cultura ou um grupo social.
- **Sociologia:** empresta ao Marketing instrumentos para observar as respostas dos consumidores a grupos sociais. Seus instrumentos são úteis para descrever a forma como os grupos afetam atitudes e comportamentos.
- **Psicologia:** focaliza o próprio indivíduo, o modo como este percebe as informações que recebe e como as processa na memória, como usa a memória para a tomada de decisão, qual o papel das respostas emocionais e quais as relações entre opiniões e comportamento.

Segmentação de mercado

O princípio básico da segmentação de mercado consiste em ter públicos específicos para produtos ou serviços específicos, pois os seres humanos não são homogêneos.

Segundo Kotler, a segmentação de mercados pode ocorrer por fatores demográficos, geográficos, psicográficos e comportamentais. Com base em cada grupo de fatores que propiciam a segmentação, divide-se o mercado e realiza-se a adequação dos produtos e serviços de acordo com as características de cada grupo. Com isso, é possível fazer a segmentação de mercado e a especialização de serviços. No caso do setor jurídico, podemos destacar a segmentação por especialidade, quando os profissionais se especializam em determinado conhecimento jurídico e assim ficam mais aptos a atender clientes que buscam seguir com ações em determinadas áreas jurídicas. Perceba que isso facilita para o profissional comunicar sua especialidade e direcionar suas ações de comunicação; e, para o cliente, proporciona acesso a profissionais capacitados, que podem melhor esclarecer o assunto e direcionar ações que atendam às suas necessidades.

Algumas segmentações por especialidade:

- Direito Civil
- Direito Ambiental
- Direito Empresarial
- Direito da Tecnologia da Informação
- Direito do Consumidor
- Direito Contratual
- Direito Penal
- Direito Trabalhista
- Direito Tributário

A principal vantagem da segmentação de mercado é a possibilidade de satisfazer as necessidades dos clientes com mais cuidado e detalhe. Ao segmentar um mercado, entende-se melhor como seus clientes se relacionam com o produto ou serviço e é possível atendê-los melhor. Podemos dizer que algumas das principais vantagens da segmentação são a especialidade e os conhecimentos no setor.

Outras cinco bases para a segmentação jurídica

- **Segmentação geográfica:** divide o mercado em áreas geográficas com características distintas. A teoria afirma que as pessoas que moram em determinada região compartilham desejos e necessidades similares, distintas daquelas das pessoas que moram em outras regiões. Essa é a forma de segmentar mais antiga. Muitas vezes, as divisões geográficas podem ser traduzidas em diferenças culturais e, assim, em diferentes formas de comportamento do cliente perante determinado produto ou serviço.

- **Segmentação demográfica:** qualquer estatística sobre a distribuição da população é uma variável demográfica, podendo ser um critério de segmentação. Inclui-se sexo, faixa etária, etnia, renda, classe social, ocupação, nível de instrução, profissão, nacionalidade etc.
- **Segmentação psicográfica:** refere-se a estilos de vida. Variáveis psicológicas se referem às qualidades intrínsecas e psicológicas dos consumidores: o que eles sentem, pensam, percebem, como agem, por que e como compram e quais suas intenções. O estilo de vida a ser observado pode ser algo como gostar de esportes, ser mulher e jovem profissional, adolescente que gosta de andar na moda, pessoas que costumam jogar tênis no clube, frequentar restaurantes de comida japonesa e beber socialmente com os amigos etc. A segmentação por estilo de vida cria uma ligação entre as pessoas.
- **Segmentação sociocultural:** demonstra como os indivíduos pensam e sentem. Uma empresa que presta serviços de excursão – viagens e atrações turísticas –, por exemplo, descobriu que o nível de qualidade de vida da população brasileira está aumentando e, portanto, a longevidade também. Dessa forma, a empresa detectou uma oportunidade de mercado e tem como público-alvo os idosos. Segmentado o mercado, os profissionais de Marketing definem melhor o seu produto/serviço, quais as estratégias de comunicação que melhor atingem esse segmento. As empresas interessadas em subculturas de consumo tendem a ter como relevantes os valores que se perpetuam no grupo que os identifica.
- **Segmentação comportamental:** trata-se de segmentar pela forma como as pessoas se comportam em relação ao produto/serviço. Divide-se em três:
  1. *Por benefício:* os clientes procuram benefícios diferentes no atendimento do escritório. O cliente não quer somente o

atendimento sobre a causa; ele espera uma boa experiência e serviços complementares, que vão além do atendimento normal.

2. *Por situação:* as empresas reconhecem que os indivíduos podem buscar profissionais especializados naquela situação, a ocasião que gerou para ele determinada necessidade de um profissional advogado. As pessoas assumem determinado comportamento quando expostas a uma situação de momento que as impacta, por exemplo, uma empresa que demite em massa sem respeitar os direitos do trabalhador garantidos na lei. Trata-se de uma situação que levou a esse comportamento.
3. *Por nível de utilização:* a regra dos 80/20 diz que 20% dos clientes de um escritório jurídico consomem 80% do que ele produz. Isso se deve à fidelidade, ao volume e à frequência de compra.

A Nelson Wilians Advogados conseguiu se destacar do meio comum, adotando um sistema *full service*; no entanto, é necessário um olhar estratégico para a segmentação. A forma como um escritório de advogados se relaciona e se apresenta para o mercado e seus clientes é essencial.

No caso de Nelson Wilians, ele é percebido como um advogado sem especialização específica, mas ao mesmo tempo apto a solucionar os problemas daqueles que o buscam.

O que leva clientes que precisam de especialistas em áreas como penal, contratos, societário, civil, regulatório, tributário etc. a escolher Nelson Wilians? Eles o reconhecem, na verdade, como o líder de uma equipe profissional capaz de entregar o que buscam. E a forma como Nelson se vende e a imagem que transmite são essenciais para essa percepção, destacando-o à frente de um escritório e de uma equipe.

Nelson transmite confiança, e os clientes confiam que seus casos serão direcionados a especialistas sob sua liderança. Nelson Wilians Advogados é comparado ao Claudio Luiz Lottenberg, do Hospital Albert Einstein, ou ao Dr. Roberto Kalil, do hospital Sírio-Libanês. Se o próprio não solucionar o problema ou mitigar o dano jurídico, indicará o profissional competente e especialista, dentro de sua estrutura, que o fará. Ou seja, não é necessário ser especialista, mas é crucial ter os melhores especialistas sob o seu comando. Os clientes reconhecem sua atuação como advogado e seu papel de dono do escritório.

Eles não se preocupam com detalhes específicos; buscam apenas o resultado desejado, sem se aprofundarem em minúcias jurídicas. Ao procurar um advogado, o cliente não busca conhecer a solução jurídica detalhada, mas sim obter o resultado desejado e uma solução para sua angústia.

Para isso, Nelson Wilians Advogados tem uma máxima: "O nosso cliente não quer saber se o pato é macho; ele quer o ovo e ovo de pato, não de serpente".

Tomada de decisão

Para alguém procurar um advogado é porque existe um problema, uma necessidade ou um desejo; assim se inicia uma busca por um profissional jurídico. Primeiramente, o cliente pensará nas alternativas que tem e tomará uma decisão com base em uma avaliação intensamente cognitiva. Num segundo momento, o consumidor poderá mudar seu quadro cognitivo sobre o serviço, com base em sua experiência de uso, e tomará uma decisão consciente e pensada. Mas esse percurso pode variar.

Quando há motivação e reconhecimento de necessidades e desejos, o percurso de decisão inicia-se com a identificação de uma necessidade não satisfeita que se dá exatamente quando um indivíduo percebe o estado atual e confronta essa situação com o estado que ele próprio percebe como ideal, desejado.

Os conceitos de necessidade e desejo carecem de consenso, considerando os aspectos psicológicos e filosóficos neles envolvidos.

O termo "necessidade" está fortemente associado a uma situação difícil, extrema:

- "Fulano está passando por necessidades."
- "A necessidade não tem lei." (Santo Agostinho)
- "A necessidade nos faz acostumar com estranhos companheiros de leito." (Shakespeare, *A tempestade*)

Por sua vez, o termo "desejo" tem um caráter associada à luxúria:

- "Ninguém chega ao fim da vida sem ter visto indeferida a metade dos seus desejos." (Talmude)
- "Se um homem pudesse ver a metade dos seus desejos realizada, teria aflições em dobro." (Benjamin Franklin)
- "Tudo que foi um desejo torna-se um fato – mas quando não mais o desejamos." (Proust)

A definição adotada por Kotler (2000) é bastante esclarecedora: necessidades descrevem exigências humanas básicas. As pessoas precisam de comida, ar, água, roupa e abrigo para poder sobreviver. Elas também têm uma necessidade muito grande de recreação, educação, justiça e entretenimento. Essas necessidades se tornam desejos quando são dirigidas a objetos específicos capazes de satisfazê-las.

Necessidades são, portanto, estados pessoais e são abstratas em si. Desejos estão ligados a objetos que satisfazem necessidades e são culturalmente determinados como tais. Isso, de certa forma, nos ajuda a responder à pergunta: o Marketing cria necessidades? Não, o Marketing cria desejos. As necessidades são muito complexas e muito anteriores aos desejos que temos hoje. O nosso problema é compreender quais desejos satisfazem dada necessidade.

A percepção se dá quando a informação entra em nossa mente; mesmo superficialmente, ela deve antes ser percebida. A marca de um produto ou serviço existe exatamente para construir uma capa perceptível, com o fim de diferenciá-lo de outros que são muito semelhantes – a marca é a diferença.

E há os filtros perceptivos. Você lembra quantos outdoors viu hoje? É difícil perceber todas as informações que chegam a nós a todo momento.

Três filtros agem sobre as informações novas que chegam até nós e afetam a forma como percebemos as coisas:

- **Atenção seletiva:** só prestamos atenção a uma parcela das informações que chegam até nós. Um bom exemplo disso é o número de comerciais de que você lembra após um intervalo comercial na TV.
- **Distorção seletiva:** as informações que percebemos são automaticamente interpretadas. Cada pessoa interpreta à sua maneira as informações, de acordo com suas prioridades e interesses.
- **Retenção seletiva:** de todas as informações percebidas, apenas uma pequena parte será guardada na memória. Nós só nos lembramos daquilo que é saliente de alguma forma ou que nos interessa de alguma forma.

Estruturação do plano de Marketing

> Como Nelson Wilians começou a aplicar o Marketing, considerando que não tinha recursos nem conhecimento? Ele não é especialista em Marketing, mas desenvolve estratégias de maneira instintiva. Seu enfoque é intuitivo, uma vez que nunca estudou Marketing; suas decisões são baseadas em seus instintos.
>
> Nelson tem rapidez de raciocínio. Ele percebe coisas tanto na área jurídica como na de Marketing que escapam aos outros. Muitas vezes, especialistas buscam sua opinião.
>
> Para aplicar Marketing e propaganda, ele parte do seguinte princípio: "Se eu estivesse do outro lado, o que eu gostaria de ver, ouvir e sentir?". Ele age conforme o que gostaria de experimentar estando do outro lado. Em muitas situações, o advogado precisa ir além do Direito para atender

bem o cliente. Em certos momentos, é fundamental que o cliente tenha um advogado habilidoso em comunicação, sabendo discernir quando é benéfico para o cliente aparecer e quando é melhor ele desaparecer. Muitas vezes, para que o desfecho da causa seja favorável ao cliente, é necessário o advogado atrair os holofotes para si e desviá-los do cliente, e isso não está em nenhum manual de Direito.

Hoje, com a estrutura da Nelson Wilians Advogados, tudo está consolidado. A evolução é notável. Grande parte das decisões de Marketing da Nelson Wilians Advogados não passa mais por ele. Uma pequena parte, porém crucial, ainda chega até ele. Dentro da Nelson Wilians Advogados há um núcleo de Comunicação e Marketing profissional. Além disso, o próprio Nelson (pessoa física) é sócio de empresas de Marketing e Comunicação. As coisas vão bem, com profissionais especializados na área.

Nelson Wilians (pessoa física) participa como sócio em várias outras atividades - como uma corretora de seguros, a NW Seguros; uma Fintech (XBank); entre outras atividades - que também vão muito bem, abrindo novas unidades.

Expostos os princípios básicos a serem observados para agregar valor ao cliente jurídico, uma forma estruturada de trabalhar consiste em desenvolver uma estratégia para estruturar um plano de Marketing. A função desse plano é ajustar as ofertas das empresas às necessidades dos clientes e às alterações do macroambiente causadas pelas variáveis incontroláveis. Para obter tal ajuste, os profissionais de Marketing dispõem de variáveis controláveis: o "composto de Marketing", também conhecido como 4 P's. O conceito, aprimorado pelo professor Jerome McCarthy em 1960 e popularizado por Philip Kotler e Kevin Lane Keller, é classificado em quatro componentes de atividade: produto, preço, promoção e praça.

MARKETING NA ÁREA JURÍDICA – LEGISLAÇÃO

O Marketing na área jurídica é diferente de outros setores do mercado. O advogado trabalha para garantir a justiça a seu cliente, a profissão trata de lei e justiça, por isso é uma das áreas de mercado que mais devem prezar pela ética na atuação profissional e na comunicação; por isso, diversamente de outras áreas, o Marketing na área jurídica segue uma linha diferente, muito mais focada na justiça e na ética profissional.

Em 2021, a OAB aprovou o Provimento n. 205/2021, considerado um grande avanço para o Marketing na área jurídica, permitindo que o Marketing seja aplicado conforme os preceitos éticos da categoria. Nesse novo provimento foi considerado o papel do cliente, que, é óbvio, tem o direito de receber informações do mercado jurídico e dos profissionais advogados, até mesmo para poder buscar informações e escolher o melhor profissional para atendê-lo. É uma forma de destacar o profissional e diferenciá-lo, pois o cliente precisa de informações para decidir qual o melhor profissional para representá-lo perante a justiça. A cultura mudou e, com ela, as relações entre cliente e profissional advogado.

Com o avanço digital, o Marketing dá um importante passo e se aproxima mais da realidade do mercado; o atendimento deve ser feito de forma a contemplar as necessidades do cliente – ele define onde, como e quando quer ser informado, sem que se perca a tradição da atividade jurídica, que deve ser sempre ancorada na ética e nos preceitos jurídicos.

Provimento n. 205/2021

> **Art. 1º** É permitido o Marketing jurídico, desde que exercido de forma compatível com os preceitos éticos e respeitadas as limitações impostas pelo Estatuto da Advocacia, Regulamento Geral, Código de Ética e Disciplina e por este Provimento.
>
> § 1º As informações veiculadas deverão ser objetivas e verdadeiras e são de exclusiva responsabilidade das pessoas físicas

identificadas e, quando envolver pessoa jurídica, dos sócios administradores da sociedade de advocacia, que responderão pelos excessos perante a Ordem dos Advogados do Brasil, sem excluir a participação de outros inscritos que para ela tenham concorrido.

§ 2º Sempre que solicitado pelos órgãos competentes pela fiscalização da Ordem dos Advogados do Brasil, as pessoas indicadas no parágrafo anterior deverão comprovar a veracidade das informações veiculadas, sob pena de incidir na infração disciplinar prevista no art. 34, inciso XVI, do Estatuto da Advocacia, entre outras eventualmente apuradas.

Art. 2º Para fins deste Provimento, devem ser observadas os seguintes conceitos:

I - Marketing jurídico: especialização do Marketing destinada aos profissionais da área jurídica, consistente na utilização de estratégias planejadas para alcançar objetivos do exercício da advocacia;

II - Marketing de conteúdos jurídicos: estratégia de Marketing que se utiliza da criação e divulgação de conteúdos jurídicos, disponibilizados por meio de ferramentas de comunicação, voltada para informar o público e para a consolidação profissional do advogado ou escritório de advogados;

III - Publicidade: meio pelo qual se tornam públicas as informações a respeito de pessoas, ideias, serviços ou produtos, utilizando os meios de comunicação disponíveis, desde que não vedados pelo Código de Ética e Disciplina da Advocacia;

IV - Publicidade profissional: meio utilizado para tornar públicas as informações atinentes ao exercício profissional, bem como os dados do perfil da pessoa física ou jurídica inscrita na Ordem dos Advogados do Brasil, utilizando os meios de comunicação disponíveis, desde que não vedados pelo Código de Ética e Disciplina da Advocacia;

V - Publicidade de conteúdos jurídicos: divulgação destinada a levar ao conhecimento do público conteúdos jurídicos;

VI - Publicidade ativa: divulgação capaz de atingir número indeterminado de pessoas, mesmo que elas não tenham buscado informações acerca do anunciante ou dos temas anunciados;

VII - Publicidade passiva: divulgação capaz de atingir somente público certo que tenha buscado informações acerca do anunciante ou dos temas anunciados, bem como por aqueles que concordem previamente com o recebimento do anúncio;

VIII - Captação de clientela: para fins deste provimento, é a utilização de mecanismos de Marketing que, de forma ativa, independentemente do resultado obtido, se destinam a angariar clientes pela indução à contratação dos serviços ou estímulo do litígio, e sem prejuízo do estabelecido no Código de Ética e Disciplina e regramentos próprio.

Art. 3º A publicidade profissional deve ter caráter meramente informativo e primar pela discrição e sobriedade, não podendo configurar captação indevida de clientela ou mercantilização da profissão, sendo vedadas as seguintes condutas:

I - Referência, direta ou indireta, a valores de honorários, forma de pagamento, gratuidade ou descontos e reduções de preços como forma de captação de clientes;

II - Divulgação de informações que possam induzir a erro ou causar dano a clientes, a outros advogados ou à sociedade;

III - Anúncio de especialidades para as quais não possua título certificado ou notória especialização, nos termos do parágrafo único do art. 3º-A do Estatuto da Advocacia;

IV - Utilização de orações ou expressões persuasivas de autoengrandecimento ou de comparação;

V - Distribuição de brindes, cartões de visita, material impresso e digital, apresentações dos serviços ou afins de maneira indiscriminada em locais públicos presenciais ou virtuais, salvo em eventos de interesse jurídico.

§ 1º Entende-se por publicidade profissional sóbria, discreta e informativa a divulgação que, sem ostentação, torna público o perfil profissional e as informações atinentes ao exercício profissional, conforme estabelecido pelo § 1º do art. 44 do Código de Ética e Disciplina, sem incitar diretamente ao litígio judicial, administrativo ou à contratação de serviços, sendo vedada a promoção pessoal.

§ 2º Os consultores e as sociedades de consultores em Direito estrangeiro devidamente autorizadas pela Ordem dos Advogados do Brasil, nos termos do Provimento n. 91/2000, somente poderão realizar o Marketing jurídico com relação às suas atividades de consultoria em Direito estrangeiro correspondente ao país ou estado de origem do profissional interessado. Para esse fim, nas peças de caráter publicitário, a sociedade acrescentará, obrigatoriamente ao nome ou razão social que internacionalmente adote, a expressão "Consultores em Direito estrangeiro" (art. 4º do Provimento n. 91/2000).

Art. 4º No Marketing de conteúdos jurídicos, poderá ser utilizada a publicidade ativa ou passiva, desde que não esteja incutida a mercantilização, captação de clientela ou o emprego excessivo de recursos financeiros, sendo admitida a utilização de anúncios, pagos ou não, nos meios de comunicação, exceto nos meios vedados pelo art. 40 do Código de Ética e Disciplina e desde que respeitados os limites impostos pelo inciso V do mesmo artigo e pelo anexo deste Provimento.

§ 1º Admite-se, na publicidade de conteúdos jurídicos, a identificação profissional da qualificação e de títulos, desde que verdadeiros e comprováveis quando solicitado pela Ordem dos Advogados do Brasil, bem como com a indicação da sociedade da qual faz parte.

§ 2º Na divulgação de imagem, vídeo ou áudio contendo atuação profissional, inclusive em audiências e sustentações orais, em processos judiciais ou administrativos, não alcançados por segredo de justiça, serão respeitados o sigilo e a dignidade profissional e vedada a referência ou menção a decisões judiciais e a resultados de qualquer natureza obtidos em procedimentos que patrocina ou participa de alguma forma, ressalvada a hipótese de manifestação espontânea em caso coberto pela mídia.

§ 3º Para os fins do previsto no inciso V do art. 40 do Código de Ética e Disciplina, equiparam-se ao e-mail todos os dados de contato e meios de comunicação do escritório ou advogado, inclusive os endereços dos sites, das redes sociais e os aplicativos de mensagens instantâneas, podendo também constar o logotipo, desde que de forma informativa e respeitados os critérios de sobriedade e discrição.

§ 4º Quando se tratar de venda de bens e eventos (livros, cursos, seminários ou congressos), cujo público-alvo sejam advogados, estagiários ou estudantes de Direito, poderá ser utilizada a publicidade ativa, observadas as limitações do *caput* deste artigo.

§ 5º É vedada a publicidade a que se refere o *caput* mediante uso de meios ou ferramentas que influam de forma fraudulenta o seu impulsionamento ou alcance.

Art. 5º A publicidade profissional permite a utilização de anúncios, pagos ou não, nos meios de comunicação não vedados pelo art. 40 do Código de Ética e Disciplina.

§ 1º É vedado o pagamento, patrocínio ou efetivação de qualquer outra despesa para viabilizar aparição em rankings, prêmios ou qualquer tipo de recebimento de honrarias em eventos ou publicações, em qualquer mídia, que vise destacar ou eleger profissionais como detentores de destaque.

§ 2º É permitida a utilização de logomarca e imagens, inclusive fotos dos advogados e do escritório, assim como de uma identidade visual nos meios de comunicação profissional, sendo vedada a utilização de logomarca e símbolos oficiais da Ordem dos Advogados do Brasil.

§ 3º É permitida a participação do advogado ou advogada em vídeos ao vivo ou gravados, na internet ou nas redes sociais, assim como em debates e palestras virtuais, desde que observadas as regras dos arts. 42 e 43 do CED, sendo vedada a utilização de casos concretos ou apresentação de resultados.

Art. 6º Fica vedada, na publicidade ativa, qualquer informação relativa às dimensões, qualidades ou estrutura física do escritório, assim como a menção à promessa de resultados ou a utilização de casos concretos para oferta de atuação profissional.

Parágrafo único. Fica vedada em qualquer publicidade a ostentação de bens relativos ao exercício ou não da profissão, como uso de veículos, viagens, hospedagens e bens de consumo, bem como a menção à promessa de resultados ou a utilização de casos concretos para oferta de atuação profissional.

Art. 7º Considerando que é indispensável a preservação do prestígio da advocacia, as normas estabelecidas neste Provimento também se aplicam à divulgação de conteúdos que, apesar de não se relacionarem com o exercício da advocacia, possam atingir a reputação da classe à qual o profissional pertence.

Art. 8º Não é permitido vincular os serviços advocatícios com outras atividades ou divulgação conjunta de tais atividades, salvo a de magistério, ainda que complementares ou afins.

Parágrafo único. Não caracteriza infração ético-disciplinar o exercício da advocacia em locais compartilhados (*coworking*), sendo vedada a divulgação da atividade de advocacia em conjunto com qualquer outra atividade ou empresa que compartilhem o mesmo espaço, ressalvada a possibilidade de afixação de placa indicativa no espaço físico em que se desenvolve a advocacia e veiculação da informação de que a atividade profissional é desenvolvida em local de *coworking*.

Art. 9º Fica criado o Comitê Regulador do Marketing Jurídico, de caráter consultivo, vinculado à Diretoria do Conselho Federal, que nomeará seus membros, com mandato concomitante com a gestão, e será composto por:

I - cinco conselheiros Federais representando cada Região do País indicados pela diretoria do CFOAB;

II - um representante do Colégio de Presidentes de Seccionais;

III - um representante indicado pelo Colégio de Presidentes dos Tribunais de Ética e Disciplina;

IV - um representante indicado pela Coordenação Nacional de Fiscalização da Atividade Profissional da Advocacia;

V - um representante indicado pelo Colégio de Presidentes das Comissões da Jovem Advocacia.

§ 1º O Comitê Regulador do Marketing Jurídico se reunirá periodicamente para acompanhar a evolução dos critérios específicos sobre Marketing, publicidade e informação na advocacia constantes do Anexo deste Provimento, podendo propor ao Conselho Federal a alteração, supressão ou inclusão de novos critérios e proposta de alteração do provimento.

§ 2º Com a finalidade de pacificar e unificar a interpretação dos temas pertinentes perante os Tribunais de Ética e Disciplina e Comissões de Fiscalização das Seccionais, o comitê poderá propor ao Órgão Especial, com base nas disposições do Código de Ética e Disciplina e pelas demais disposições previstas neste Provimento, sugestões de interpretação dos dispositivos sobre publicidade e informação.

Art. 10. As Seccionais poderão conceder poderes coercitivos à respectiva Comissão de Fiscalização, permitindo a expedição de notificações com a finalidade de dar efetividade às disposições deste Provimento.

Art. 11. Fica revogado o Provimento n. 94, de 05 de setembro de 2000, bem como as demais disposições em contrário. Este Provimento não se aplica às eleições que são regidas por norma própria.

Art. 12. Este Provimento entra em vigor em 30 dias após a data de sua publicação.

Art. 13. Faz parte integrante do presente Provimento o Anexo Único, que estabelece os critérios específicos sobre a publicidade e informação da advocacia.

ANEXO ÚNICO

- **Anuários:** somente é possível a participação em publicações que indiquem, de forma clara e precisa, qual a metodologia e os critérios de pesquisa ou de análise que justifiquem a inclusão de determinado escritório de advocacia ou advogado(a) na publicação, ou ainda que indiquem que se trata de mera compilação de escritórios ou advogados. É vedado o pagamento, patrocínio ou efetivação de qualquer outra despesa para viabilizar anúncios ou aparição em publicações como contrapartida de premiação ou ranqueamento.
- **Aplicativos para responder consultas jurídicas:** não é admitida a utilização de aplicativos de forma indiscriminada para responder automaticamente consultas jurídicas a não clientes por suprimir a imagem, o poder decisório e as responsabilidades do profissional, representando mercantilização dos serviços jurídicos.
- **Aquisição de palavra-chave a exemplo do Google Ads:** permitida a utilização de ferramentas de aquisição de palavra-chave quando responsivo a uma busca iniciada pelo potencial cliente e desde que as palavras selecionadas estejam em consonância com ditames éticos. Proibido o uso de anúncios ostensivos em plataformas de vídeo.
- **Cartão de visitas:** deve conter nome ou nome social do advogado(a) e o número da inscrição na OAB e o nome da sociedade, se integrante de sociedade. Pode conter número de telefone, endereço físico/eletrônico, QR Code que permita acesso aos dados/site. Pode ser físico e eletrônico.
- **Chatbot:** permitida a utilização para o fim de facilitar a comunicação ou melhorar a prestação de serviços jurídicos, não podendo afastar a pessoalidade da prestação do serviço jurídico, nem suprimir a imagem, o poder decisório e as responsabilidades do profissional. É possível, por exemplo, a utilização no site para responder as primeiras dúvidas de um potencial cliente ou para encaminhar as primeiras informações sobre a atuação do escritório. Ou ainda, como uma solução para coletar dados, informações ou documentos.
- **Correspondências e comunicados (mala-direta):** o envio de cartas e comunicações a uma coletividade ("mala-direta") é expressamente vedado. Somente é possível o envio de cartas e comunicações se

destinadas a clientes e pessoas de relacionamento pessoal ou que os solicitem ou os autorizem previamente, desde que não tenham caráter mercantilista, que não representem captação de clientes e que não impliquem oferecimento de serviços.

- **Criação de conteúdo, palestras, artigos:** deve ser orientada pelo caráter técnico-informativo, sem divulgação de resultados concretos obtidos, clientes, valores ou gratuidade.
- **Ferramentas tecnológicas:** podem ser utilizadas com a finalidade de auxiliar os advogados a serem mais eficientes em suas atividades profissionais, sem suprimir a imagem, o poder decisório e as responsabilidades do profissional.
- **Grupos de "WhatsApp":** permitida a divulgação por meio de grupos de "WhatsApp", desde que se trate de grupo de pessoas determinadas, das relações do advogado ou do escritório de advocacia e seu conteúdo respeite as normas do Código de Ética e Disciplina e do presente Provimento.
- **Lives nas redes sociais e YouTube:** é permitida a realização de lives nas redes sociais e vídeos no YouTube, desde que seu conteúdo respeite as normas do Código de Ética e Disciplina e do presente provimento.
- **Patrocínio e impulsionamento nas redes sociais:** permitido, desde que não se trate de publicidade contendo oferta de serviços jurídicos.
- **Petições, papéis, pastas e materiais de escritório:** pode conter nome e nome social do(a) advogado(a) e da sociedade, endereço físico/eletrônico, número de telefone e logotipo.
- **Placa de identificação do escritório:** pode ser afixada no escritório ou na residência do advogado, não sendo permitido que seja luminosa tal e qual a que se costuma ver em farmácias e lojas de conveniência. Suas dimensões não são preestabelecidas, bastando que haja proporcionalidade em relação às dimensões da fachada do escritório ou residência, sempre respeitando os critérios de discrição e moderação.
- **Redes sociais:** é permitida a presença nas redes sociais, desde que seu conteúdo respeite as normas do Código de Ética e Disciplina e do presente provimento.

Fonte: https://www.migalhas.com.br/quentes/348584/oab-aprova-novas-regras-de-publicidade-para-advogados.

3 COMPOSTO DE MARKETING, 4 P'S APLICADOS AO DIREITO

Em 1960, Jerome McCarthy, professor norte-americano, lançou o livro *Basic Marketing* com um novo conceito que deu origem aos famosos 4 P's, também chamados de "mix de Marketing" ou "composto de Marketing"; uma estratégia que há mais de 60 anos se mantém firme e atual e intensamente aplicada nos departamentos de Marketing das empresas do mundo todo. Apesar de McCarthy ter criado o conceito, o tema foi popularizado e globalizado pelo maior especialista em Marketing de todos os tempos, o professor Philip Kotler. A teoria dos 4 P's organiza quatro dimensões com foco na satisfação do cliente; assim, cria-se uma sinergia entre essas dimensões que, quando bem aplicada, resulta em um negócio próspero e lucrativo.

Figura 3.1 Esquema visual com os 4 P's.
Fonte: Adaptada de Jerome McCarthy (1960).

PRODUTO OU SERVIÇO JURÍDICO

Assim, é necessário relacionar e ajustar o produto; quando se trata do Direito, o produto é um serviço dividido na experiência que o cliente jurídico tem com o escritório ou profissionais do Direito com o desfecho do seu problema jurídico, por exemplo, a solução de uma ação trabalhista.

Produtos, serviços, experiências e conteúdos

Serviços jurídicos estão inseridos no produto. Basta que sejam prestados com intenção de troca no mercado. Para falar de produtos tangíveis, como o sabão, usamos a palavra "bens". Serviços são o que o nome indica: um escritório de Direito, por exemplo, ou o próprio serviço prestado pelo profissional advogado.

Contudo, há duas categorias interessantes que merecem nota. Uma delas é a dos conteúdos. O podcast, por exemplo, não é o CD que se compra, mas sim o conteúdo, que pode estar disponível em plataformas de e-books e streaming. O setor jurídico pode criar ótimos conteúdos por meio dessas plataformas, com muita orientação e prestação de serviços. Livros de Marketing em Direito, como este que você lê, também podem ser vendidos em diversas plataformas: livro impresso, audiolivro ou e-book.

Por outro lado, existem produtos que ficam marcados apenas na nossa memória – são as experiências, que incluem o atendimento de um profissional advogado. Hoje em dia, o crescimento da oferta de conteúdos e de experiências é enorme, e sua compreensão é fundamental para os profissionais de Marketing em Direito.

Bens e serviços são, a princípio, coisas diferentes. Tais diferenças são muito evidentes se pensarmos, por exemplo, que os bens têm uma existência física, e os serviços, nem sempre. Afinal, o que há de concreto em um serviço como o atendimento de um profissional advogado, por exemplo, que não seja o cartão de visita e o contrato de prestação de serviços?

Os produtos têm muito de intangível, sendo a marca um exemplo disso. Os serviços, por sua vez, cada vez mais usam elementos tangíveis para colocar-se no mercado. Um exemplo disso é a arquitetura dos escritórios de advocacia, que deve passar a seriedade e a segurança no mesmo nível da importância do serviço prestado. O equilíbrio entre elementos tangíveis e intangíveis é fundamental para a boa reputação de muitos produtos de consumo hoje em dia.

Nelson Wilians, no início de sua carreira, por instinto, percebeu a necessidade de um produto. Ao ouvir que o Direito Tributário era rentável, ele começou a desenvolver o produto: a tese tributária, concentrando-se exclusivamente nela. Seu objetivo era ser reconhecido como o melhor profissional advogado naquele campo e área de atuação.

Inicialmente, optou por selecionar poucos e excelentes produtos ou, melhor ainda, como ele gosta de dizer, os serviços. Ao identificar o produto, ou melhor, o serviço, concentrou seu foco em desenvolvê-lo, formando uma equipe especializada no serviço e na respectiva venda. Em seguida, buscou os clientes que procuravam essa especialidade; então, embalou os produtos, ou melhor dizendo, os serviços, e começou a oferecê-los ao mercado, utilizando propaganda e marketing para isso.

PROMOÇÃO

Em promoção, concentram-se todas as atividades promocionais e de comunicação do escritório, as diversas ferramentas do composto promocional, venda pessoal (o próprio advogado apresentando o serviço a ser prestado e informando quanto custará), relações públicas, publicidade e propaganda, eventos e PDV (ponto de venda).

O composto promocional é o conjunto de atividades de comunicação, e é tarefa do gestor de Marketing selecionar as ferramentas de acordo com os seus objetivos. Cada forma de se comunicar é um instrumento do composto promocional.

A promoção é a comunicação dos serviços que você oferta em seu escritório. É a escolha de canais e de divulgação de mensagens por esses canais, como uma campanha no Google ou no Instagram para fornecer conteúdo e serviços e/ou captar novos clientes. Muitas vezes uma boa orientação e explicação sobre o direito das pessoas já pode se refletir na conquista de novos clientes.

> Tendo definido o seu produto ou serviço no início, Nelson, ao decidir como fazer a sua promoção, começou a divulgar o seu perfil profissional. Assim, instintivamente, começou a aplicar os conceitos de Marketing. Com o produto ou serviço pronto e envelopado, era o momento de promovê-lo. Ele promoveu ao mesmo tempo o produto ou serviço e a si mesmo, iniciando o processo de tornar-se conhecido como o profissional ou o personagem Nelson Wilians.

Características das ferramentas

A venda pessoal é uma função que já existia muito antes do Marketing. Por venda pessoal entendemos todas as atividades pessoais, interativas, de comunicação com o cliente jurídico. A principal vantagem da venda pessoal é a possibilidade da resposta imediata aos argumentos e dúvidas do cliente. Na venda pessoal, é possível negociar com o cliente e fechar o contrato de prestação de serviço. O trabalho de vendas é muito caro se o compararmos com os outros instrumentos do composto promocional. No entanto, a eficácia de uma boa orientação e argumentação não tem preço. Esse instrumento é o mais indicado para a geração de vendas ou o desenvolvimento de relações com clientes; não existe um profissional de Direito que não utilize essa ferramenta. É óbvio que, para um cliente fechar um contrato com um profissional advogado, é necessária uma ou mais reuniões informativas em que deve ser estimulada no cliente a percepção de segurança e de possível vitória na causa. Somente assim o cliente assinará o contrato; e, sim, aqui pode e deve haver Marketing.

Propaganda é confundida com publicidade e com o próprio Marketing. Chamamos de "propaganda" qualquer atividade de divulgação de mensagens em meios de comunicação em que há pagamento pelo uso do espaço. Os meios de comunicação em que mensagens de propaganda podem ser veiculadas são o que denominamos "mídia". Como o uso do espaço em mídia é muito caro e a repetição de peças é necessária para aumentar a eficiência da campanha, o orçamento de propaganda é geralmente alto. É tarefa do gestor de Marketing selecionar os meios de comunicação que maximizem a eficiência do orçamento.

Publicidade refere-se às inserções não pagas que as empresas ganham em meios de comunicação. Isso acontece porque os meios de comunicação precisam veicular notícias, e as empresas são uma boa fonte de notícias. Para gerar publicidade, a empresa deve investir em assessoria de imprensa. O trabalho do assessor de imprensa é manter jornalistas, articulistas e colunistas informados a respeito do que a empresa faz e motivá-los a falar sobre ela. A publicidade é particularmente indicada para desenvolver relações com diferentes públicos e para aumentar a consciência de marca.

Promoção de vendas são atividades rápidas que têm o objetivo específico de aumentar a captura de clientes rapidamente. De qualquer modo, promoções de vendas não devem ser usadas para posicionar marcas.

Chamamos de merchandising as atividades empreendidas para aumentar a visibilidade da marca no mercado, como o apoio a eventos. Já a comunicação em ponto de vendas, quando se trata da área do Direito, como dizem os profissionais que nela atuam, o ponto de vendas no setor é o lugar mais importante; nele o cliente deve sentir-se acolhido e seguro – o próprio escritório de Direito.

PRAÇA

A praça se refere ao lugar onde é realizada a oferta, sua localização, física ou virtual; para que bairro, cidade ou país; se venda de consultas presenciais ou se no ambiente virtual, como em teleatendimento ou nas plataformas digitais da empresa.

Segundo Kotler, canais de Marketing são conjuntos de organizações interdependentes envolvidas no processo de disponibilização de um produto ou serviço para o acesso do cliente.

As escolhas referentes à estrutura de canais para a apresentação dos serviços são extremamente importantes e afetam toda a comunicação. As decisões sobre os canais envolvem o desenvolvimento de parcerias com os elementos de marca e valor.

Um canal de Marketing, no setor jurídico, deve transferir a tradição, a reputação e a mesma qualidade dos serviços apresentados. Se um cliente visitar dois escritórios de Direito, de uma mesma empresa de advocacia, mas em cidades diferentes, deve se sentir como se entrasse no mesmo escritório, pois a localidade não deve fazer diferença. Se a empresa decidiu ter mais de uma unidade, todas devem apresentar o mesmo nível de qualidade tanto na prestação de serviços como na linha de atendimento.

Nelson Wilians começou a sua carreira em Bauru, buscando clientes tanto na cidade quanto no restante do interior de São Paulo e no Paraná. Nos anos de 2003 e 2004, iniciou a abertura de escritórios em outros estados, começando por Ceará, Rio de Janeiro e Paraná. Assim, sua estratégia foi abrir novas praças. Para ele, não adiantava um escritório ser grande em um único lugar e não ser conhecido no restante do Brasil, afinal ser grande é ser conhecido em todo o País. Foi isto que almejou: ser reconhecido por todos e em todos os lugares.

A ideia de se tornar *full service*

Em 2008, Nelson Wilians tomou conhecimento de um edital do Banco do Brasil, na maior licitação de terceirização de serviços jurídicos do País, com aproximadamente 1 milhão de processos e cerca de 1 bilhão de honorários advocatícios. O Banco do Brasil buscava ter em média dois escritórios ou mais de advocacia por estado para cuidar de todas as áreas jurídicas, objeto da terceirização.

Naquela ocasião, a Nelson Wilians Advogados não estava preparada e nem apta a participar do certame, porém o edital serviu como um manual para seu proprietário quanto ao que a Nelson Wilians Advogados deveria ser, ou seja, um escritório presente em todo o território nacional por meio de filiais próprias, sócios locais, conhecedores da cultura de cada estado, para atender todas as áreas de Direito (*full service*).

A equipe técnica do Banco do Brasil desenvolveu um guia para o que seria um escritório *full service* gigante, com cobertura nacional, e a Nelson Wilians Advogados não participou desse certame, mas usou o edital para nortear a preparação do escritório com vistas a participar de nova licitação, o que aconteceria 5 anos depois, visto que o eventual contrato firmado a partir da licitação de que o escritório esteve ausente vigoraria por esse período, quando, então, seria aberta nova possibilidade em 2013.

O contrato oriundo da nova licitação só foi assinado em meados de dezembro de 2015 e iniciado em janeiro de 2016, depois de um grande embate entre 162 escritórios de advocacia participantes do certame.

Naquela época não existia um escritório que atendesse ao que o Banco do Brasil pedia. Talvez, sem intenção, no edital tenha sido delineado um escritório gigante, que, naquele momento, só existia de forma fragmentada. Não se pensou em um escritório que abrangesse todas as áreas, mas em vários pequenos. Foi assim que Nelson buscou ser o escritório gigante que atendesse ao manual do Banco do Brasil. Não se imaginava que um único escritório poderia ser construído para atender a todas as demandas e localidades do País.

Em razão desse edital, Nelson começou a criar o gigante que, em 2013, venceu o certame praticamente sozinho, embora houvesse outros escritórios que ganharam uma fração dos serviços; mas foi a Nelson Wilians Advogados que atendeu o edital em quase toda a sua integridade.

Assim, Nelson consolidou um gigante com demandas sob o seu patrocínio em todas as comarcas do Brasil e com cifras bilionárias, visto que não havia apenas ações massificadas, mas também processos altamente especializados.

De 2008 a 2013, a Nelson Wilians Advogados já buscava e conseguiu grandes contratos com grandes empresas nacionais e internacionais de atuação em todo o território nacional.

PREÇO

Decisões de preço, também chamadas de precificação de novos produtos e serviços, dependem, de forma particular, do modo como a empresa define suas prioridades. Seu objetivo de preço é comunicar isso aos outros participantes do sistema de Marketing.

Trata-se daquilo que o produto ou serviço custa ao cliente. O preço de um produto ou serviço deve ser bom o suficiente para que a empresa recupere seus custos variáveis e a parcela dos custos fixos implicados no fornecimento do serviço. O Marketing atua na demanda, aumentando a divulgação e despertando o interesse do cliente no serviço jurídico, sem manipular o preço. Isso é atingido por meio de instrumentos de Marketing, comunicação, características do produto ou serviço e distribuição eficiente.

Podemos fixar os preços de três formas:

- **Definição do preço pelos custos ou pelo ponto de equilíbrio:** depende apenas dos custos fixos e dos variáveis. O número de unidades a serem produzidas para pagar os investimentos é calculado a partir do preço que se pretende cobrar por serviços e produtos. A análise do ponto de equilíbrio não considera a taxa de retorno desejada. Para incluí-la, deve-se apenas considerar a taxa de retorno como um custo adicional. A análise do ponto de equilíbrio é absolutamente indispensável, porque diz quais gastos existem no serviço de Direito que devem ser considerados, por exemplo, aluguel, salários, contas de luz e água etc.
- **Definição de preços pela demanda:** baseia-se na forma como o cliente percebe o valor. O próprio projeto do escritório jurídico será determinado pela forma como os consumidores percebem o valor. Assim sendo, em vez de começar no projeto e terminar no preço, a precificação por valor começa no preço e termina no

projeto. A maior dificuldade de precificar o serviço pela demanda reside na avaliação de quanto o cliente se dispõe a pagar pelo seu serviço.

- **Definição de preços pela concorrência e benchmarking:** forma extremamente rápida e prática de precificar por meio da observação dos preços praticados pela concorrência. Nessa situação, assume-se que os preços praticados no mercado são representativos de quanto o cliente está disposto a pagar pelo produto ou serviço. Como base de comparação, as empresas podem usar não apenas os preços praticados, mas também os esperados. Este último processo instala-se quando é impossível saber qual o preço praticado, passando a basear-se em estimativas do preço da concorrência. Lembrando que no mercado de advogados os preços são sigilosos e nem sempre é possível saber o quanto está sendo cobrado pelos outros escritórios.

As formas de precificação de novos serviços apenas dizem qual deve ser o preço cobrado para que o serviço não fique em desvantagem competitiva no mercado. Sabendo do preço que deve ser cobrado, cabe ao gestor definir a estratégia de precificação mais consistente com as outras decisões estratégicas de Marketing. Então, se você está abrindo o seu escritório de advocacia e/ou entrando no mercado, fique atento a essas estratégias.

Estratégias de precificação de novos serviços

- **Desnatação:** o serviço é lançado com preço mais alto do que a média dos preços no segmento. Com o passar do tempo, o preço é reduzido. O nome "desnatação" se deve à intenção de entrar no mercado em busca dos clientes de maior poder aquisitivo. A precificação por desnatação aposta na imagem de boa qualidade que o preço alto confere a algumas categorias de produtos e serviços. Depende, no entanto, da percepção da diferenciação do serviço oferecido em relação a seus concorrentes. As margens mais altas propiciadas pelos preços altos ajudam no esforço de posicionamento, na motivação da força de vendas e na relação com o mercado. Além de gerar demanda, a comunicação deve construir uma forte imagem de marca e posicionar o serviço muito claramente. Essa estratégia é particularmente apropriada para serviços muito diferenciados, com marca nova ou pouco conhecida, mas que se posicione e transmita uma qualidade superior dos serviços oferecidos no mercado. Para tanto, o ambiente aconchegante do escritório pode contar pontos, assim como uma boa formação do profissional advogado, a localização e a facilidade de acesso ao escritório, entre outros aspectos.

- **Penetração:** o serviço é lançado com preço abaixo da média do mercado. Com o passar do tempo, o preço sobe lentamente. Essa estratégia aposta na penetração rápida no mercado: o preço baixo é um atributo muito forte e atrai uma gama bastante ampla de clientes. Por causa da demanda explosiva no momento do lançamento, o sucesso dessa estratégia depende da estrutura e de uma boa qualidade no atendimento. Nesse caso, a comunicação integrada será usada fundamentalmente para gerar vendas. Grandes gastos com comunicação integrada são incompatíveis com essa estratégia. Seu principal risco é a dificuldade ou, em alguns casos, a impossibilidade de construir uma imagem de boa qualidade.

O preço é um atributo fundamental do serviço, mas de difícil administração devido aos vários interesses conflitantes nele focados. Para isso, o profissional advogado deve usar os meios disponíveis para fixar o preço de forma técnica e estrategicamente correta. Vimos três formas de fixar preços nos serviços, pelos custos, pela demanda e pela concorrência, e duas estratégias de fixação de preços de novos produtos e serviços, a desnatação e a penetração.

Proposta de valor, serviço jurídico *versus* preço

Valor percebido é a razão entre o que o cliente recebe e o que ele dá. O cliente recebe benefícios e assume custos. Preço é o quanto o comprador dá em troca de um bem ou serviço de que necessita.

Desfecho e resultado + Experiência do cliente jurídico

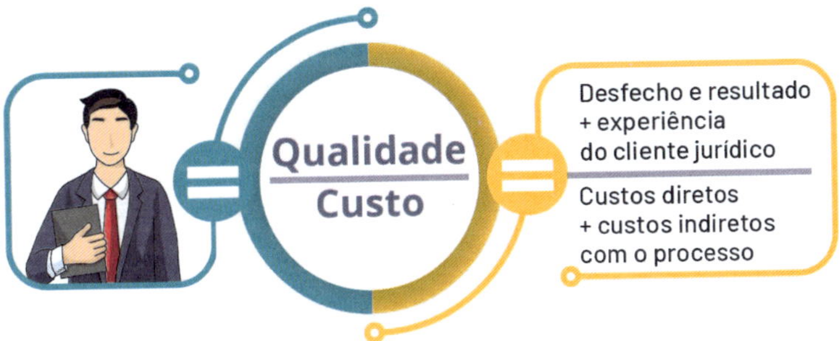

Serviço jurídico baseado em valor

Figura 3.2 Valor para o cliente.
Fonte: Adaptada de Porter, M. E. (2005).

Qualidade é a totalidade dos atributos e características de um serviço que afetam sua capacidade de satisfazer necessidades declaradas ou implícitas. Um serviço de qualidade causa satisfação.

Os escritórios de advogados que escolhem o caminho pelo preço têm duas possibilidades: ou cobram o preço mais baixo ou o mais alto. Trata-se de uma estratégia que deve ser muito bem estudada, pois em determinado momento poderá levar a uma competição com o potencial de abalar a saúde financeira do escritório. Para manter o menor preço, muitas vezes é preciso mudar os processos, o atendimento, colocar em risco a reputação da marca e o relacionamento com os clientes.

Quando falamos em Marketing na área jurídica, o foco deve ser em construir valor, fazer o valor do seu serviço, do seu escritório, ser percebido e diferenciado em relação aos outros escritórios e às demais opções disponíveis.

É importante saber fazer a seguinte conta: o benefício entregue pelo seu escritório ou sua reputação como profissional advogado devem ser percebidos como de maior valor do que aquilo que é pago pelo cliente jurídico; se isso ocorrer, esse valor percebido será alto e garantirá a satisfação do cliente. Por exemplo, uma consulta jurídica custa R$ 5.000,00, porém aspectos como a facilidade de acesso ao escritório (estacionamento na porta com manobrista), o bom atendimento na recepção, a boa formação do profissional advogado, o ambiente seguro e aconchegante, o atendimento pontual, a demonstração de profundo conhecimento jurídico na especialidade, perguntas e orientação pertinentes do profissional para entender qual o seu problema e qual o seu direito concernente à questão podem criar, no cliente jurídico, a percepção de que aquela consulta vale mais do que os R$ 5.000,00 pagos. Inclusive, numa autossugestão de cunho psicológico, ele pode imaginar que aquela consulta jurídica poderia ter custado R$ 10.000,00 ou R$ 20.000,00 – isso é uma percepção de valor; ela cria no cliente uma percepção de ganho porque o valor do serviço recebido superou o preço pago pela consulta jurídica.

Isso é natural, é do ser humano; o cliente, assim como um consumidor comum, faz essa conta o tempo todo, em qualquer ato de consumo. É assim que se constrói valor.

Portanto, a construção de valor no Marketing tem a ver com atender as necessidades do cliente e, se possível, superar suas expectativas e encantá-lo, sempre buscando entregar mais do que ele espera.

Escritórios jurídicos que oferecem valor ao cliente vão a fundo para conhecê-lo e entender, entre outras coisas, o que ele busca, que benefícios espera, os serviços de que realmente precisa. Com base nisso, criam vantagens que entregam valor e geram satisfação, proporcionando uma experiência que reflete toda a sua proposta de valor. Perceba que, dessa forma, o preço fica em segundo plano; a prioridade é a entrega de valor.

Quanto vale a consulta jurídica com um advogado renomado de excelente formação? Ou com longa experiência? E o nome do escritório de advogados? O quanto o cliente valoriza ser atendido num escritório bem planejado, com arquitetura e decoração clean, com ótima localização? Isso vale muito, não é?

Porém, imagine entregar tudo isso, mas o cliente se deparar com uma secretária pouco polida, com cara de poucos amigos... está vendo? O valor tem de ser construído nos mínimos detalhes. Vale lembrar que tanto a primeira como a última impressão do cliente em relação ao escritório, serão o contato com a recepção, portanto invista na qualificação do profissional desse setor; é muito importante.

É preciso também fazer estudos de mercado buscando entender o que os outros escritórios de advogados estão oferecendo de valor a mais, quais os diferenciais que estão disponíveis no mercado e como o seu escritório pode diferenciar-se em relação aos escritórios concorrentes.

Muitas mudanças estão ocorrendo no macroambiente: é o dólar que não para de subir, crises políticas que só se agravam, e tudo isso são grandes ameaças para o seu negócio. Porém, podem igualmente ser grandes oportunidades para que as empresas jurídicas invistam na própria reputação, pois suas ações para o bem da sociedade serão reconhecidas e valorizadas. Trabalhar com conteúdo pode ser uma ótima estratégia de Marketing. Profissionais jurídicos podem alcançar diversos objetivos oferecendo um conteúdo de qualidade com informações relevantes, atraindo, assim, novos e potenciais além de munir os clientes atuais de informações importantes.

Pode-se gerar muito valor para a marca do escritório ou do profissional advogado, conteúdo que conscientize as pessoas sobre os seus direitos ao buscar profissionais jurídicos ou dicas sobre como se prevenir para não ter problemas jurídicos. Invista na conscientização, deixando claro que sempre se deve consultar um profissional advogado e obter uma boa orientação jurídica.

Por isso, é necessário enfatizar a informação sobre a importância de consultar um profissional advogado para realizar avaliações, esclarecer eventuais dúvidas e indicar os melhores caminhos na defesa dos direitos.

Para construir valor, demonstre sempre a preocupação em atender da melhor forma o seu cliente. Procure entender as necessidades dele antes de tomar qualquer decisão relativa ao serviço jurídico.

Crie canais e garanta uma comunicação efetiva com o seu cliente. Faça com que todos da equipe tenham foco na melhor entrega, traduzida na exclusividade, personalização, qualidade, preço, condição ou em qualquer outra coisa que satisfaça o cliente.

Oriente todos os profissionais do escritório para reverter qualquer problema na entrega do serviço de modo a gerar mais oportunidade e satisfação do cliente.

Sempre lembre-se que, acima de tudo, o objetivo maior tem de ser atender às necessidades do cliente e entregar valor; precisa ficar muito claro na mente do cliente a proposta de valor do escritório.

> Para Nelson Wilians, é fundamental priorizar a entrega de valor, deixando o preço em segundo plano.
>
> Em alguns casos, ele pode receber honorários mais baixos, pois atender certos clientes pode ser um atrativo para novos clientes. Valorizar o cliente, agregar valor, faz toda a diferença e abre portas.
>
> É crucial destacar a diferença entre preço e valor.
>
> Em certa ocasião, ao negociar honorários com um grande cliente que era uma referência significativa, este propôs fechar honorários mais baixos, permitindo que seu nome fosse utilizado como referência. Nelson aceitou. Três meses depois, o cliente afirmou: "Nossa, Nelson, todo dia alguém me liga para pedir referência sua".
>
> O preço é negociável, pois nem sempre o valor do serviço será recebido em dinheiro.

Proposta de valor do escritório *versus* avaliação do cliente

Vamos exemplificar a curva de valor adotada na metodologia de W. Chan Kim e Renée Mauborgne na obra *A estratégia do oceano azul.* Aplicaremos a proposta de valor de um serviço hospitalar dividido por tópicos de contato entre a jornada do paciente e a estrutura preparada para o atendimento do serviço jurídico.

Avaliação aplicada em matriz de valor com nota real de NPS

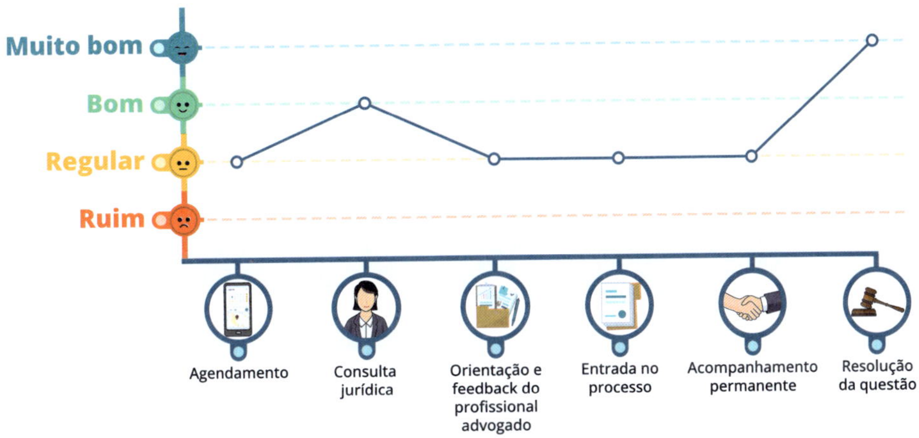

Figura 3.3 Curva de valor.

Fonte: Adaptada de W. Chan Kim e Renée Mauborgne (2005).

Essa é a proposta de valor de um serviço jurídico dividido por tópicos de contato entre a jornada do cliente e a estrutura preparada para o atendimento jurídico.

Um escritório de advogados deve oferecer valor desde o site, conteúdos em redes sociais, manobrista, fácil localização, agendamento, pontualidade, conforto e entretenimento da recepção, simpatia da recepcionista e dos demais profissionais, agilidade e acompanhamento da questão jurídica até a sua resolução.

Só é possível avaliar a proposta de valor mediante pesquisas com os clientes e avaliações feitas por estes e por meio de estratégias do que será oferecido ao cliente para aumentar sua percepção de valor e qualidade.

4 SERVIÇOS

Não é muito fácil definir exatamente o que significa um serviço. Afinal de contas, grande parte dos produtos que compramos contém uma mistura de bens e serviços. Baker (2005) observa que mesmo bens "puros" como a madeira muitas vezes contêm elementos de serviço, tal como o serviço requerido para transportá-los de onde foram produzidos até onde o cliente os requer.

Como a visão do Marketing acaba focalizando mais o produto do que os processos, essa área se preocupa em entender serviços sob o ponto de vista dos bens tangíveis. Isso fica evidente nas definições mais contemporâneas de serviços: quase todos os autores os interpretam como intangíveis, apesar de existirem serviços, a exemplo dos restaurantes, que têm como resultado um produto tangível – a refeição. A definição dada por Kotler *et al.* (2001) é a seguinte:

> "SERVIÇO É QUALQUER ATO OU DESEMPENHO, ESSENCIALMENTE INTANGÍVEL, QUE UMA PARTE PODE OFERECER A OUTRA E QUE NÃO RESULTA NA PROPRIEDADE DE NADA. A EXECUÇÃO DE UM SERVIÇO PODE ESTAR OU NÃO LIGADA A UM PRODUTO CONCRETO."

Classificar um serviço como intangível é pensar em produtos como tangíveis. Podemos dizer que a produção de sandálias Havaianas, por exemplo, é realizada por serviços de fabricação, serviços de entrega, serviços de vendas em atacado e no varejo. Como a literatura de Marketing tende a ser centrada em produtos e não em serviços, seguiremos essa visão de mundo neste trabalho.

Serviços ao cliente abrangem uma ampla variedade de indústrias. Empresas de setores como telecomunicações, hotelaria e transportes aéreos são bons exemplos. Entretanto, é possível observar que os serviços podem ser oferecidos ao mercado tanto por fabricantes como por empresas de setores tipicamente considerados de serviços.

"Serviço ao cliente é o serviço prestado para dar apoio ao grupo de produtos principais de uma empresa. Ele está intimamente associado a responder indagações, emitir pedidos, cuidar de questões ligadas ao faturamento, lidar com reclamações de manuseio de mercadoria e, quando for o caso, agendar manutenção e reparos", segundo Zeithaml e Bitner (2003, p. 29).

SERVIÇO ADVOCATÍCIO

Quem opta por estudar Direito pode se tornar advogado ou seguir a carreira pública como promotor, juiz ou delegado. É importante ressaltar que só o diploma universitário não é o suficiente para advogar: além do diploma em um curso superior de Direito reconhecido pelo MEC, o profissional deve se inscrever na OAB (Ordem dos Advogados do Brasil), prestando um exame no qual tem de ser aprovado, obtendo, assim, o registro regular para exercer a profissão e poder prestar serviços.

O advogado, diferentemente de outros profissionais de serviços, é o profissional que defende seus clientes e seus direitos de acordo com as leis vigentes. O serviço do advogado se inicia com uma conversa entre ele e o cliente, na qual identificará, dentro da legislação, o melhor caminho jurídico a tomar. O cliente pode estar se sentindo prejudicado e desejar acusar alguém ou pode estar sendo intimado ou acusado de alguma infração e precisar compor sua defesa.

OS P'S DO SERVIÇO ADVOCATÍCIO

Quando o assunto é serviço jurídico, o composto dos 4 P's requer um acréscimo de mais três fatores em razão de sua complexidade. Por exemplo, a promoção tradicionalmente é pressuposta como relacionada à publicidade e à propaganda. Em serviços, tais fatores também são importantes, mas, já que os serviços/produtos são produzidos e consumidos simultaneamente, existe uma promoção em tempo real do serviço.

A definição do preço também se torna muito específica porque é difícil precificar cada unidade de serviço prestado; e, ainda, os clientes também são influenciados em sua percepção de qualidade ao analisar se os valores cobrados são muito baixos, se estão na média ou excessivamente altos.

Desse modo, como os serviços se tornam intangíveis, os clientes sempre estão à procura de indicadores tangíveis que possam auxiliá-los em sua decisão final. Assim, as variáveis tangíveis acrescentadas aos 4 P's iniciais são:

- **Pessoas:** a forma de se vestir, a aparência, o modo de falar e de se portar, se e como se expõe na internet, experiência profissional, agilidade, competência, carisma, simpatia, currículo acadêmico, desfechos, competência, entre outros, são aspectos de forte influência na percepção e avaliação dos possíveis clientes jurídicos.

> Para Nelson Wilians, os profissionais do seu escritório devem seguir as diretrizes dele, como se fossem pequenos clones; obviamente, respeitando-se as características de cada profissional, bem como a cultura local. Cada indivíduo é único, mas deve alinhar-se à missão, visão e valores do escritório. Frequentemente, profissionais reproduzem as expressões e as frases de Nelson Wilians. A NW Advogados nunca seria o que é sem as pessoas que o cercam. É vital que elas estejam engajadas. Cabe ao líder influenciar as pessoas – "palavras convencem, exemplos arrastam".

- **Prova:** a manutenção constante das evidências físicas transmite confiança e segurança ao cliente. A natureza intangível expressa anteriormente referente aos serviços motiva alguns clientes, na hora do fechamento do contrato, a procurar por essas evidências. Por exemplo, uma pessoa que busca entrar na Justiça em razão de um imóvel em litígio geralmente procura indicação e relatos de pessoas satisfeitas com um escritório ou profissional advogado que tenha se sagrado vencedor em causas parecidas.

> As referências são importantes; no caso de Nelson Wilians, a percepção que ele constrói em seus clientes é crucial. São os clientes que precisam falar bem dele.
>
> Nelson Wilians costuma dizer: "se eu vendo, o time entrega; se eu prometo, o time cumpre". Existem grupos de WhatsApp do time NW nos quais se percebem constantes pedidos de referências sobre casos afins e clientes--referência, buscando, assim, construir valor e dar a prova de que o cliente precisa. Vender o sucesso de casos semelhantes faz toda a diferença.
>
> Grande parte do sucesso do advogado relaciona-se à rapidez com que ele raciocina e resolve questões; ele precisa ter raciocínio rápido e, na oportunidade, saber como aproveitá-la.

- **Processo:** um serviço jurídico é bem avaliado quando cumpre, com excelência, o que foi ofertado e prometido ao cliente, superando suas expectativas e deixando a impressão para o cliente de ótimo custo-benefício; enquanto atrasos e problemas com prazos resultam na avaliação negativa do serviço, o que prejudica a imagem do profissional.

> Na Nelson Wilians Advogados, os profissionais seguem processos. Hoje, todo o trabalho é sistematizado. Antes, era instintivo.

A QUALIDADE DO SERVIÇO JURÍDICO É PRIMORDIAL

A qualidade em serviços jurídicos é um componente central a ser estudado pelo Marketing. A percepção dos clientes de serviços jurídicos é a qualidade na orientação e no acompanhamento dos respectivos casos. A qualidade é tão fundamental que pode ser o fator determinante na decisão do cliente quanto ao profissional ou escritório que irá contratar. Por isso definimos as dimensões da qualidade em serviços jurídicos, que nada mais é do que as avaliações dos clientes acerca da qualidade, incluindo percepções de múltiplos fatores. Pesquisas mostram que os clientes consideram cinco grandes dimensões em suas análises sobre a qualidade dos serviços:

- Confiabilidade
- Responsividade
- Segurança
- Empatia
- Tangibilidade

Essas dimensões representam o modo como os clientes organizam, em sua mente, a informação sobre a qualidade de serviços:

- **Confiança:** mostra-se consistentemente e determina a percepção da qualidade dos serviços jurídicos. Em sentido amplo, confiabilidade e responsabilidade significam que o escritório presta o serviço cumprindo o que foi prometido. No setor jurídico, as respostas nem sempre são rápidas e muitas vezes pode demorar meses e até anos para chegar a uma resolução na Justiça, porém um escritório que mantém o atendimento contínuo e sempre atualiza seu cliente sobre o andamento do processo passa mais confiabilidade do que outros que não fazem esse acompanhamento.

- **Responsividade:** refere-se à atenção e ao pronto atendimento nas solicitações dos clientes. O tempo de espera das respostas às perguntas ou da resolução dos problemas é o critério-chave nesse setor. Flexibilidade e atendimento a casos especiais de forma rápida também estão em jogo quando se trata de responsividade. Um exemplo é quando o cliente relata uma angústia pela demora no trâmite de seu processo e o profissional advogado demora muito para lhe responder. Atenção e resposta rápida em tempos de internet e redes sociais são muito importantes, e o cliente quer respostas em todos os canais: WhatsApp, Instagram, e-mail, Reclame Aqui e por telefone.
- **Segurança:** particularmente importante, pois, em se tratando da compra de serviços jurídicos, os clientes têm algum nível de receio em fechar o contrato, dado o alto risco envolvido na transação, sua falta de conhecimento técnico a respeito de questões jurídicas e, o que pode estar presente em qualquer nível, fatores de incerteza quanto aos resultados e de alinhamento das expectativas.
- **Empatia:** é possível imaginar que, em um pequeno escritório de advogados, no interior do Brasil, os clientes de um estabelecimento, atendidos pelo próprio dono, muitas vezes são conhecidos pelo nome. Sobre alguns clientes, sabe-se até onde moram, a data de aniversário, se são casados ou não, se têm filhos e há quanto tempo moram no endereço atual. O dono desse pequeno escritório pode, sim, conhecer seus clientes pelo nome e conhecer também suas necessidades imediatas e latentes. Ele tem a empatia necessária na prestação dos serviços jurídicos, competência pessoal que pode dar grande vantagem competitiva aos profissionais advogados.
- **Tangibilidade dos serviços:** é percebida, por exemplo, no conforto das instalações físicas que dão suporte ao serviço prestado, na higiene e na limpeza, no café servido, na apresentação de

uniformes e na educação dos funcionários em contato direto com o cliente, nos materiais de comunicação impressos utilizados, no site e nas redes sociais bem estruturadas e na atenção dada ao acompanhamento posterior à assinatura do contrato. Todos esses fatores proporcionam representações físicas dos serviços, representações estas que serão utilizadas pelos clientes para avaliar a qualidade da sua experiência com aquele escritório. Como visto anteriormente, esses fatores se tornam mais importantes ainda se os clientes nunca estiveram em um escritório jurídico ou se se trata de pessoas que não conhecem os serviços e têm a intenção de se tornarem clientes.

O MOMENTO DA VERDADE JURÍDICA

Contatos de serviços ou "momentos da verdade" constituem a impressão mais intensa do serviço que o cliente está adquirindo. Como a denominação indica, essa impressão surge no contato ou, conforme Zeithaml e Bitner (2003) definem, no "momento da verdade", que é aquele em que o cliente interage com o profissional advogado. Em algumas ocasiões, em um único serviço ou em uma única consulta jurídica, o cliente pode ter mais de dez "momentos da verdade", por exemplo, desde deixar o carro com o manobrista na chegada ao escritório de advocacia, sua apresentação na recepção, o café que lhe é oferecido, o eventual uso do banheiro, a própria consulta com o profissional advogado, e basta apenas uma única experiência negativa, em alguma desses pontos, para que toda a avaliação seja prejudicada.

Portanto, a cuidadosa atenção para a afirmação dos valores tangíveis e a consideração de todos os componentes presentes no composto de Marketing permitem melhorar a percepção do cliente quanto aos benefícios e amenizar sua percepção eventualmente crítica quanto aos custos, resultando em uma melhor proposta de valor que o cliente atribui ao serviço prestado por determinado escritório ou profissional advogado.

MARKETING PESSOAL PARA ADVOGADOS

Marketing pessoal é importante para qualquer profissional; porém, quando se trata de Marketing pessoal de profissional advogado, como vimos neste livro, alguns cuidados devem ser tomados quanto às regras do Estatuto da OAB. Marketing pessoal nada mais é do que o uso de estratégias de Marketing de que o profissional advogado pode lançar mão para serem percebidos os seus diferenciais. Digamos que você, como profissional e na sua preparação acadêmica, tenha feito mais cursos de pós-graduação e cursos complementares, tenha competências que fazem a diferença no resultado do serviço prestado para o seu cliente – não é justo que ele saiba disso? Parece legítimo e um direito do cliente que este tenha acesso às informações que o ajudarão a decidir qual profissional contratará. Para isso, o Marketing oferece uma série de ferramentas que podem ser aplicadas, sempre de forma ética e legítima, respeitando todos os preceitos que dignificam a profissão, conforme as disposições da OAB.

Na Nelson Wilians Advogados, por exemplo, um advogado iniciante deve se desenvolver constantemente de modo a contemplar aspectos como:

- Boa apresentação pessoal e profissional;
- Preencher o próprio espaço;
- Buscar resultados;
- Ter conteúdo;
- Gostar de trabalhar;
- Ter raciocínio rápido;
- Aparência não é tudo.

Todos esses fatores podem e devem ser desenvolvidos, além de o profissional precisar ler livros e manuais sobre Marketing e conhecer os princípios desse setor.

A seguir, destaco alguns pontos importantes para o Marketing pessoal do profissional advogado:

- **Foco:** faz toda a diferença quanto à objetividade da argumentação junto ao cliente; o profissional advogado que é pontual nos seus compromissos e demonstra foco durante o atendimento ao cliente, com argumentações técnicas e demonstração de profundo conhecimento técnico, é imediatamente valorizado. É importante aplicar o que chamamos de "escuta ativa", que consiste em escutar atentamente o cliente, não só com os ouvidos, mas com todos os sentidos; enquanto o cliente fala sobre a sua questão jurídica, o profissional advogado deve anotar os pontos mais importantes, menear a cabeça em sinal de que está entendendo e acompanhando a exposição; deve evitar interromper o cliente para não quebrar seu fluxo argumentativo. Apenas depois da sua conclusão o profissional deve lhe fazer perguntas e apresentar seu ponto de vista. É importante nunca deixar dúvidas no ar, seja por parte do cliente, seja por parte do profissional advogado.
- **Comunicação:** importante saber que, num processo de comunicação, existem o emissor (transmite a mensagem) e o receptor (recebe a mensagem), papéis estes alternados entre os interlocutores no curso da comunicação; assim, ora o profissional advogado é o emissor, ora é o receptor. Entre emissor e receptor, há um canal de comunicação (pode ser verbal, sinalização corporal, escrita, e-mail, ligação telefônica, WhatsApp, vídeo, áudio...), e nesse canal podem ocorrer diversos ruídos que podem fazer com que o receptor entenda alguma informação diferente da que o emissor quis transmitir. Portanto, o profissional advogado deve ser claro e didático na comunicação, evitando usar o jargão técnico da profissão ou palavras que sejam pouco conhecidas por pessoas sem formação em Direito. Uma dica é estudar o cliente antes da reunião, saber quem é ele, qual sua profissão, sua formação.

Hoje todas as informações estão disponíveis na internet; não se permite, portanto, fazer uma reunião sem que se tenham todas as informações sobre o interlocutor.

- **Postura:** lembre-se de que o profissional advogado é o homem da lei, representa a mais pura legitimidade do Direito, notoriamente é um profissional de muito prestígio e honradez. Essa imagem deve se projetar em todas as esferas, tem de estar explícita nas redes sociais, nas entrevistas, na formação e na vida social. Faça sua imagem ser irrepreensível, não dê chance nenhuma para que a arranhem. O profissional do Direito tem de ser o cidadão modelo. Essa postura refletirá nos resultados do seu trabalho.
- **Relacionamento:** é boa e saudável a presença do profissional do Direito em eventos jurídicos. Esteja disposto a participar e a se mostrar, não deixe que oportunidades passem; para quantos eventos for convidado, participe e, quando precisar, explore sua *network*. Eventos sempre buscam profissionais especialistas, por isso se torne referência no assunto que mais domina. Relacione-se com outros profissionais, troque informações e crie uma relação de confiança.

O Marketing pessoal está dentro de você. Aproveite cada oportunidade e seja um profissional exemplar e requisitado.

5 MARKETING SINESTÉSICO

O cliente, naturalmentc, cstá acostumado a receber estímulos visuais ou sonoros. Impactá-lo por meio de outros sentidos sempre pode gerar uma percepção positiva. Impactos que exploram os cinco sentidos geram experiências positivas e marcantes, e fazem com que o cliente se sinta mais valorizado.

Existem inúmeras possibilidades de explorar sentidos, e, nesse quesito, a criatividade faz a diferença. A boa notícia é que muitas dessas ações são de implementação de baixo custo.

Por exemplo, uma música tranquila e em volume baixo no escritório pode transmitir serenidade e tirar a pressa, sem que o cliente perceba; um perfume agradável no ambiente ou até o layout do escritório e a disposição dos móveis podem fazer com que uma decisão de contratar ou não um profissional advogado seja tomada.

Promova ações que agucem os sentidos do cliente na intenção de transmitir conforto e tranquilidade; permita que o clima ameno, profissional e de acolhimento seja percebido, além da qualidade e do diferencial do serviço jurídico oferecido.

Trabalhar continuamente com essa abordagem e cuidado quanto ao cliente pode ser o que diferencia um escritório do concorrente, colocando-o em um patamar acima de todos os outros no mercado.

Mesmo escritórios que trabalham mais focados no digital podem surpreender com ações que estimulem o sentido da visão e da audição. Criar experiência positivas faz toda a diferença, e os clientes as valorizam.

Nelson Wilians considera instintivo o Marketing sinestésico. Um indivíduo vai a um shopping bom, o cheiro lá é bom. Vai a um restaurante bom, o paladar é bom. Em relação à música, dependendo do gosto, aprecia *blues*, *rock*, sertanejo, desde que harmônicos. Novelas e filmes têm trilha sonora que mexe com os sentimentos. Em relação à visão, tudo deve ser agradável à vista ou chamar a atenção de maneira positiva.

Nelson sempre teve um cuidado especial com a imagem, desde os seus cartões de visita e pastas de processos, de forma a encher os olhos do cliente. Seus cartões muitas vezes eram uma forma de construir valor e de se diferenciar.

O caminho é aplicar o Marketing sinestésico e aguçar os sentidos de modo a gerar lembranças positivas, que tenham a ver com o setor jurídico. Para ampliar seu entendimento, conheça melhor as ações possíveis nos cinco sentidos.

Tato

Uma possibilidade de criar experiência é tocar naquilo que deseja. No setor jurídico não há como tocar no serviço, porém o escritório, a sala de reunião e a recepção da empresa podem gerar experiências interessantes. Então, é preciso pensar, por exemplo, no tipo de tecido para as almofadas, para as cadeiras e sofás; ou, também, nas peças e esculturas expostas que atraiam as pessoas ao tato. Tudo isso pode trazer ao cliente uma melhor impressão, para que ele tenha uma percepção positiva do ambiente como um todo.

Essa questão do tato e de sentir o ambiente muitas vezes coloca o escritório e o advogado em um patamar diferenciado, pois as pessoas são atraídas por sensações e, levando em consideração o perfil do trabalho do profissional advogado, experiências que transmitam acolhimento, segurança e seriedade contribuem para a construção de autoridade.

Olfato

Aromas provocam sensações e emoções, e é através do olfato que construímos associações mais amplas de eventos e de lembranças. Um aroma agradável pode impactar no humor de uma pessoa, o que demonstra que, quando bem utilizado, pode ser uma ferramenta importante para que o cliente se sinta à vontade em trabalhar com determinado advogado. Sendo assim, é importante explorar perfumes que gerem uma experiência positiva e sejam associados ao negócio jurídico, a um ambiente sério e profissional.

Por isso é tão importante a escolha pelo aroma ideal, que enfatize a percepção do cliente.

Visão

A maior parte do investimento em Marketing é destinado às ações que comunicam por meio de recursos visuais; porém, quando se trata desse sentido, seu manejo pode ser bem mais profundo do que o mero manuseio de imagens, logotipos e anúncios já utilizados. O próprio escritório tem muito a comunicar por intermédio do estímulo visual, que pode estar inserido na iluminação ou nas cores (cromoterapia) do ambiente, por exemplo. Tudo que é visual, quando bem aplicado, pode trazer benefícios e criar um ambiente propício para que o cliente se sinta à vontade, como se estivesse em sua própria casa.

As cores podem criar conexão, e uma determinada cor pode passar a ser associada automaticamente à marca do escritório. Um escritório jurídico precisa transmitir tranquilidade, segurança, força, vitória e harmonia. Por isso, as cores mais aplicadas na comunicação jurídica são verde (equilíbrio, calma e harmonia), azul (calma e tranquilidade), dourado (luxo, prosperidade e vitória) e cinza (controle e seriedade).

Paladar

O sentido do paladar parece estar ligado apenas à gastronomia, porém algumas pesquisas demonstraram que pessoas com fome têm pressa de ir embora. Isso vale para qualquer negócio. Portanto, pensando na realidade de um escritório jurídico, se o cliente for se demorar na sua vista, é necessário cuidar dele para que o tempo que passar no escritório seja o mais prazeroso possível. Portanto, é sempre importante haver um bufê, ainda que simples e correto, que garanta a possibilidade de oferecer ao menos um sanduíche ao cliente, considerando a duração da reunião. Os tradicionais água e café são obrigatórios. Se possível, oferecer algum alimento que remeta à culinária da região onde o escritório se localiza pode ser muito gratificante e conquistador.

Pensando nesse importante aspecto e aplicando-o especificamente ao escritório jurídico, é tradição já integrante da cultura de nosso país que, em reuniões de negócios, se sirva café, e isso pode ser aprimorado, por exemplo, no oferecimento de um cappuccino de sabor único, o sabor do seu escritório, um café com sabor mais intenso e encorpado. Qual seria a reação do cliente? Ou o que poderia ser diferente para que aquela experiência gustativa remetesse à marca do seu escritório?

Audição

A audição, de maneira semelhante ao paladar, também é responsável, quando bem trabalhada, pela melhora do humor das pessoas. Uma música tranquila e calma faz muito bem à saúde mental. A música, quando bem aplicada, pode trazer felicidade e relaxamento; numa relação de negócios e de decisões difíceis, uma música pode abrandar a ansiedade e trazer a serenidade de que o momento precisa. Outra forma de usar a música é conhecer o seu cliente; as pessoas podem se sentir acolhidas, como se estivessem na própria casa, a música tocando baixinho pode ser estimulante. Há pessoas que são apaixonadas por rock, outras por música clássica; os diferentes gostos musicais podem ajudar a melhorar a experiência do cliente no escritório de advocacia.

Vale a pena aplicar o Marketing sinestésico na intenção de melhorar a experiência do cliente e impactar suas emoções; o momento da discussão jurídica pode ser tenso, somos todos humanos e naturalmente muito emotivos. Cause um impacto positivo no seu cliente, faça-o se sentir feliz, seguro e acolhido enquanto estiver em seu escritório.

MARKETING 4.0

Estamos vivendo a era do Marketing 4.0, em que a tecnologia está presente diariamente em nossas vidas e se transforma no maior instrumento de comunicação comercial entre clientes e escritórios jurídicos.

Tente lembrar das suas últimas compras. No último ano, você pode ter comprado um computador, um tênis ou até um carro. Provavelmente, em algum momento do seu percurso de compra (talvez em todo ele), a internet estava presente, correto?

Na hora de pesquisar preços, conhecer as opções de marcas ou efetivamente comprar o produto, você provavelmente usou ferramentas digitais. Verificou suas avaliações no Google, consultou opiniões no Facebook e pesquisou determinado advogado no Reclame Aqui.

Hoje em dia, é um comportamento padrão que todos os consumidores seguem pesquisar a marca antes de comprar, como forma de segurança para si mesmos. O comportamento dos consumidores os coloca em uma posição de advogados das marcas, tanto relatando experiências como buscando referências digitais para escolher produtos e serviços, principalmente na área jurídica.

As empresas precisam estar onde os clientes estão ou os impactando com propagandas para fidelização e captação; precisam se colocar no lugar deles, adotar a linguagem e os canais que eles estão usando para lhes trazer uma experiência melhor, sempre com foco na orientação e no esclarecimento de questões de interesse jurídico.

> Nelson Wilians afirma que vivemos em um mundo analógico. O mundo digital está aí para nos elevar a outro patamar. O mundo digital é o meio; o fim, o resultado, é o cliente. É importante humanizar o digital.

Conceito de Marketing 4.0

Marketing 4.0 é um conceito desenvolvido por Philip Kotler, um dos mais importantes teóricos do Marketing e da administração moderna. O livro com esse título foi escrito em parceria com Hermawan Kartajaya e Iwan Setiawan e abrange todos os detalhes dessa nova era do Marketing. Segundo os autores, o Marketing 4.0 representa uma revolução digital para as empresas que trabalham na internet nos dias de hoje. Antes, as formas mais usadas para fazer publicidade eram TV, jornais e revistas; hoje é preciso acompanhar as transformações desse mercado e elevar o Marketing do seu negócio!

Com as novas tecnologias, o comportamento dos clientes passou por uma transformação que demandou uma nova estratégia do profissional de Marketing para chamar a atenção do seu público.

Mas não se trata apenas de ter uma página no Facebook ou um perfil no Instagram e enviar e-mails informativos ao público que se quer atingir. Só isso não significa uma mudança profunda, e você pode não ter resultados significativos. Para entrar definitivamente no Marketing 4.0, é necessária a experiência multicanal centrada no encantamento do cliente, entregando sempre mais.

A transformação é muito mais pessoal do que de ferramentas. As empresas precisam entender e acompanhar a nova realidade presente antes de fazer o Marketing digital, para que possam alcançar bons resultados nessa nova era. É com tal compreensão que Kotler introduz o conceito de Marketing 4.0.

- De acordo com o livro, a conectividade provoca mudanças drásticas na sociedade.
- Na perda da exclusividade, o mundo se volta para a inclusão social e para o senso de comunidade ao eliminar barreiras geográficas e demográficas.

- Hoje, diversas empresas já se adaptaram às mudanças, aumentando a competitividade de pequenos negócios, potencializando o contato entre marcas e consumidores e trazendo mais valor e credibilidade para si.
- Decisões individuais estão cada vez mais influenciadas pelas opiniões sociais compartilhadas na internet.

Todas essas transformações impactam também as empresas. Para entrar na era digital e conectar-se com a sociedade, elas devem passar para uma lógica de negócios mais inclusiva. Para isso, também devem entender os paradoxos que a conectividade traz.

Primeiramente, o livro *Marketing 4.0* apresenta o paradoxo da interação on *versus* off. Por mais que estejam desenvolvendo novas experiências pela internet, as pessoas dão valor para as experiências físicas e presenciais.

A conectividade estimula o cliente a ter opções de consumo e também influencia nas escolhas dele. O cliente não tem mais tempo nem atenção para cada anúncio de marca que recebe; dedica-se apenas ao que oferece alguma utilidade ou necessidade para si, não importa se são serviços, produtos, entretenimento ou informação.

A conectividade motiva os clientes a expor suas opiniões sobre as marcas em algumas plataformas, só que as opiniões podem ser negativas ou positivas, e isso não está sob controle da empresa.

O que fazer ao receber uma avaliação negativa? Não se desespere! É preciso lidar com o paradoxo, já que as opiniões negativas incentivam os defensores da marca a se manifestar e realizar o pós-atendimento com foco na resolução e na satisfação da questão do cliente. Esses são os desafios que as empresas enfrentam atualmente no Marketing 4.0.

A seguir, vamos ver como você pode superá-los para se adaptar às mudanças e promover melhorias no seu negócio, a partir da compreensão do fluxograma dos 5 A's.

Figura 5.1 Os 5 A's. Marketing 4.0.

Fonte: Adaptada de Kotler, Setiawan e Kartajaya (2017).

Os 5 A's da trajetória de convencimento dos clientes

Os 5 A's correspondem à trajetória de convencimento dos clientes percorrida em busca de profissionais e de instituições de serviços jurídicos:

- Assimilação
- Atração
- Arguição
- Ação
- Apologia

Na assimilação, o cliente não conhece seu escritório e seus serviços, dos quais pode tomar conhecimento por intermédio de algum anúncio, do site da empresa ou até mesmo da indicação de um familiar ou amigo. Após conhecer seus serviços, o cliente passará para o estágio de atração, no qual começa a criar interesse por eles, o que o leva a pesquisar mais sobre seu escritório e sua reputação, entrando no estágio de arguição pela internet, pelo seu perfil no Instagram, pelo Reclame Aqui e pelas avaliações do Google. Se o cliente verificar que a empresa tem boas avaliações, bons profissionais e uma estrutura que atende a suas necessidades, ele passa para o estágio de ação. É nesse estágio que ele faz o agendamento de uma consulta jurídica e experimenta seu serviço! Uma vez bem atendido e recebendo bom acompanhamento pós-atendimento, passará para o estágio de apologia, em que retornará mais vezes e recomendará seus serviços para familiares e amigos, tornando-se um promotor e trazendo mais clientes para seu escritório.

MARKETING 5.0

O objetivo principal desse novo conceito é aproximar as marcas dos consumidores de forma sólida como uma simbiose homem-máquina em que se utiliza o uso da lógica com algoritmos e tarefas repetitivas em programação para gerar escala.

Sob a perspectiva da inteligência humana, o profissional melhora a qualidade, desenha novos produtos e serviços, redesenha processos, desenvolve sabedoria, promove a divergência de pensamento junto com o cliente e encontra novas soluções disruptivas. Também cria mais empatia pelo cliente colocando-se no seu lugar.

A era 5.0 busca mais engajamento e encantamento do cliente a fim de torná-lo um embaixador da marca, como se fosse um canal potencializador de novos clientes, promovendo e indicando seus serviços após sua compra porque teve uma experiência marcante.

TRANSFORMAÇÃO EXPONENCIAL

A transformação digital pode ser definida como um fenômeno que incorpora o uso da tecnologia digital às soluções de problemas tradicionais. A empresa tem de se comunicar com o consumidor pelo canal que este preferir e garantindo maior velocidade ao atendimento e conveniência.

Os concorrentes não são só aqueles tradicionais; devemos ter um olhar holístico e observar possíveis concorrentes ou produtos substitutos em diversas direções.

Analytics devem ser interpretados e usados como base para definição dos próximos passos do Marketing. Escritórios jurídicos devem ter comunicação multiplataforma para facilitar o acesso do cliente com rapidez e segurança a informações de que ele necessita. Clientes interessados no serviço podem buscar informações via redes sociais, site, WhatsApp etc.; seja qual for o caminho procurado, o cliente deve ser atendido e ter suas dúvidas sanadas.

Blockchain

Blockchain é uma tecnologia com base de dados de registros distribuídos que visam à descentralização e que têm a criptografia como medida de segurança. São bases de registros e dados distribuídos e compartilhados que têm a função de criar uma proteção global de informações para todas as transações que ocorrem em determinado mercado. Graças a essa tecnologia, é possível fazermos pagamento com segurança pela internet. Toda a segurança cibernética, seja para pagamentos, seja para proteção de dados, deve ser garantida e disponibilizada para o cliente jurídico. Considere, por exemplo, a importância dessa tecnologia de segurança em relação ao registro de provas de autoria. Quanto ao registro de dados no Direito empresarial, é possível criar formatos de pagamentos, com transferência de fundos, em tempo real, de modo que tudo tenha registros seguros. Também o controle de documentos autenticados, substituindo parte dos trabalhos em cartórios extrajudiciais ou judiciais – assim é o Direito do futuro atrelado à tecnologia.

Internet das coisas (IoT)

Essc conceito se refere à interconexão digital de objetos cotidianos com a internet, conexão dos objetos mais do que das pessoas. Em outras palavras, a internet das coisas nada mais é que uma rede de objetos físicos capaz de receber e de transmitir dados. Esse já é um assunto bastante recorrente no mundo jurídico, principalmente quando se trata da proteção de dados.

Um escritório planejado para que documentos, vídeos e apresentações sejam facilmente transferidos de um notebook para uma tela de TV grande pode ser de grande valia para uma reunião presencial com o cliente. Mas não só isso; a tecnologia pode melhorar a organização do fluxo de informações de um processo, possibilitar gerenciar contatos, agendar tarefas, guardar documentos e informações nos diferentes dispositivos e atores de um processo, criando alertas automáticos que garantam o controle de prazos em relação ao desenvolvimento dos trabalhos, o que assegura uma melhoria significativa no andamento de processos por meio de movimentações, captura de documentos e controle na palma da mão.

Sem dúvida, o grande desafio no mundo atual é o controle do grande volume de dados e a organização desses dados; nessa perspectiva, a internet das coisas abre possibilidades de monitoramento e controle de processos de forma mais rápida, eficiente e com menores custos.

Realidades alternativas

Universo paralelo ou realidade alternativa é uma realidade autocontida em separado, coexistindo com a nossa própria. Essa realidade em separado pode variar em tamanho, de uma pequena região geográfica até um novo e completo universo, ou vários universos, formando um multiverso. Muitos softwares podem ser utilizados com essa tecnologia para fazer que determinadas situações jurídicas possam ser mais bem compreendidas para complemento das informações. Com isso, o cliente poderá ter um entendimento melhor do contexto de determinadas situações que dependem de interpretação.

Inteligência artificial

Artificial intelligence (AI) é um ramo de pesquisa da Ciência da Computação que se ocupa em desenvolver mecanismos e dispositivos tecnológicos que possam simular o raciocínio humano, ou seja, a inteligência que é característica dos seres humanos. Uma ferramenta muito utilizada nos dias de hoje é o chatbot, que, por intermédio de um programa de computador, imita conversas e faz o atendimento. O usuário acredita estar sendo atendido por pessoas, mas tudo é feito por meio de AI. Alguns serviços que o escritório automatize podem utilizar essa tecnologia e facilitar a vida de todos; por exemplo, o acesso aos processos e às informações que sejam abertas para o cliente.

Cada vez mais utilizada, essa tecnologia torna o trabalho dos advogados mais simples, rápido e organizado, porém ainda está na esfera de ferramentas de suporte, longe de assumir a tomada de decisões. Com a AI, a consulta aos dados ficou mais fácil, o que auxilia na tomada de decisões estratégicas, com uma boa gestão de dados. A inteligência artificial até pode sugerir caminhos e apontar riscos para determinado processo; hoje, a tecnologia substitui o trabalho de diversos auxiliares com muito mais consistência e acerto.

Streaming

Essa é a tecnologia que possibilita a transmissão de dados (vídeos e áudios) pela internet. Esses dados podem ser transmitidos ao vivo (streaming live) ou estar gravados e ser acessados a qualquer momento; também podem ser acessados diretamente na plataforma ou baixados em um dispositivo. Na área jurídica, pode-se usar para a transmissão de podcasts e *lives* com informativos que esclareçam questões jurídicas.

Reconhecimento facial e de voz

Essas tecnologias já fazem parte da vida das pessoas; é comum utilizarmos os serviços da Alexa, do Google Home, da Siri e até da Bia do banco Bradesco. Esses recursos existem para nos satisfazer e criar uma experiência no atendimento, e dizem que já são mais de 1 bilhão de aparelhos celulares com essa tecnologia. A tecnologia facial ainda deve avançar na sua adaptação à LGPD, mas, uma vez devidamente autorizado o manejo dos dados, essa tecnologia permitiria que clientes fossem identificados ao entrar nos escritórios e seu perfil e informações fossem acessados automaticamente pelo profissional advogado sem a necessidade da identificação na recepção do escritório. A tecnologia também pode eliminar erros jurídicos concernentes à identificação de ator de determinado processo.

Geolocalização

Nessa ferramenta, o Marketing utiliza a localização do cliente para definir estratégias de comunicação; as pessoas ativam no seu aparelho celular a geolocalização e autorizam a determinadas empresas o seu monitoramento. Um escritório jurídico pode identificar quando o cliente está nas proximidades e enviar a ele uma mensagem convidando-o a conhecer o escritório. A geolocalização também já é muito utilizada para desvendar informações em processos; por intermédio de uma autorização judicial, é possível mapear movimentos de pessoas com base no movimento de aparelhos celulares, GPS e no monitoramento veicular.

Big data

A utilização de dados para definir estratégias com segurança é muito eficiente e deve ser aplicada, sempre lembrando que devemos seguir rigorosamente a LGPD. Essa tecnologia está ajudando cada vez mais na captação de dados e no cruzamento de informações para auxiliar nas decisões e no acompanhamento em tempo real do cliente. Com o *big data*, as decisões são tomadas sempre com mais segurança, diminuindo a possibilidade de falhas. Quanto mais informações o profissional advogado tiver, mais seguro o cliente estará e mais personalizadas as decisões serão; dessa forma, os clientes são beneficiados pelo menor custo na prestação dos serviços contratados.

Metaverso

O termo "metaverso" remete a uma nova camada, capaz de integrar o mundo real ao digital por meio de tecnologias como realidade virtual ou aumentada, podendo-se também utilizar hologramas. Na área jurídica, o metaverso possibilitará um avanço incrível, com o atendimento virtual remoto; imersos integralmente nesse ambiente virtual, cliente e advogado poderão estar com seus avatares no escritório virtual; ou ainda a possibilidade de imersão num ambiente digital que ajude a desvendar questões importantes para o processo.

O metaverso muda o óbvio e gera experiências para os clientes. As primeiras reuniões devem ser presenciais, para que estes conheçam os profissionais e tenham segurança e empatia; porém, algumas reuniões podem seguir no metaverso. Isso ajudará a fidelizar os clientes, a gerar experiências, e o cliente será grato por você ajudá-lo a se inserir nessa nova e importante tecnologia.

Nesse novo ambiente imersivo, é possível compartilhar ideias e novas informações jurídicas que surjam e que sejam importantes para o processo.

OS CINCO PILARES DO MARKETING 5.0

- Marketing baseado em dados
- Marketing preditivo
- Marketing contextual
- Marketing aumentado
- Marketing ágil

Figura 5.2 Os cinco elementos do Marketing 5.0.
Fonte: Adaptada de Kotler, Setiawan e Kartajaya (2021).

- **Marketing baseado em dados:** o Marketing mudou, não é mais norteado por percepções aleatórias de mercado ou qualitativas por alguns líderes da área ou gestores da empresa. Agora é norteado por *data science*, big data, *analytics*, ferramentas de gestão de dados de clientes ou de CRM, testes pequenos de campanhas de anúncios digitais, *inbound* Marketing e fontes como redes sociais, dados dos clientes, fontes de reputação e avaliações como Reclame Aqui e as avaliações do Google ou de *marketplace*, redes de pesquisa, plataformas de pesquisas online com clientes, N*et Promoter Score* (NPS), dados de pontos de venda, dados de internet das coisas, dados de aplicativos, informações de engajamento, informações de consumo digital, cookies, pixels, *tags*, palavras-chave e diversos bancos de dados em plataformas de *business intelligence* que indicam novas tendências.

- **Marketing preditivo:** realiza a gestão do cliente, da marca e do produto
  - *Clientes:* para aqueles com os dados consolidados, são realizados os estudos de oportunidades e eles são incentivados a fazer a compra de um produto ou serviço mais sofisticado ou atualizado e a consumir outros produtos ou serviços da empresa com a finalidade de aumentar o tíquete médio, assim como são feitas ações para diminuir a taxa de perda de clientes. É necessário entender o perfil do cliente e seu potencial para criar cada vez mais ações personalizadas.
  - *Marca:* após ter os dados e entendimento do perfil do cliente, definindo o conteúdo que mais combina e que tem maior engajamento, pode-se criar um guia para uma jornada de sucesso do cliente e agregar maior valor percebido por este na perspectiva da empresa que o atende. Também é dada atenção maior para a reputação da empresa, com feedback preventivo dos clientes e ações resolutivas rápidas de problemas entre o cliente e a instituição.
  - *Produto ou serviço:* primeiro é necessária a instituição ou o profissional advogado ter clara sua proposta de valor para o cliente. Depois desse entendimento, é possível aumentar a personalização de serviços e recomendar novos produtos ou serviços que integrem o portfólio.

- **Marketing contextual:** esse Marketing vale-se da AI para aprender com o cliente e reconhecê-lo. Relaciona experiência, mídia, mensagens corretas em *chatbots*, promoções, produtos e serviços. Esse Marketing precisa de gatilhos ativados na IoT de redes sociais, *voip*, sistemas, lugares, momentos e pessoas.
- **Marketing aumentado:** tipo de campanha realizada por meio do funil de venda, que captura os leads por meio de conteúdos de valor ou de conversas que avançam por meio de chatbot que podem ser capturadas em redes sociais ou em *landing pages* de uma ferramenta de CRM, como o *Rd Station* ou o *Lead Lovers.* Esses leads passam por um estágio de nutrição de novos conteúdos por um período de re-marketing, e-mail Marketing, SMS, mensagens de WhatsApp, conteúdos em redes sociais. Quando o lead de um cliente reage em algum canal, o cliente é direcionado para o departamento de vendas ou para agendamento na área de atendimento, que será responsável por sua conversão, seu atendimento, pelo sucesso do cliente e sua fidelização, além do rastreamento de ponta a ponta até o fundo do funil.
- **Marketing ágil:** resultados em tempo real, com processos de experimentação rápida. Um exemplo são as transmissões de *live* streaming, que um profissional advogado abre para falar sobre certo tema com seus seguidores e sanar suas dúvidas sobre determinado tema jurídico. Isso mostra maior aproximação com os clientes e atendimento ágil quando a empresa recebe qualquer informação em algum canal do cliente, criando uma satisfação rápida e mostrando excelência de atendimento.

Hoje, as pessoas buscam respostas em tempo real, o que aumenta significativamente as chances de fechamento de negócios. A conversão de vendas é reduzida para minutos de espera. A satisfação do cliente aumenta à medida que o tempo de resposta diminui.

No Marketing 5.0, os profissionais de Marketing necessitarão aprender a trabalhar com novas ferramentas e plataformas digitais, cada vez mais com IA e *business intelligence,* e aprender a criar estratégias baseadas em algoritmo, robótica, sensores de internet das coisas, realidade virtual, como 3D, ou realidade aumentada, processamento de linguagem natural, como Alexa e Siri, nutrição de leads, *inbound* Marketing, ferramentas de automação, ferramentas de segurança como *blockchain,* Marketing e integrações de dados entre sistemas, big data e reconhecimento biométrico de voz ou facial.

Os objetivos dessa nova era consistem em unir os recursos tecnológicos à humanização, converter simples clientes em embaixadores da marca, apoiar causas justas e demonstrar responsabilidade ambiental e social, saber tocar as emoções dos clientes e gerar gatilhos fortes, utilizar o Marketing sensorial e atingir todos os sentidos do cliente, envolvê-lo em inovação tecnológica, educar melhor o consumidor a utilizar o produto ou serviço.

GROWTH HACKING

O conceito de *growth hacking* surgiu em 2010 por intermédio de Sean Ellis (CEO de *Growth* do Dropbox), que aplicou sua ideia na busca por entender o crescimento acelerado de algumas empresas e percebeu alguns pontos coincidentes entre elas. Primeiro, as empresas só se baseiam em dados reais; tudo tinha de ser comprovado por números ou pesquisas. Essas empresas também investiam na heterogeneidade do seu time. Era comum encontrar pessoas criativas juntamente com pessoas de exatas e com pensamentos analíticos. Além disso, as empresas não ficavam apenas no Marketing tradicional, mas investiam em novas formas de lançar suas marcas e produtos para o mercado. Tudo era feito de forma controlada e testada, e a etapa seguinte só ocorria quando a atual fosse devidamente testada e aprovada.

O *growth hacking* passou a ser uma nova cultura de trabalho com foco no desenvolvimento dos negócios por meio das boas práticas, sempre desenvolvidas mediante testes e experimentações, ou seja, a empresa deveria investir em criatividade e no desenvolvimento de novos negócios.

Está mais do que provado que, para a empresa ter mais criatividade, ela deve investir em diversidade; quanto mais pessoas diferentes comporem a equipe, mais projetos criativos surgirão.

Considerando esse conceito, não adianta investir em um time só de profissionais especialistas, porque o *growth hacking* não é uma ciência exata, mas sim uma nova cultura, com novas ideias e novas formas de pensar "fora da caixa".

Para aplicar essa ferramenta, deve-se definir claramente o objetivo ou o problema a ser solucionado. Pode-se iniciar com um brainstorming, que ajudará apontando soluções. Se muitas soluções aparecerem, será necessário um filtro realizado pelas mesmas pessoas que participaram do brainstorming, ou seja, que as pessoas determinem as principais ideias que deverão ser aplicadas e qual a forma mais fácil, barata e rápida de testá-las e implementá-las.

Conforme ocorram as aplicações, automaticamente se aprenderá com os resultados.

Esse aprendizado deverá ser aplicado às novas ações e novos testes até que se chegue ao ponto desejado.

Dessa forma, a ferramenta aparenta ser bastante simples, e é mesmo; contudo, é necessário ter disciplina na aplicação das ideias e entender a ordem dos fatores e as execuções. Seguindo essas observações, os resultados começam a surgir.

O crescimento dos resultados da organização é o único caminho para quem aplica o *growth hacking*; para isso, trabalhamos os preceitos de:

- Aquisição
- Ativação
- Receita
- Retenção
- Indicação de clientes/pacientes

Considerando o nosso foco jurídico, infelizmente a maioria das empresas não passa da aquisição, não dando a continuidade necessária ao processo com os demais passos; isso causa miopia nos resultados e, consequentemente, o não cumprimento dos objetivos, podendo gerar perda financeira de clientes e uma percepção errada do conceito.

MÉTRICA NORTE

A métrica norte amplifica as ações da empresa e aponta para o crescimento. É importante que as ações estejam centradas no que mais importa, o resultado.

Aqui podem entrar a quantidade de clientes ativos em determinado período, leads qualificados (preenchimento de dados), respeitando a LGPD e a quantidade de visitantes únicos nas plataformas digitais do escritório.

O foco é fazer a diferença para a organização; por exemplo, dados que impactem diretamente na receita. Essas informações devem ser transparentes e de fácil compreensão, lembrando que qualquer problema ou desvio no processo deverá ser corrigido de imediato.

Não esqueça que a experimentação é o motor de propulsão; com ela conseguimos clareza sobre o que está dando certo e o que precisa ser corrigido.

Considere alguns motivos para se aplicar esse conceito na área jurídica:

- O crescimento de vários pequenos escritórios de advogados será mais fácil de controlar que um único crescimento grande. Não perca tempo querendo dar um tiro único de canhão; o investimento deve estar na capilaridade dos negócios; acerte um pouco, mas acerte em muitos negócios; isso fará muita diferença para a sua organização. Mantenha-se saudável financeiramente.
- A capilaridade nas ações do escritório permitirá estar sempre colhendo resultados; algumas podem demorar mais que outras, porém o volume de ações garantirá resultados frequentes.
- Todo aprendizado poderá ser aplicado em novas ideias; alguns experimentos darão errado e outros darão certo. Todas as possibilidades ajudarão para que os projetos seguintes tenham um índice de acerto maior.

Organizações e profissionais jurídicos alcançam melhor resultado quando aplicam o *growth hacking*, por exemplo:

- Profissionais novos em processo de estruturação que ainda estão se moldando a fim de melhorar a qualidade do atendimento aos clientes devem aplicar o *growth hacking* e testar processos de captação de novos clientes, atendimento, indicação, aumento de tíquete médio, aumento do *lifetime value* e eliminação do que não está dando certo, investindo no que realmente vale a pena. Lembre-se de que a satisfação do cliente é o mais importante, assim ficarão claros quais recursos deverão ser investidos e qual a percepção de futuro para cada processo.
- Escritórios em processo de maturidade já devidamente instalado. O foco deverá ser na implantação dos novos processos e na correção dos processos existentes; nessa hipótese, o conceito deverá ser aplicado e definir as decisões futuras.
- Escritórios estruturados e consolidados com processos claros e bem definidos deverão investir na eficiência; nessa hipótese, é indispensável aplicar o *growth hacking* para garantir a melhoria contínua e a melhor aplicação dos recursos.

Resumindo, o conceito de *growth hacking* consiste num processo contínuo de melhorias e de estruturação da organização. Trata-se de ações contínuas de Marketing na busca de eficiência, para controle do crescimento saudável do seu negócio.

Por fim, a equipe de profissionais advogados perceberá as melhorias e trabalhará com mais agilidade, engajamento e buscando os resultados sustentáveis.

Estrutura simples do *growth hacking*:

- **Ideia:** fábrica de ideias via brainstorming.
- **Modelagem:** foco nas ações definidas como prioritárias.
- **Teste:** campanhas de Marketing e testes A/B[1] e com remodelação do modelo de campanhas de Marketing.

[1] Experimentos realizados comparando diferentes abordagens (A/B) ou elementos em campanhas de marketing, objetivando o desempenho e a eficácia dessas campanhas.

- **Resultados:** análise dos resultados e diagnósticos.
- **Próximos passos:** definição clara de continuidade e próximos passos com planos de ações.

> A Nelson Wilians Advogados adota, de forma clara, processos para novos negócios sem negligenciar a manutenção e o aprimoramento dos antigos. Mudanças no macroambiente e na legislação abrem brechas o tempo todo, e o time está sempre atento às oportunidades. É crucial investir em serviços benéficos aos clientes. Por isso, é importante que sejam serviços ou produtos alinhados ao DNA da organização.

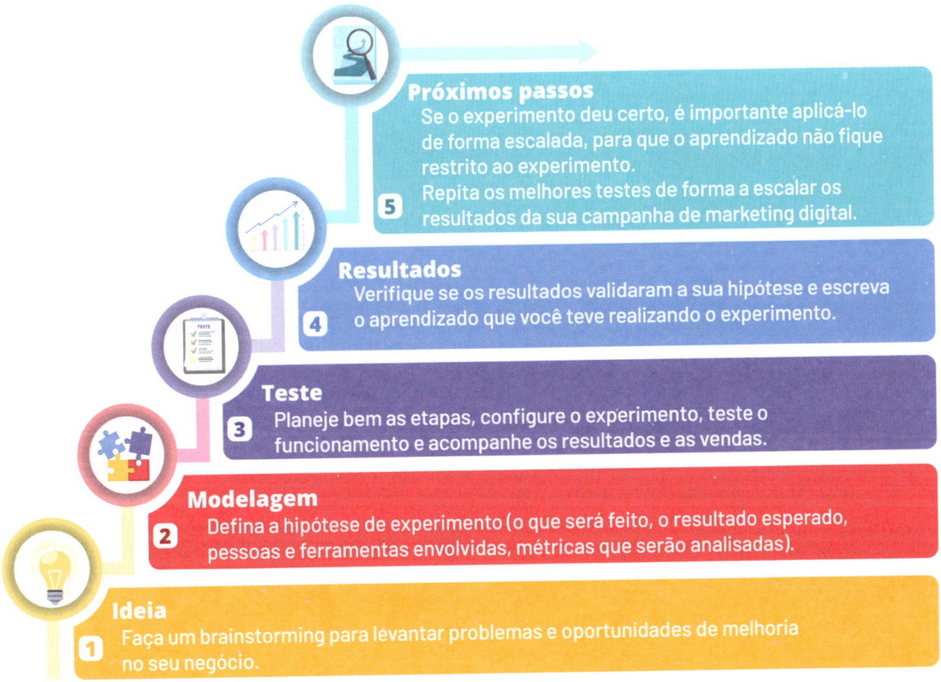

Figura 5.3 *Growth hacking* em 5 passos.

Fonte: Adaptada de *Método de Sean Ellis* (2010) e *Guia definitivo do growth hacking* da empresa *Resultados Digitais* (2020).

PARTE 3

BRANDING E MARKETING DIGITAL NA PRÁTICA

6 IDENTIDADE VISUAL DIGITAL DO ESCRITÓRIO

O Planejamento Estratégico de Marketing desempenha um papel fundamental no êxito de uma marca. Portanto, além das estratégias e ações delineadas pela equipe, a reformulação ou criação de uma identidade visual eficaz potencializa ainda mais os resultados. Esse processo envolve um estudo complexo de imagética, simbologia e Semiótica, fundamentado em conceitos de Psicologia, arte, design e Psicanálise.

A marca de uma empresa jurídica ou de um profissional constitui uma parte essencial da comunicação visual desejada. Para alcançar um resultado satisfatório, é imperativo realizar uma análise completa e profunda de todo o significado e simbolismo que a marca pode transmitir. A ideia é compreender o conceito de marca, logotipo e *branding*, aplicando valor na criação de um logotipo.

De Alemão a NW

No início de sua carreira, Nelson Wilians enfrentava o desafio de construir uma identidade marcante para si mesmo. Sem uma distinção clara e até mesmo brincando com o fato de ser chamado de "Alemão", ele percebeu a necessidade de criar uma marca pessoal que fosse reconhecida e associada a suas habilidades e a seus valores. Naquele período, o nome "Nelson Wilians" era praticamente desconhecido, e ele reconhece que colegas da faculdade dificilmente o identificariam como o "Alemão" da época caso voltassem após uma temporada fora do Brasil.

Foi nesse contexto que Wilians começou a moldar sua própria marca de maneira intuitiva. Esse processo envolveu não apenas a definição de uma identidade visual e de um nome reconhecível, mas também a incorporação de valores que o definiriam ao longo de sua jornada profissional. A marca NW, que agora carrega consigo, não é meramente um conjunto de letras, mas um reflexo do percurso e do comprometimento de Nelson Wilians com excelência e integridade.

Ao longo do desenvolvimento da marca NW, valores como dedicação, ética e inovação foram incorporados a ela, criando uma identidade que vai além do nome. A reputação de Nelson Wilians no cenário jurídico se solidificou e, com o tempo, extrapolou o cenário jurídico, alcançando o político, o empresarial e outros; e a marca NW passou a ser associada a um padrão de qualidade e de credibilidade. Seus alicerces foram construídos com base na experiência, na competência e no compromisso de oferecer serviços jurídicos excepcionais.

Assim, a trajetória de Nelson Wilians na construção de sua marca reflete não apenas a busca por reconhecimento, mas também o desejo de representar valores sólidos. A marca NW transcendeu as fronteiras do desconhecido para se tornar uma referência no campo jurídico, ilustrando como a determinação e a autenticidade podem moldar uma marca de sucesso.

MARCA

A marca desempenha uma função essencial ao identificar produtos, serviços ou profissionais, distinguindo-os da concorrência. De fato, muitos produtos/serviços podem ser praticamente idênticos até que uma marca lhes seja atribuída, sendo uma das ferramentas mais cruciais para comunicar o posicionamento do produto na mente dos clientes. Posicionar um produto significa construí-lo na perspectiva do cliente, e essa construção é realizada por meio da marca. Por exemplo, a marca pode ser fundamental na comunicação da qualidade e o diferencial de um serviço ou profissional.

Ao abordarmos a marca nominal, referimo-nos a uma palavra que evoca o serviço ou a excelência de um serviço que transcende até mesmo a própria advocacia. No caso da NW Advogados, por exemplo, a marca claramente está associada ao serviço jurídico. Entretanto, sempre que a NW apresenta sua marca, ela utiliza o respectivo símbolo, representado pela forma gráfica complexa com a qual a marca é exposta no mercado. Esse símbolo é comumente conhecido como "logomarca". A marca e a logomarca frequentemente se entrelaçam, mas a logomarca parte de um conceito, devendo haver uma narrativa por trás da marca que explique sua existência e o que se deseja comunicar.

Seu primeiro cartão seguia o padrão tradicional dos cartões de advogados, exibindo a representação da balança e incluindo o nome e o número da OAB de Nelson Wilians. Isso não bastou. Nelson buscava a diferenciação entre os iguais. Em uma evolução posterior do cartão, focou na visibilidade de seu nome e introduziu ícones como um brasão contendo a imagem de um livro e o martelo de juiz, destacando-os com a cor azul. Mais tarde, escolheu as cores preta e dourada, inspiradas naquelas do primeiro carro de Fórmula 1 de Ayrton Senna (John Player Special), acreditando que essa combinação destacaria seu cartão. O dourado, simbolizando o ouro, evocava a ideia de prosperidade, enquanto o preto remetia ao carro do piloto.

Dessa maneira, ele foi construindo sua marca. Esse processo não apenas envolveu a criação da marca em si mas também a consolidação do nome, transformando "Nelson Wilians" em uma marca reconhecida.

Para chegar à marca atual e à consolidação do NW como um conceito de marca, foi percorrido um longo caminho. Desde a criação do último brasão (preto/dourado), um cartão que se abre como um livro, até um cartão dentro de um envelope, passaram-se cerca de 13 anos, com poucas alterações na identidade visual. O brasão consiste em dois leões e uma pilastra entre eles, segurando uma balança.

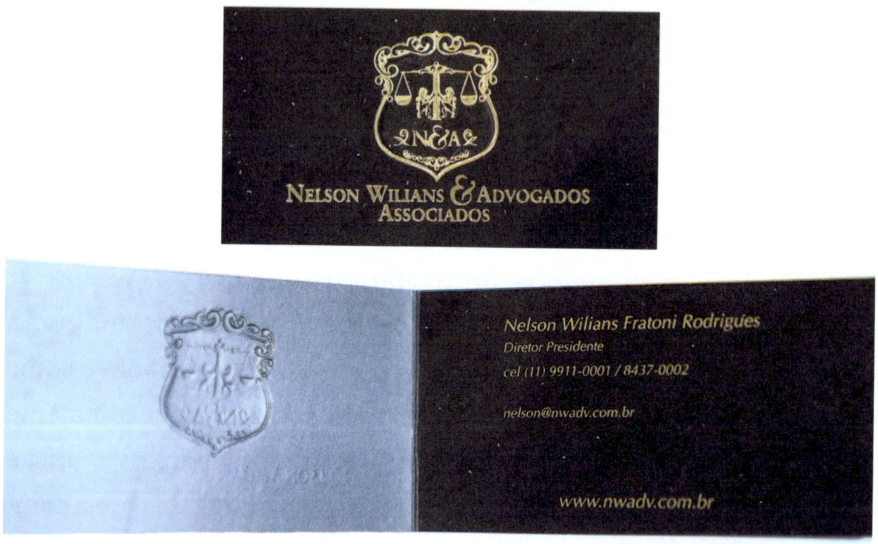

Cartão de visita com brasão (preto/dourado), modelo que se abre como um livro.

No período de 2019/2020, a NW Advogados experimentou um notável crescimento, evidenciado por um processo de profissionalização na área de Comunicação e Marketing do escritório. Durante essa fase, fez-se a contratação estratégica de Luísa Peleja sob a supervisão de Marcel Daltro (advogado, e sócio do escritório), enquanto Nelson começou a reduzir sua participação, permitindo que a equipe especializada em Marketing apresentasse novas propostas.

Cartão de visita com brasão (preto/dourado), modelo dentro de um envelope.

O novo time de Marketing encarou o desafio de comunicar ao próprio Nelson a necessidade de modernizar a marca "NW Advogados", considerando a possibilidade de seu apego à identidade visual que ele próprio havia criado. O objetivo era demonstrar a ele que a marca estava defasada. A grande questão era como abordar esse assunto com Nelson. Para isso, organizaram uma reunião para discutir a mudança, comunicando com cautela a intenção de contratar um especialista em design de marca. Nesse contexto, o nome de Fernando Degrossi surgiu, um designer responsável por marcas globais renomadas, como Heineken, Gol, Wimbledon, New Balance e Reserva.

Surpreendentemente, antes mesmo de exporem suas preocupações, Nelson deu luz verde para a mudança, afirmando que a marca já havia cumprido seu propósito e que a equipe havia sido contratada para gerenciar as estratégias de Marketing. Ele autorizou a troca e a contratação do mencionado designer de marcas.

Nelson teve algumas reuniões com Fernando Degrossi, nas quais lhe forneceu dados essenciais para a criação da nova identidade visual. Inicialmente, Fernando Degrossi preservou o leão e o brasão nas propostas, adaptando-os de maneira mais moderna, pois reconhecia a importância do leão para Nelson. O designer considerava esses elementos pontos cruciais de percepção, destacando a significativa relevância de "N&A" (Nelson e Advogados), os leões, o brasão e a balança para Nelson.

Brasão como era antes do Marketing profissional.

Primeira sugestão do Fernando Degrossi, já sugerindo o NW (iniciais do nome do Nelson Wilians), porém mantendo o brasão, os leões e a balança.

Após algumas reuniões e com maior liberdade, Fernando Degrossi compartilhou francamente sua opinião com Nelson: "Acredito que esses leões não acrescentam nada; estou mantendo-os para agradar, mas considero que devemos removê-los". Surpreendentemente, Nelson concordou, evidenciando flexibilidade e um desejo genuíno de renovação.

Fernando Degrossi, então, apresentou uma proposta com linhas retas, a qual foi aprovada e permanece como a identidade visual atual da marca NW. Trata-se de uma marca inovadora, representando uma evolução, e projetada para manter unidade em todas as áreas, abrangendo Advogados, *Group*, Pessoal e Instituto.

A evolução da proposta de Fernando Degrossi.

Dessa forma se originou a atual marca da Nelson Wilians Advogados, concebida a partir de uma moldura. Observe que a representação gráfica da moldura ao redor das letras "N" e "W" transmite a sensação de segurança e proteção. A extensão da letra "W", ao traçar uma linha vertical, forma a letra "A" de advogados.

Versões extraídas do Manual de identidade Visual da NW Advogados.

Cartão de visita da NW, com a marca atual
(frente e verso).

BRANDING

A preferência por determinadas marcas está fundamentada na identificação do consumidor com os valores e sentimentos transmitidos pela marca. *Branding*, em sua essência, refere-se à administração estratégica de uma marca. Engloba todas as atividades realizadas com o intuito de elevar a visibilidade, o desejo e a percepção positiva da marca na mente e no coração de seus consumidores.

Esse processo abrange desde a concepção inicial da marca até as estratégias de Marketing adotadas pela empresa. A construção do *branding* é um empreendimento relativo e geralmente representa um conjunto de ações cujos resultados são percebidos ao longo do tempo. Afinal, uma marca forte e consolidada não é comumente edificada de forma instantânea.

> Abordando o tema do *branding*, Nelson faz referência a Maquiavel ao mencionar que alguns historiadores elogiavam as conquistas de Aníbal, mas criticavam sua abordagem em relação ao próprio exército. Ele destaca a interconexão entre esses aspectos, argumentando que elogiar os resultados enquanto critica os meios é no mínimo contraditório, já que essas duas facetas estão intrinsecamente ligadas.
>
> Em uma ocasião, um jornalista criticou a ênfase de Nelson na estética, tanto no escritório como na apresentação de seus materiais (fôlder, cartões de visita etc.), sem considerar os resultados. A Nelson Wilians Advogados chegou a ter 750 mil processos ativos, contando com mais de 1.500 advogados, e mais de 9 mil clientes ativos concomitantemente. A estrutura está presente, e, enquanto muitos elogiam os resultados, algumas vezes há críticas em relação aos meios.
>
> Em uma citação de Clarice Lispector, Nelson ressalta que até mesmo corrigir nossos próprios defeitos pode ser arriscado, pois nunca se sabe qual defeito sustenta a estrutura inteira. Segundo Nelson, sua maneira

de se expressar e de ser está intrinsecamente vinculada aos resultados alcançados. Ele destaca que não é possível dissociar o indivíduo do personagem, afirmando que não basta parecer bom; é essencial ser bom. As pessoas apreciam o que é esteticamente agradável e harmônico, e, ao longo do tempo, ele sempre valorizou o cuidado minucioso. A máxima é clara: não é suficiente apenas parecer bom; é necessário ser genuinamente bom.

A MARCA DEVE CONTAR UMA BOA HISTÓRIA

Estabelecer uma conexão emocional e envolver o cliente requer a criação de narrativas pessoais autênticas. Ao conceber uma marca, é crucial refletir sobre o nascimento da empresa, as inspirações por trás dela e a missão pessoal do empreendedor. A persuasão e a autenticidade são fundamentais na construção da história, sendo que, embora seja relevante compartilhar a própria jornada, as narrativas provenientes de terceiros ou clientes exercem um impacto ainda mais significativo.

Testemunhos, se apresentados de maneira adequada, tornam-se uma poderosa ferramenta na construção da fidelidade do cliente. Enquanto depoimentos simples podem ser esquecidos ao longo do tempo, histórias que exploram a vida pessoal e superações são memoráveis. O design, desde o cartão de visita até o logotipo, constitui uma identidade gráfica estratégica que, aliada a outros elementos, vai além da simples representação visual, contando uma história e transmitindo mensagens, posicionamentos e desejos.

No contexto da marca, o *branding* desempenha um papel crucial ao reforçar a reputação da empresa, cultivar a lealdade, garantir a qualidade e comunicar valores que geram memória e agregam valor ao público-alvo.

Outro ponto se refere à estratégia de utilizar o nome do fundador como marca, o que não apenas estabelece uma conexão pessoal entre o criador e a empresa, mas também desempenha um papel crucial na construção de uma identidade robusta e memorável. Essa prática, além de consolidar a presença do fundador na história da empresa, transmite uma sensação de autenticidade e uma herança que ressoam com os consumidores ao longo do tempo.

No caso de NW, essa abordagem tem sido fundamental para a criação de uma marca que reflete tanto os serviços jurídicos excepcionais oferecidos como os valores e princípios pessoais de Nelson Wilians. A marca não é apenas um conjunto de letras, mas uma representação tangível da dedicação, ética e inovação que ele incorporou ao longo de sua trajetória profissional.

Essa prática transcende a singularidade de NW e encontra paralelos em outras marcas de renome. Empresas como Ford, Disney e Armani não apenas levam consigo o nome de seus fundadores, mas também encapsulam uma narrativa que se desdobrou no curso de décadas. Essas marcas tornaram-se ícones, conectando-se emocionalmente com os consumidores, seja como entidades comerciais, seja como testemunhos vivos do espírito empreendedor de seus fundadores.

A durabilidade dessas marcas é notável. Enquanto as pessoas podem passar e as lideranças podem mudar, a marca permanece como uma constante, uma fonte de confiança e familiaridade para os consumidores. A reputação construída ao redor do nome do fundador serve como um selo de qualidade, transmitindo a promessa de consistência e excelência ao longo do tempo.

Essa estratégia, além de solidificar a presença da marca no mercado, cria uma base para a expansão e a evolução. À medida que novas gerações assumem o comando, a herança e os valores incorporados no nome do fundador continuam a ser a espinha dorsal da marca, garantindo uma transição suave e preservando a essência que a tornou tão distintiva.

Assim, a prática de utilizar o nome do fundador como marca se restringe a uma escolha estratégica, chegando a ser uma declaração de compromisso com a continuidade, qualidade e autenticidade e permitindo que as marcas resistam ao teste do tempo e se destaquem como ícones duradouros em seus respectivos setores.

Alguns exemplos:

Adidas

Fundada por Adolf Dassler, trata-se de uma gigante no mundo dos artigos esportivos, com presença global.

Armani

Giorgio Armani, estilista italiano, estabeleceu uma marca de moda reconhecida pela elegância e sofisticação.

Bentley

Walter Owen Bentley fundou a Bentley Motors, uma marca de carros de luxo conhecida pelo design elegante e desempenho excepcional.

Boeing

William Boeing, um pioneiro na aviação, fundou a Boeing Company, que se tornou uma das maiores fabricantes de aeronaves do mundo.

Calvin Klein

O estilista americano Calvin Klein imprimiu seu nome ao mundo da moda, criando uma marca conhecida pelo design minimalista e moderno.

Cartier

Louis-François Cartier estabeleceu a marca de joias e relógios que se tornou um símbolo de luxo e elegância.

Disney

Walt Disney é uma figura icônica que deu origem à marca que se tornou sinônimo de entretenimento de qualidade em todo o mundo.

Ford

Fundada por Henry Ford, é uma das maiores fabricantes de automóveis do mundo, e o nome do fundador está intrinsecamente ligado à história da empresa.

Johnson & Johnson

Fundada por Robert Wood Johnson, James Wood Johnson e Edward Mead Johnson, é uma marca global na indústria de cuidados com a saúde.

Louis Vuitton

A marca de luxo francesa fundada por Louis Vuitton é famosa pelos produtos de alta qualidade e design exclusivo.

McDonald's

A marca representada pelo icônico "M" dourado distingue a empresa fundada pelos irmãos Richard e Maurice McDonald.

Mercedes-Benz

Karl Benz é um dos fundadores dessa marca de carros de luxo alemã, juntamente com Gottlieb Daimler. O nome "Mercedes" é uma homenagem à filha de Emil Jellinek, chamada Mercedes, que era um empresário rico e encomendou 36 veículos com o objetivo de se tornar representante dos veículos.

Versace

A marca italiana de moda fundada por Gianni Versace é conhecida pelas criações luxuosas e ousadas.

LOGOTIPO DE ESCRITÓRIO JURÍDICO

Um logotipo representa visualmente um conceito e deve expressar graficamente os valores e princípios de uma empresa jurídica. Mediante a aplicação dos princípios do design, o logotipo se transforma em um elemento gráfico que incorpora a identidade da marca.

É importante destacar que há uma diferença entre logotipo, marca e logomarca.

A marca, como explicado anteriormente, é a combinação entre o logotipo e a identidade visual, abrangendo o conceito simbólico e toda a comunicação visual que a organização deseja transmitir em sua imagem. No processo de criação de um logotipo, o designer analisa desde o segmento de mercado, especialmente no contexto jurídico, até elementos fundamentais de design e Psicologia.

Um mesmo logotipo pode ter várias versões de construção, considerando o ambiente de aplicação, que pode ser mais vertical ou horizontal. Por exemplo, as diversas versões do logo da NW incluem a marca pessoal de Nelson Wilians, sendo todas marcas distintas, começando pela marca de seu próprio nome, que diferencia o indivíduo das empresas.

Versão horizontal

Versão vertical

Versão horizontal (2)

Símbolo

As várias aplicações do logotipo NW.

TABELA DE CORES

Escolher as cores que representarão seu escritório é uma tarefa desafiadora, uma vez que elas carregam significados distintos. É fundamental estudar como cada cor impacta o cérebro humano e, posteriormente, combinar esse código simbólico de maneira efetiva.

No contexto jurídico, as cores mais comuns são branco, cinza, preto e dourado, evocando sensações primordiais como credibilidade, seriedade, pureza, respeito, estabilidade, sucesso, valor e elegância.

O branco sugere limpeza, pureza, honestidade e paz, refletindo todos os raios luminosos e simbolizando virtude e amor a Deus, embora também possa ser associado à morte e ao luto. O cinza representa neutralidade, elegância e ausência de emoção, podendo transmitir conservadorismo e indecisão. O preto, associado à elegância e à sofisticação, pode também remeter a luto e isolamento. Já o dourado, ligado ao ouro, simboliza riqueza, luxo, poder e prosperidade.

Embora essas cores sejam comuns no meio jurídico, a diferenciação pode ser vantajosa. É possível explorar associações de cores fora do convencional, transmitindo significados positivos e carregados de valores. Ferramentas como o Adobe Colors auxiliam na criação de composições inovadoras.

As cores institucionais da NW Advogados são elementos essenciais da identidade visual, seguindo padrões mundiais. A representação correta é estabelecida por meio de padrões como Pantone e CMYK para impressos, e RGB e Hexadecimal para meios digitais.

O logotipo Nelson Wilians Advogados pode ser aplicado em fundos institucionais, utilizando as cores da marca como plano de fundo. É importante ressaltar que, ao reproduzir a identidade visual, deve-se evitar a tentativa de replicar o efeito metálico dourado em meios digitais. A marca tem um fundo principal em cinza combinado com o logotipo em tom bege.

Cores adotadas pela NW Advogados.

Aplicação do logotipo NW Advogados.

Ao se empregarem as cores preto e branco no logotipo, este pode ser adaptado nas seguintes variações: na versão preta, é destinado para aplicação em fundos claros, quando a utilização do logotipo colorido não é viável; na versão branca (vazado), é indicada a aplicação em fundos escuros, quando a utilização do logotipo colorido não é possível.

Branco

Preto

Aplicação nas cores preta e branca (vazado) do logotipo NW Advogados.

Ao se lidar com fundos não institucionais, independentemente de serem de cor sólida ou apresentarem imagens, são aplicadas regras de contraste para garantir a visibilidade do logotipo. Em fundos claros se utiliza a versão preta, enquanto em fundos escuros, a versão branca. Adicionalmente, é possível empregar a versão colorida do logotipo em casos de fundos não institucionais que sejam bastante escuros, como exemplificado na última fileira a seguir. É fundamental assegurar que haja contraste para garantir a legibilidade.

Exemplos de fundos não institucionais na aplicação do logotipo NW Advogados.

SÍMBOLO

O logotipo é o carro-chefe da comunicação visual de uma marca, por isso ele deve ser muito bem elaborado e desenhado. Estudar a simbologia das formas garante que a mensagem do projeto seja clara e que o resultado não cause desalinhamento nem duplo sentido.

Símbolo

Símbolo da NW Advogados.

TIPOGRAFIA

A escolha da tipografia de uma marca pode ser o processo mais complexo na criação de um logotipo, porque as formas das letras devem casar-se de maneira exata com o desenho simbólico da marca. Por isso, alguns criadores optam por desenvolver uma tipografia própria para o seu projeto. Em muitos casos, a tipografia pode se tornar o símbolo de uma marca por ter um desenho único e original.

A tipografia da marca Nelson Wilians Advogados é composta pela fonte principal BARLOW. A família Borlow contempla os pesos Thin, Extra Ligth, Light, Regular, Italic, Medium, Semibold, Bold, Extrabold e Black. Os pesos têm a versão Italic.

Barlow Bold

Preferencialmente utilizada em títulos.

ABCDEFGHIJKLMNOPRSTUVWXYZÇ
abcdefghijklmnoprstuvwxyzç
1234567890 -=+[ ]{};”:’,.<>/?˜ˆ!@#$%^&*()_

Barlow Regular

Preferencialmente utilizada em textos corridos.

ABCDEFGHIJKLMNOPRSTUVWXYZÇ
abcdefghijklmnoprstuvwxyzç
1234567890 -=+[ ]{};”:’,.<>/?˜ˆ!@#$%^&*()_

Barlow Ligth

Preferencialmente utilizada para legendas.

ABCDEFGHIJKLMNOPRSTUVWXYZÇ
abcdefghijklmnoprstuvwxyzç
1234567890 -=+[ ]{};”:’,.<>/?˜ˆ!@#$%^&*()_

Tipografia adotada pela NW Advogados.
Fonte principal.

No caso do NW, também há uma fonte secundária, a Open Sans. A família Open Sans contempla os pesos Thin, Extra Ligth, Light, Regular, Italic, Medium, Semibold, Bold, Extrabold e Black. Todos os pesos têm a versão Italic.

Open Sans Bold

Preferencialmente utilizada em títulos.

ABCDEFGHIJKLMNOPRSTUVWXYZÇ
abcdefghijklmnoprstuvwxyzç
1234567890 -=+[]{};":',.<>/?~ ^!@#$%^&*()_

Open Sans Regular

Preferencialmente utilizada em textos corridos.

ABCDEFGHIJKLMNOPRSTUVWXYZÇ
abcdefghijklmnoprstuvwxyzç
1234567890 -=+[]{};":',.<>/?~ ^!@#$%^&*()_

Open Sans Ligth

Preferencialmente utilizada para legendas.

ABCDEFGHIJKLMNOPRSTUVWXYZÇ
abcdefghijklmnoprstuvwxyzç
1234567890 -=+[]{};":',.<>/?~ ^!@#$%^&*()_

Tipografia adotada pela NW Advogados.
Fonte secundária.

7 PLATAFORMA DIGITAL PARA ADVOGADOS

A maioria das pessoas está presente na internet. Essas pessoas interagem, pesquisam e navegam na internet; portanto, nos dias de hoje, é obrigatório que o profissional advogado tenha presença digital. Mesmo considerando que a área do Direito é ultraconservadora, o advogado que não tiver presença nas plataformas digitais não tem chance de progredir no mercado e ser percebido – o ambiente digital é onde tudo começa. Quando alguém precisa de alguma coisa e percebe essa necessidade, ocorre um estímulo e a primeira coisa que faz é uma busca na internet, quase sempre no Google. É o que chamamos, no Marketing, de "momento zero" na nova jornada do consumidor. Hoje é muito comum as pessoas, quando querem qualquer coisa, seja o que for, começarem a procurá-la por meio de uma pesquisa na internet. E o advogado? Seria diferente?

O advogado não é um profissional com o qual as pessoas têm contato cotidianamente; assim, os futuros clientes jurídicos podem estar procurando por você ou pela sua especialidade, agora, no Google. Por isso é importantíssima a presença digital para o advogado que pretende ser visto em meio a milhares de colegas, e o escritório ou profissional que melhor construir a sua autoridade e tendo uma boa e diferenciada presença jurídica digital é que se destacará. Ainda que seja indicado um advogado a uma pessoa que esteja precisando desse tipo de profissional, ela fará uma pesquisa na internet para obter informações a respeito do indicado.

Antes de se fazer presente no ambiente digital, o advogado precisa definir quem é o destinatário da sua mensagem; para isso, como dito anteriormente, a segmentação é um bom caminho para definir o perfil do seu cliente. Outra forma de definir o destinatário da mensagem que o profissional quer transmitir é estabelecer a "persona", o perfil ideal que pode fazer o seu cliente se sentir representado, algo que reúna as principais características dos clientes. Para exemplificar, vamos imaginar que um advogado especializado em Direito Civil que lide com interesses individuais referentes a bens e propriedades cuja clientela, em sua maioria, seja formada por homens e mulheres entre 40 e 50 anos, pessoas estabilizadas profissionalmente, com boa condição financeira e família constituída por dois filhos com idades entre 15 e 20 anos. Considerando essas características, define-se uma persona; e esta tem as principais características do cliente central. Ter em mente um perfil definido do público-alvo é o ponto de partida para o advogado interessado em estabelecer presença digital construir sua persona e, assim, facilitar sua comunicação com o cliente. O que esse cliente espera do atendimento e dos seus serviços do advogado que ele encontrou ao pesquisar na internet? Para responder a essa pergunta, o profissional advogado que tem presença digital deve se comunicar a partir da persona.

WEBSITE

O site é o escritório na forma virtual. Quando falamos dos 4 P's, o P de praça é a localidade do escritório na qual é feito o atendimento dos clientes, seja físico, seja virtual. O site é a porta de entrada do escritório virtual do advogado, é seu cartão de visita no ambiente digital. Quando um cliente em potencial procurar um advogado nas ferramentas de busca da internet, será direcionado para o site, por isso é importante que este esteja preparado para oferecer todas as informações sobre o que o escritório tem a oferecer como diferencial, apresentar um breve currículo dos sócios e dos profissionais advogados e outras informações relevantes que auxiliem na tão importante construção de autoridade, ponto fundamental na escolha de um profissional advogado.

É sempre bom o site incluir um blog, pois este cumpre um papel informativo que ajuda a converter visitantes em novos clientes e pode destacar assuntos sobre a especialidade em questão e assuntos de Direito em geral.

Quando abordamos a Nelson Wilians Advogados no passado, Nelson utilizava estratégias de Propaganda e Marketing em seu site para criar o desejo nas pessoas de tê-lo como advogado. Ele ia além da simples apresentação do profissional que era naquele momento; já antecipava e delineava o que aspirava se tornar. No entanto, hoje, apesar da aplicação contínua de ferramentas de Marketing, a comunicação não reflete completamente quem ele é. As pessoas não conseguem ter uma compreensão abrangente da Nelson Wilians apenas ao acessar o site, ou os sites e as redes digitais. Na atualidade, mostrar a verdadeira dimensão da empresa é desafiador para as práticas de Propaganda e Marketing, pois é difícil transmitir o tamanho real de uma organização como a Nelson Wilians Advogados apenas por meio das plataformas online. A complexidade e abrangência do que a empresa é e realiza não podem ser totalmente encapsuladas em imagens, e a visão geral está notavelmente fragmentada.

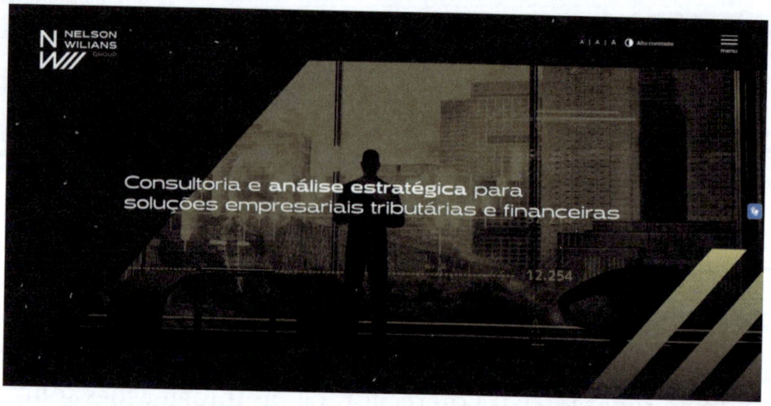

Home page do site da NW Group.

Home page do site da NW Advogados.

Home page do site do Instituto NW.

WIREFRAME

Criar um *wireframe* para o seu site é a melhor forma de organizar as ideias e definir o que é mais importante a ser comunicado para o público-alvo (clientes e potenciais clientes) e ser visto por ele.

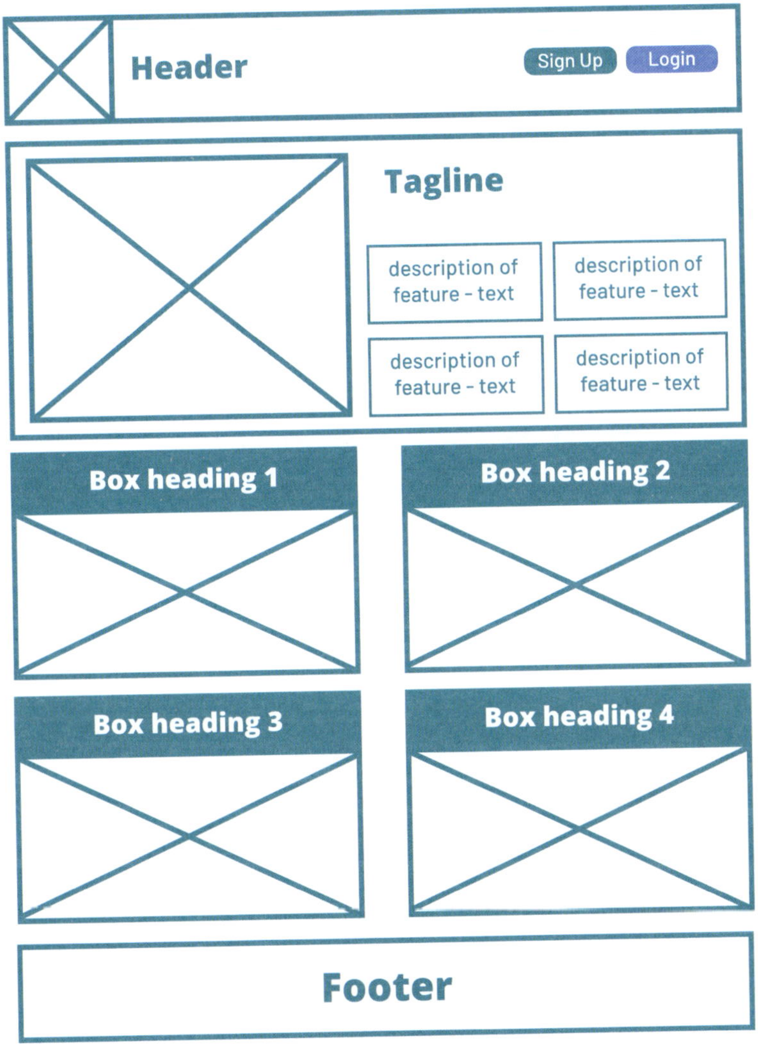

Modelo simples de *wireframe*.

Com a organização do *wireframe*, você monta o que seria o design do site, colocando cada coisa no seu lugar. É uma ferramenta de fácil manipulação que permite visualizar diversas possibilidades de construção. Com ilustrações básicas de estrutura e funcionalidades, ele representa o primeiro passo antes de partir para o design.

Tudo pode começar com um desenho simples. O ponto de partida devem ser as necessidades de comunicação, serviços e funcionalidades que o escritório quer suprir. Lembre-se que o seu *wireframe* deve considerar todas as informações que precisam estar disponíveis para o cliente que acessar o site; é o que chamamos de "tela visível pelo internauta".

É importante exercitar várias ideias e possibilidades antes de decidir pelo layout final. Compartilhe-as com outros membros e profissionais de Direito; quanto mais gente participar desse processo, maior a possibilidade de acerto.

Desenvolvimento do *wireframe*.

O *wireframe* deve seguir a identidade visual proposta pela marca, para que haja um padrão visual. Nessa parte, o designer precisa pensar tanto na responsividade como no "peso" que os recursos visuais terão no site. Se o site contiver arquivos mais leves (que exijam menos memória do dispositivo eletrônico), carregará suas páginas mais rápido e seu SEO[1] ficará mais bem ranqueado para as pesquisas no Google.

Exemplo de site básico de profissionais do Direito.

Fonte: https://sitedeadvocacia.com.br.

Dicas importantes para criação do briefing do site:

- **Página principal:** deve-se explorar imagens, fotos e vídeos que tragam valor ao profissional de Direito ou ao escritório.
- **Logotipo do escritório:** deve estar no canto superior esquerdo; alguns sites podem usar no canto superior direito.
- **Tabela de cores da identidade visual da marca:** deve ser usada para manter um alinhamento entre as plataformas digitais e a marca.

[1] SEO significa *Search Engine Optimization* (otimização de mecanismos de busca). Trata-se de um conjunto de técnicas, geralmente divididas entre tecnologia, conteúdo e autoridade, usadas para alcançar um bom posicionamento de um site no Google e em outros buscadores, gerando tráfego orgânico.

- **Botão de ação para telefone, WhatsApp, agenda online, formulários:** o importante é ter mais de uma porta e facilitar ao máximo a comunicação entre o cliente e o escritório.

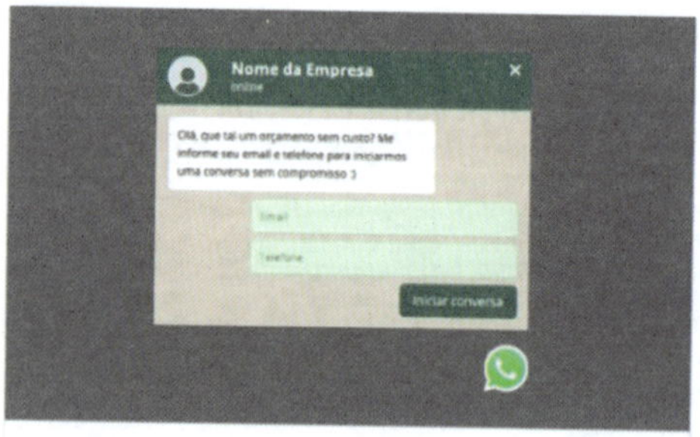

Pedido de Orçamento por WhatsApp
Um botão flutuante aparece no canto da página escolhida

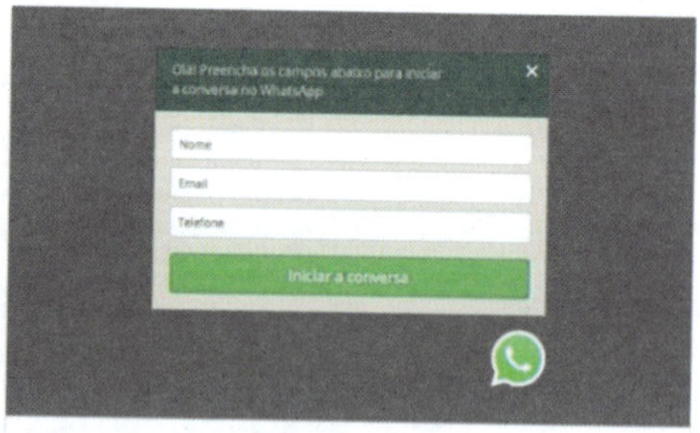

Fale conosco por WhatsApp
Um botão flutuante aparece no canto da página escolhida

Exemplo de botão de ação WhatsApp com CRM no site.

Fonte: Resultados digitais (2021).

PÁGINAS DO SITE

Profissionais advogados são indicados a quem os procura porque a maioria das pessoas é leiga em assuntos jurídicos e se sente mais segura ao receber uma indicação de alguém de sua confiança. Mesmo assim, a principal barreira será o primeiro contato, pois sempre existe algum tipo de dificuldade para contatar alguém com quem nunca se falou, e a nossa primeira porta de entrada, na maioria das vezes, serão as plataformas digitais. Portanto, quando pensar na construção do site, é importante também considerar as interligações digitais, o que chamamos de "multiplataformas". Todas devem estar alinhadas e devidamente aculturadas segundo o posicionamento do escritório, ou seja, independentemente da plataforma que seja acessada, o cliente deverá perceber, por intermédio de palavras, textos, cores, signos etc., que está num ambiente daquele escritório. Outro aspecto importante é que as multiplataformas devem ser complementares: se um cliente acessar apenas uma das plataformas, ele deve captar a mensagem do escritório ou do profissional e ter contato com a cultura, as especialidades e os prestadores e ser devidamente informado. Porém, se o mesmo cliente acessar mais de uma plataforma, as informações que encontrar devem se completar, agregando valores importantes para a pesquisa e a decisão do cliente.

Portanto, a construção do site do escritório deve se iniciar com uma reunião de briefing para o alinhamento das informações e a clara definição do foco informativo por parte do profissional advogado ou do escritório. É possível também começar fazendo uma pesquisa de mercado e levantando o que fazem os principais escritórios jurídicos do País, quais as tecnologias aplicadas nos sites, quais e como os serviços são disponibilizados, quantas e quais portas de entrada estão abertas para os clientes e potenciais clientes e quais outras informações são veiculadas.

O site jurídico, geralmente o primeiro canal a ser pesquisado por quem procura esse tipo de serviço, deve construir uma autoridade; pessoas que pesquisem nele devem perceber, no seu conteúdo, o profundo conhecimento do assunto por parte dos profissionais. O conteúdo deve ser a base da autoridade. É importante mostrar domínio em assuntos jurídicos; quanto mais o foco se fechar em especialidades, mais será possível transmitir autoridade e demonstrar conhecimento nos textos. Uma dica é manter, entre os conteúdos, alguns assuntos de maior atração; por exemplo, sabemos que temas como Direito Trabalhista, pensão alimentícia, cobrança indevida e divórcio têm alto índice de procura, por isso conteúdos esclarecedores e didáticos sobre esses temas podem ajudar a trazer um grande fluxo de internautas ao site do escritório. Essas pessoas, uma vez no ambiente, podem fazer outras pesquisas e, assim, interessar-se pelo serviço.

Busque identificar e entender quem são os seus clientes, levante as principais dúvidas que eles têm e defina suas estratégias para que o seu site seja completo de modo que, quando esses clientes pesquisarem escritórios de advocacia, consigam, no site do seu escritório, sanar as dúvidas. Compartilhar conhecimento com credibilidade é o melhor caminho para um profissional ou escritório se consolidar no mercado com autoridade.

Organize o passo a passo de ações, começando pela produção de conteúdo, e defina claramente as estratégias de postagens. Planeje suas pautas e fique atento aos movimentos do mercado e do ambiente; movimentos políticos e econômicos podem ser uma ótima oportunidade para gerar conteúdo atrativo.

No site, uma sugestão é começar com este roteiro:

Quem somos

- Apresenta o escritório, seus profissionais e a sua especialidade. É neste espaço que destacamos a cultura da empresa, com foco na missão, na visão e nos valores. Pode-se ainda trazer um texto, vídeo, a palavra do presidente e fotos reforçando o posicionamento do escritório.

Profissionais

- Na aba "Profissionais", deve-se destacar a equipe da empresa, suas especializações e experiências relevantes. Isso pode incluir uma breve apresentação dos profissionais, destacando suas áreas de expertise, bem como fotos individuais, para criar uma conexão visual com os visitantes do site, transmitindo profissionalismo e confiança.

Agenda

- Deixa claro o fluxo de trabalho do escritório e as possibilidades de reuniões para atendimentos jurídicos; aqui, cabem botões de contato rápido, por exemplo, de WhatsApp, telefone e e-mail, além de mapa com GPS indicando a localização do escritório.

Estrutura

- Fotos do escritório, da fachada, da recepção, das salas de reunião, pontos que transmitem seriedade e segurança. Também pode ser informado o endereço ou endereços do escritório.

Imprensa

- Matérias publicadas, artigos e entrevistas com profissionais podem reforçar a autoridade.

Artigos e blog

- Conteúdos e artigos produzidos pelo escritório e/ou pelos profissionais.

Redes sociais

- Botões com ícones de integração indicando as redes sociais: Instagram, YouTube, Facebook e Twitter.

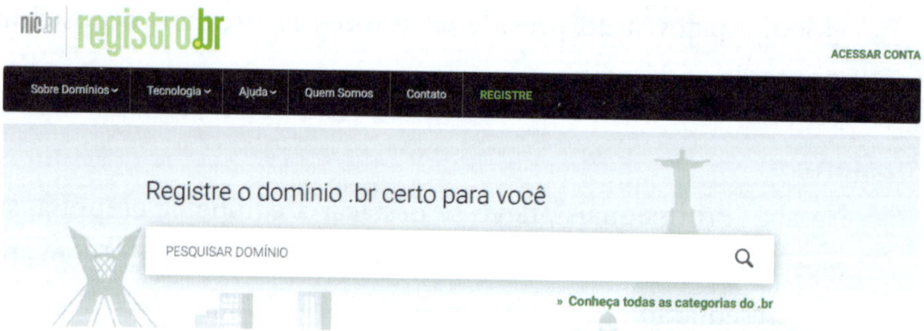

Registro de domínio.

Fonte: https://registro.br/.

O valor do domínio é bem baixo; após comprá-lo, é necessário hospedá-lo em um servidor. Para começar, a sugestão de hospedagem é a LocalWeb, e a criação do site pode ser feita em WordPress, que apresenta uma fácil interface para atualização e boa indexação com o Google. Esse é o momento em que você cria um e-mail com o nome do seu domínio.

Assinatura de hospedagem do site.

Fonte: https://www.locaweb.com.br/.

Apesar do advento das redes sociais, um site ou blog ainda têm grande relevância na conquista de credibilidade e na formação da imagem de uma marca no mundo digital. É comum os clientes entrarem em contato diretamente com o site, pois sabem que ali, muitas vezes, encontram informações bem mais detalhadas do que no Instagram da empresa ou em outro canal.

Um site possibilita um detalhamento maior dos serviços prestados, pois nele há um espaço maior e mais receptivo para o trabalho de texto, que pode ser lido como um portfólio digital de uma empresa.

Assim, aproveite esse canal para esclarecer qualquer dúvida dos clientes; ofereça serviços e assistência que possibilitem uma experiência de usuário excelente e, por fim, agilize e otimize o atendimento. Todos esses itens agregam valor à marca.

Não existe uma fórmula perfeita para a criação de um site, pois cada empresa tem sua demanda específica quando contrata tal serviço, porém existem alguns padrões básicos de layout para sites a fim de facilitar a vida do cliente.

Quando uma equipe de desenvolvedores cria um site, a primeira coisa em que deve pensar são os caminhos que o usuário percorrerá no site. Um site é como um labirinto no qual a ordenação de página não pode travar, principalmente em áreas de presença de botões ou hiperlinks. Uma forma estratégica de revisar essas passagens é a prototipagem.

GOOGLE MEU NEGÓCIO

O Google Meu Negócio é a ferramenta que auxilia a ampliar a presença digital necessária para que uma empresa seja encontrada nas redes, tanto no Google como no Google Maps. Portanto, não basta ter um site: você também precisa que a sua empresa esteja indexada e acessível, com todas as informações corretas e completas. Somente assim as buscas do usuário poderão trazer, nos resultados, as informações de localização, horário de funcionamento, serviços, especialidades, fotos e demais informações sobre seu escritório.

Considere os seguintes passos para que sua empresa tenha presença digital no Google.

Acesse a página inicial do Google Meu Negócio e clique em "Comece agora". Quando a página abrir, você deve acessar o formulário da sua empresa e preenchê-lo com o nome dela, país onde se situa, endereço, código de endereçamento postal e categoria de negócio. Inclua informações sobre o atendimento aos clientes, em que horário ele é feito e demais dados.

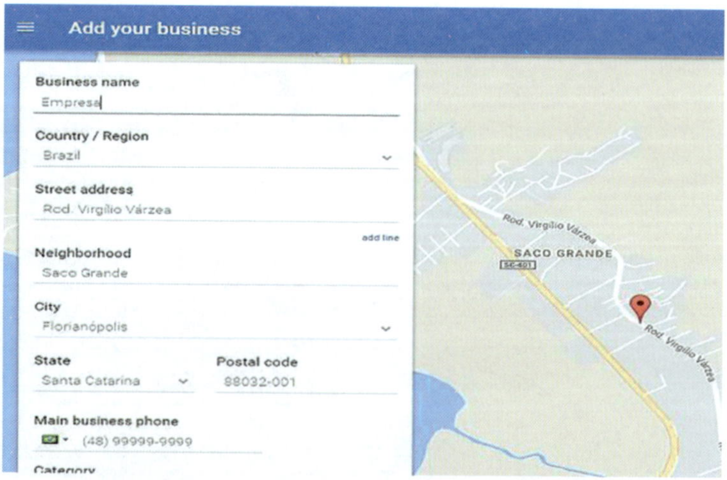

Página inicial do Google Meu Negócio.

Confirme todas as informações na página seguinte, onde você deverá confirmar que está autorizado a gerenciar as informações da empresa, que está apto para atender os clientes e que aceita os termos do Google. Na sequência, clique em "Continuar".

Página de confirmação do Google Meu Negócio.

Para a confirmação, no passo seguinte será solicitado o número do celular da empresa. Um SMS será encaminhado pedindo a confirmação da criação da conta.

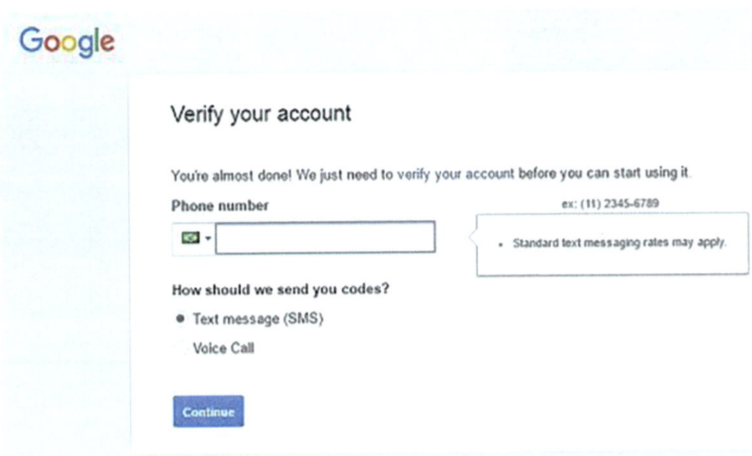

Página de inclusão do telefone do usuário do Google Meu Negócio.

Então, digite o código enviado para o celular.

Página de verificação do usuário do Google Meu Negócio.

Em seguida, você será direcionado à página da sua empresa, na qual devem constar todas as informações que facilitarão o acesso de qualquer pessoa que as busque no Google.

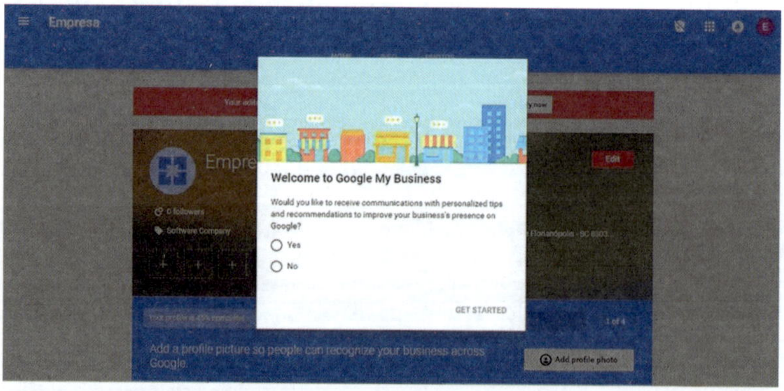

Página de boas-vindas.

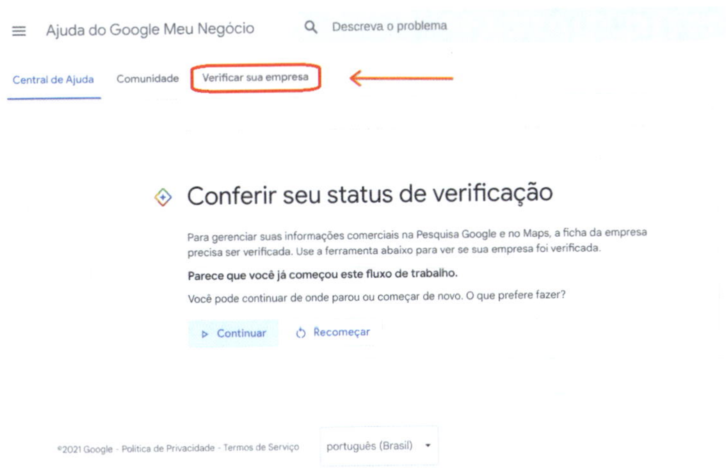

Página de verificação do usuário do Google Meu Negócio de páginas da sua empresa nessa ferramenta.

FORMATOS DIGITAIS

Criar conteúdos para alimentar as redes sociais e o site do escritório é um processo imprescindível para a manutenção e valorização da sua marca. Como já falamos, esse mercado exige muito cuidado e respeito a todos os princípios éticos e à legislação vigente para que haja uso correto e eficiente dos canais. O foco deve estar sempre na prestação de serviços e na orientação à sociedade.

A padronização da identidade desses conteúdos, baseada nos conceitos visuais desenvolvidos para a marca, é fundamental para impactar e cativar a memória do público-alvo. A isso chamamos *branding*, que reúne cores, tipografia, tom de voz e muitos outros guias para gerar uma identidade para sua marca. Para que a visibilidade resulte abrangente, a marca deve procurar anunciar nas plataformas correspondentes àquelas que o seu público-alvo usa, sempre adaptando sua campanha de maneira responsiva. O design responsivo é essencial para quem procura divulgar em diferentes formatos digitais, pois com ele é possível adaptar um conceito visual de campanha em diferentes telas e plataformas. Dentro de cada conteúdo, o conceito visual deve se manter; para cada rede, a arte produzida deve ser adaptada ao formato que entrega melhores resultados e à linguagem, sem perder a qualidade.

O profissional do Direito deve se posicionar e comunicar informações relevantes sobre o setor jurídico, sempre com foco na orientação à sociedade. Um dos papéis dos profissionais do setor, além de trabalhar para que a lei seja cumprida e os direitos sejam garantidos, é levar informação relevante à sociedade. Suas plataformas digitais devem compor um ambiente informativo sobre questões jurídicas, lembrando sempre que elas podem compartilhar posts das redes oficiais das organizações.

Porém, profissionais do Direito não podem postar fotos em seu ambiente de trabalho sem autorização da própria organização. A marca é o bem mais valioso de uma empresa, portanto, sempre que se for expor uma marca de terceiro, é importante, antes, confirmar se a empresa está de acordo. Entenda que tudo que pode expor a marca alheia precisa ser autorizado; nunca se sabe quem verá essas informações, mesmo os conteúdos publicados com as configurações de privacidade ajustadas para "apenas restritos" podem "vazar" e ser usados contra quem as postou.

Fotos e vídeos

O ambiente digital é bastante concorrido, e uma das formas de garantir um bom conteúdo, de modo a captar a atenção tão disputada nesse meio, é a produção audiovisual de alta qualidade.

Fotos e vídeos de qualidade profissional no site, além de aumentar a credibilidade da marca perante os algoritmos de engajamento, resulta em maior replicação da campanha nas plataformas veiculadas. Plataformas digitais como o Instagram dão muito mais valor a conteúdos imagéticos e vídeos, como *reels*, do que a *posts* cheios de texto, por exemplo.

Para produzir um bom conteúdo, é importante contar com o apoio de uma equipe de audiovisual qualificada e bons equipamentos. O domínio das funcionalidades de uma câmera, de seus jogos de lentes, da iluminação e da pós-produção fará toda a diferença no resultado dos projetos.

Mas o que fazer para evitar erros que comprometam o conteúdo? Primeiramente, é necessário procurar boas referências no seu nicho de mercado. Analisar o produto dos concorrentes não é pecado, desde que você tente analisar os caminhos que os levaram a seu resultado e busque superá-los de forma totalmente original. Por isso, procure profissionais e empresas que o inspirem e estude o trabalho deles.

A segunda coisa é se preparar para o processo de produção de material. Caso a produção seja em um estúdio fotográfico ou em uma locação, o ideal é que se faça uma pesquisa de orçamento buscando o espaço que proporcionará o melhor custo-benefício para sua empresa. Após essa definição e a reserva do local, verifique com a equipe os equipamentos e os profissionais necessários para a gravação. Nesse momento, itens como tipo de câmera, lente, luz e contratação de atores, por exemplo, devem ser definidos e preparados para que não ocorra nenhum transtorno.

Quanto à fotografia, o briefing deverá conter referências visuais e as especificações técnicas necessárias para a organização da produção.

Se a produção do material for feita dentro da empresa, garanta que o ambiente esteja limpo e organizado para esse trabalho e avise os funcionários a respeito dele para que se preparem. Lembre-se de que esse material será a vitrine para a captação de clientes, e a primeira impressão normalmente é sempre a que fica.

Evite lugares escuros, estreitos e contraluz. Certifique-se de que não fiquem no ambiente objetos que possam dificultar o corte da pós-produção, pois muitas vezes o editor terá muito tempo tomado apenas para retirar um objeto desnecessário do enquadramento.

Após todas essas conferências, chega a hora da gravação. Ligue os equipamentos e bata a claquete – luz, câmera, ação.

Escolha um bom cenário, de preferência claro e que transmita a sensação de que se trata de um escritório jurídico amplo, moderno e bem decorado.

Ambientação de um estúdio de gravação na NW Advogados.

INSTAGRAM

O Instagram destaca-se como uma das redes sociais de maior influência e certamente é a principal a ser utilizada pelo profissional advogado, representando uma ferramenta de excelência para a atração de clientes. Por natureza, trata-se de uma plataforma visual, na qual imagens e vídeos são compartilhados, geralmente acompanhados por textos concisos e diretos. No âmbito profissional, a comunicação informativa e educativa de um advogado pode desempenhar papel crucial ao auxiliar aqueles que buscam informações na rede. Dessa forma, ele pode construir uma autoridade que lhe possibilite atrair potenciais clientes.

No desenvolvimento do conteúdo divulgado, é fundamental que o profissional tenha clareza sobre a direção que pretende seguir e assegure que sua comunicação esteja alinhada ao posicionamento do seu escritório. Por exemplo, se você é especializado em uma área específica do Direito ou se o seu escritório atua em múltiplas especialidades, é crucial compreender sua audiência-alvo e estabelecer um diálogo direto com ela. Além disso, é vital adotar uma linguagem acessível, evitando jargões técnicos, para tornar sua comunicação compreensível para um público amplo. Abordar as principais dúvidas dos clientes e fornecer esclarecimentos em questões jurídicas complexas é uma maneira eficaz de fortalecer sua imagem.

Indivíduos interessados em assuntos jurídicos buscarão e seguirão seu perfil no Instagram, o que gera engajamento e transforma essas pessoas em potenciais clientes. Para se destacar é importante criar conteúdo original, embora a observação do que outros escritórios estão publicando possa servir como referência. Ao abordar temas frequentemente levantados por seus clientes e tratar de dúvidas comuns, você construirá sua credibilidade. Entretanto, temas menos explorados também podem atrair o interesse de seu público.

Embora o Instagram tenha limitações quanto ao espaço para texto, é possível equilibrar a combinação de imagens e texto para transmitir o máximo de informações. Use a criatividade para transformar suas imagens em conteúdos informativos, simples e de rápida assimilação. Além disso, lembre-se de sempre direcionar seus conteúdos para objetivos específicos, seja a geração de cliques no site, seja a interação com o público. Isso pode requerer a inclusão de links nas publicações para direcionar o engajamento. Não se esqueça de inserir o logo da sua marca nas imagens para fortalecer a associação entre a empresa e o conteúdo compartilhado.

Uma funcionalidade interessante que o Instagram oferece é o formato "carrossel", que permite a exibição de até dez imagens, proporcionando uma narrativa interativa e dinâmica.

No canal profissional do Instagram, a seção "bio" apresenta uma oportunidade valiosa para descrever o profissional ou a empresa, servindo como apresentação para visitantes e otimizando a visibilidade nos mecanismos de busca da plataforma.

O engajamento é o somatório de todas as interações das pessoas com o seu canal, incluindo curtidas, comentários e compartilhamentos. Mais engajamento implica mais visitas e interesse nas suas páginas. Além disso, quanto mais você publicar, mais penetração e engajamento na rede você alcançará. Canais ativos atraem mais visualizações.

O Instagram oferece diferentes formatos, incluindo fotos/imagens, vídeos curtos, carrosséis, *stories* e *reels*.

- **Fotos/imagens:** para um advogado, é recomendado criar um perfil que reflita sua credibilidade profissional. Compartilhar conteúdo educativo e orientativo é fundamental. Imagens explicativas sobre leis, processos e direitos podem aprimorar o entendimento dos seguidores. Também é importante compartilhar estudos de casos de sucesso para demonstrar suas habilidades. Humanizar sua marca por intermédio de imagens de pessoas e do escritório contribui para a construção da confiança. Participar de conferências, seminários e *workshops* ajuda a destacar o envolvimento na comunidade jurídica e fortalecer sua marca.

- **Vídeos curtos:** os vídeos são uma maneira eficaz de os advogados atraírem clientes e interessados. Compartilhar vídeos curtos com dicas jurídicas ajuda a resolver problemas comuns. Responder a perguntas frequentes em vídeos demonstra disposição para esclarecer dúvidas. Entrevistas rápidas com outros profissionais ampliam sua rede de contatos. Histórias pessoais relacionadas à sua jornada humanizam suas mensagens. Gravar depoimentos de clientes satisfeitos reforça sua autoridade. O recurso *reels* permite vídeos de até 90 segundos com filtros, símbolos, textos e criatividade.

O Instagram também oferece o formato "carrossel", permitindo a criação de guias detalhados sobre assuntos jurídicos, estudos de casos, perguntas frequentes e comparações de possibilidades legais.

O uso estratégico do recurso *stories* no Instagram é uma ferramenta poderosa para os advogados fortalecerem sua presença online, conectarem-se com o público e compartilharem informações relevantes. As possíveis abordagens incluem oferecer dicas rápidas sobre questões jurídicas, esclarecer termos legais e responder a perguntas frequentes. Além disso, explorar perguntas dos seguidores ajuda a esclarecer tópicos complexos. Mostrar os bastidores do escritório humaniza a marca, e a cobertura de eventos jurídicos gera engajamento. A criação de séries educativas e de destaques de casos demonstra as habilidades. É possível compartilhar trajetórias de casos sem revelar informações confidenciais. Estabelecer dias temáticos, usar enquetes para feedback e orientar seguidores para ações são estratégias eficazes. Comemorar datas importantes e colaborar com outros profissionais também enriquece a presença. Os stories ficam 24 horas no ar, exigindo conteúdo consistente, enquanto recursos interativos mantêm o interesse do público.

O Instagram, uma poderosa ferramenta de alcance global, conecta milhões de pessoas, sendo o epicentro dessa revolução digital o renomado advogado e empreendedor Nelson Wilians. Sua presença na plataforma ultrapassa impressionantes 735 mil seguidores em sua conta pessoal. Ao explorar esse amplo alcance, observa-se que Nelson consolidou sua presença e influência em esferas diversas, somando quase 1 milhão de seguidores entre sua conta pessoal, NW Advogados, NW Group e Instituto NW.

Esses números não apenas refletem a popularidade de Nelson Wilians, mas também destacam a capacidade do Instagram como plataforma para disseminar mensagens impactantes. Sua presença abrangente em áreas como advocacia, negócios e causas sociais destaca a versatilidade dessa plataforma. Utilizando fotos, vídeos e *stories*, Nelson e suas entidades informam, engajam e inspiram diariamente milhares de seguidores, construindo comunidades em torno de interesses compartilhados.

O Instagram, com sua interface atrativa, possibilita uma conexão íntima entre figuras públicas e seu público, gerando impacto duradouro. Indiscutivelmente, o Instagram desempenha um papel crucial na construção de marcas pessoais e empresariais, proporcionando um alcance sem precedentes a milhões de usuários. Para Nelson Wilians, essa plataforma não é apenas uma vitrine, mas também uma ferramenta estratégica que amplifica sua mensagem e missão para uma audiência global, testemunhando o poder transformador do Instagram na era digital.

FACEBOOK

O Facebook é uma rede que funciona como um *feed* de notícias que, por intermédio de *posts*, vídeos, fotos, conteúdos e propagandas, conecta pessoas de todo o mundo e permite acompanhar perfis de pessoas, empresas, celebridades etc. A rede utiliza um algoritmo que mapeia o perfil de comportamento do usuário e busca mostrar o que ele procura e gosta de ver, criando uma experiência positiva e confortável para cada usuário. O *feed* é atualizado constantemente e é possível conversar com outras pessoas por intermédio do Messenger e deixar reações às postagens, demonstrando sentimentos por meio do uso de figuras (*emojis*).

Se você é um advogado, uma dúvida frequente é se utiliza o perfil pessoal ou se cria um perfil profissional do escritório. Se a escolha for pela página pessoal, a vantagem é que a sua rede já deve existir e já deve ter muitos seguidores; assim, a penetração dos seus conteúdos será maior do que se criar uma página nova e começar do zero. Quando a escolha for pela página pessoal, o conteúdo a ser publicado faz toda a diferença. Em um perfil pessoal, você publicará imagens de família, momentos sociais e profissionais; dessa forma, a sua comunicação será mais humanizada, fazendo as pessoas sentirem uma atmosfera mais de família e segura. Nesse contexto, é importante ter cuidado com debates com muita polaridade: é melhor evitar *posts* e discussões com temas como política, futebol, religião etc. Assim, o perfil pessoal pode ser o melhor caminho a curtíssimo prazo.

Já se a opção for por um perfil mais profissional, a melhor estratégia é criar o perfil do escritório. No entanto, saiba que fazer apenas postagens orgânicas (sem impulsionamento) tem pouca penetração e visibilidade; o próprio algoritmo diminui a visibilidade das postagens. É por isso que, na interação do perfil profissional, você deve investir na rede (impulsionar) para ser visto. O alcance orgânico previsto de uma página profissional no

Facebook é de 0,3%, ou seja, se você tiver 10 mil seguidores, o que é uma página com muitos seguidores, apenas 30 deles serão impactados pelas postagens sem que seja feito nenhum investimento. Isso é pouco; então, na página profissional, terá de ser feito impulsionamento para ser visto. No perfil profissional, é importante ser o mais assertivo possível, portanto a página de um escritório com uma especialidade bem definida tem mais chances de alcance do que um perfil geral.

Busque fazer postagens visuais, com figuras que comuniquem e atraiam mais pessoas, trabalhe conteúdos de relevância, seja original e ofereça conteúdos exclusivos e de interesse dos seus clientes. Crie um cronograma de postagens; quanto mais presença digital, mais pessoas o verão. As *hashtags* são um bom caminho para alcançar pessoas com interesse no conteúdo das postagens. Mantenha-se atualizado com os últimos acontecimentos e crie ferramentas de interação, como enquetes e *posts* compartilháveis, porque eles alcançam mais pessoas.

A seguir, veja o passo a passo de como conquistar seguidores e como tornar sua página no Facebook uma referência:

Crie uma página

- Crie uma página no Facebook para sua empresa ou escritório de advocacia. Compartilhe informações sobre sua prática, incluindo horários de funcionamento, endereço e contato.

Compartilhe conhecimento

- Compartilhe conteúdo informativo e educativo sobre Direito e questões legais relevantes. Isso pode incluir artigos, vídeos e dicas úteis.

Interaja com seus seguidores

- Responda a perguntas e comentários, compartilhando notícias e informações relevantes e agradecendo o engajamento.

Ofereça promoções e descontos

- Ofereça promoções e descontos exclusivos aos seus seguidores no Facebook para incentivar a interação e fidelizar seus clientes.

Compartilhe histórias de sucesso

- Divida com seus seguidores histórias de clientes que, com sua ajuda, tiveram sucesso na resolução de problemas jurídicos.

Transmita vídeos ao vivo

- Realize transmissões ao vivo no Facebook para responder a perguntas e fornecer informações úteis sobre Direito e questões legais.

Compartilhe fotos e vídeos de seu escritório

- Mostre o ambiente profissional e acolhedor de seu escritório por meio de fotos e vídeos.

Faça parcerias com outros profissionais do Direito

- Busque parcerias com outros advogados e compartilhem conteúdo juntos para ampliar sua rede de contatos.

Utilize o recurso de anúncios

- Os anúncios do Facebook permitirão alcançar um público maior e atrair novos clientes.

Compartilhe informações sobre eventos

- Divulgue informações sobre eventos relacionados ao Direito, como palestras e workshops, de que você participará ou que esteja organizando.

Conecte-se com grupos relevantes

- Conecte-se com grupos relevantes no Facebook, como grupos de Direito ou grupos de apoio para questões legais, e compartilhe seu conteúdo valioso. Divulgue notícias relevantes.

Nelson Wilians faz uso estratégico do Facebook para atingir o seu público por meio de suas diversas contas: sua conta pessoal, a de NW Advogados, a do NW Group e a conta do Instituto NW. Com milhares de seguidores em cada uma dessas páginas, Nelson utiliza a plataforma para disseminar informações relevantes, promover iniciativas sociais e compartilhar novidades profissionais. O alcance expressivo dessas contas destaca a eficácia do Facebook como ferramenta fundamental na construção de marcas pessoais e na ampliação do impacto em uma audiência global.

LINKEDIN

O LinkedIn é a maior rede social com foco profissional. São mais de 300 milhões de membros no mundo e 25 milhões de contas, entre pessoas e empresas, só no Brasil. Como as outras redes, o LinkedIn permite postagens e interações com outros perfis e une o interesse da empresa, no preenchimento de uma vaga, aos interesses dos profissionais que buscam uma posição nas empresas. O segredo está no preenchimento dos dados do perfil na rede: quanto mais valor for construído, mais valorizada será a conta, tanto da perspectiva do profissional como da perspectiva da empresa, e ambos têm de mostrar uma página com base em valor; é isso que se procura no LinkedIn.

Essa plataforma pode ser uma ótima ferramenta para networking com foco em novos negócios; saiba que aquele cliente e/ou aquela empresa em que você tem interesse estão na rede, abertos a contatos. Pense que a empresa está na rede e os diretores também, assim é possível ter informações e estabelecer conversas profissionais.

Na rede, você pode buscar parcerias de trabalho, fazer publicações profissionais de interesse do mercado, divulgar sua marca com foco em valor e aumentar a credibilidade do seu escritório jurídico.

Comece criando uma "Company Page" para a sua empresa. A criação é grátis; só haverá investimento se você adquirir ferramentas específicas oferecidas pela rede ou se fizer impulsionamento das postagens.

No LinkedIn, é importante a construção de marca, pois no ambiente digital as pessoas buscam saber a reputação das empresas; assim, convide seus clientes mais satisfeitos a fazerem uma recomendação do seu escritório. Isso funciona como um Marketing boca a boca, afinal, nada é mais poderoso do que um cliente satisfeito recomendando, para potenciais clientes, a empresa que o atende.

Mostre uma postura ativa: procure estar conectado aos usuários que pertencem aos grupos de interesse do seu escritório, faça convites, procure-os e faça contato com eles. Quando estiver conectado a um novo cliente, olhe sua respectiva página, cheque as redes de contatos dos potenciais clientes e veja se não há outros contatos potenciais para nova conexão. Transforme sua página no LinkedIn em uma referência para o mercado jurídico cuidando do design da página e garantindo que todas as informações estejam sempre corretas e atualizadas. Participe ativamente da rede levando conteúdos e criando fóruns de interesse; faça seus seguidores enxergarem valor nas suas postagens. Essa postura levará as pessoas a procurarem o seu escritório quando tiverem dúvidas e precisarem de informações.

O LinkedIn pode se tornar uma vitrine profissional do seu escritório, levando assuntos e informações jurídicas, profissionais, mas também representando uma excelente forma de você se posicionar perante fornecedores e profissionais jurídicos. O LinkedIn é uma excelente ferramenta de negócios a médio e longo prazo, e é importante manter a constância de publicações na plataforma.

No LinkedIn existem algumas ferramentas pagas que podem trazer ótimos resultados. Um exemplo é o Sales Navigator, uma plataforma de gerenciamento de vendas e Marketing que ajuda profissionais a alcançar seus objetivos nessas áreas. Ele permite que os usuários encontrem outros profissionais e se conectem a eles em suas indústrias ou mercados-alvo. Um advogado pode usar o Sales Navigator para se conectar com potenciais clientes, com referências e com outros profissionais relevantes em sua área de atuação. Ele também pode usar a plataforma para monitorar as atividades de seus clientes atuais e potenciais, para se envolver em conversas relevantes e para compartilhar informações sobre sua especialidade.

Além disso, o Sales Navigator permite que os advogados ampliem sua visibilidade na plataforma, compartilhando publicações e atualizações de perfil que mostrem sua experiência e conhecimento na área.

Os recursos do Sales Navigator incluem acesso a leads e contatos qualificados, pesquisa avançada, filtros para segmentar a audiência, ferramentas de enriquecimento de dados, integrações com outras plataformas e muito mais.

O Sales Navigator também oferece recursos de análise de vendas e Marketing, incluindo relatórios de desempenho, insights de segmentação de mercado e relatórios de engajamento. Além disso, ele permite que os usuários criem e gerenciem campanhas publicitárias, acessando uma ampla gama de ferramentas de criação de anúncios.

Assim, o Sales Navigator é uma ferramenta valiosa para os advogados que buscam expandir sua presença online, fortalecer sua rede e se conectar com potenciais clientes. Ele disponibiliza uma ampla gama de recursos e ferramentas que ajudam os advogados a atingir seus objetivos de vendas e de Marketing de forma eficiente e efetiva.

Nelson Wilians otimiza sua presença no LinkedIn, uma rede profissional, para alcançar milhares de pessoas e consolidar sua influência no âmbito corporativo e jurídico. Sua conta pessoal no LinkedIn reúne expressivos 60 mil seguidores, enquanto a página do NW Advogados atrai uma audiência notável de 100 mil seguidores. Além disso, as páginas do NW Group e do Instituto NW são seguidas por outros milhares, ampliando o alcance em diferentes áreas de atuação.

A natureza qualificada do público no LinkedIn destaca a relevância das mensagens de Nelson Wilians, que utiliza a plataforma para compartilhar insights profissionais, experiências e atualizações sobre suas iniciativas. A combinação de números robustos de seguidores e a qualidade do público tornam o LinkedIn uma ferramenta estratégica para fortalecer marcas pessoais e empresariais. O alcance significativo nas diversas contas evidencia o impacto de Nelson Wilians no meio profissional, destacando a importância do LinkedIn como uma plataforma-chave na era digital.

TWITTER AGORA É X

A rede que anteriormente utilizava o icônico passarinho como símbolo passou por uma transformação marcante e agora é conhecida como X. O novo nome reflete a mudança significativa na identidade visual, abandonando tanto a denominação Twitter como o icônico pássaro azul que o representava. Apesar da mudança, o endereço URL permanece como Twitter.com por enquanto, e os perfis oficiais ainda mantêm as antigas identificações.

A rede X oferece um campo repleto de oportunidades pouco exploradas para estabelecer conexões, por exemplo, de um profissional com sua audiência e emergir como uma voz influente dentro de sua área de atuação. Mais do que uma simples plataforma de mídia social, o X se autodenomina uma "rede de notícias" devido às suas políticas internas e ferramentas que facilitam a disseminação ágil e a verificação de informações. Em sua missão, o X se compromete a fomentar diálogos públicos e saudáveis. Como resultado, conquistou uma legião de "twitteiros", agora "xers", que acompanham as atualizações como se estivessem lendo o jornal da manhã.

A presença de vozes influentes e impactantes, incluindo jornalistas, cientistas e políticos, confere à rede a responsabilidade de ser o principal canal de discussão para personalidades de destaque. Contudo, a plataforma é democrática, permitindo que qualquer indivíduo alcance uma ampla audiência de forma veloz.

Vamos agora explorar a mecânica do site/aplicativo. Ao ingressarem, os usuários são recebidos por uma *timeline* em tempo real, exibindo postagens e compartilhamentos das pessoas que seguem e, uma característica marcante, publicações "curtidas" por amigos e aquelas relacionadas aos interesses pessoais. Os antigos "tweets", agora denominados *posts,* evoluíram em resposta a essas mudanças, permitindo até 4 mil caracteres por tweet. Essa expansão provocou um impacto imediato na rede, gerando mudanças estruturais. Com maior profundidade e espaço de caracteres, vídeos e imagens podem alcançar um grande público de maneira orgânica e ágil.

Na aba "Explorar", os famosos "Trending Topics", que são os temas mais discutidos no momento, são categorizados em "Para Você", "Assuntos do Momento", "Notícias", "Esportes" e "Entretenimento".

Os dois principais recursos – linha do tempo e aba "Explorar" – incentivam muitos a se envolverem com a agora chamada rede X, para se manterem informados e buscando conhecimento. Mas como um profissional jurídico pode se destacar em um ambiente em que muitos usuários têm um alcance significativo?

O primeiro passo é escolher um nome de usuário simples e direto. É essencial incluir uma @ breve para facilitar as menções, e garantir inclusão de seu título de doutor/a para reforçar sua identidade. Manter a coesão visual entre suas redes também é crucial para a identificação unificada.

Ao selecionar sua foto de perfil e a imagem de capa, é importante escolher imagens que transmitam a mensagem desejada. Essa é uma oportunidade valiosa para estabelecer seu *branding* antes mesmo de iniciar qualquer comunicação.

A seção da biografia é a sua chance de apresentar-se ao mundo de forma clara e concisa. Seja breve e profissional quando descrever quem você é.

Definir seus objetivos na plataforma é essencial. Embora nem todos os clientes possam ser atingidos facilmente, a rede pode aprimorar a relevância de sua marca pessoal perante o público-alvo. Isso pode não resultar necessariamente em muitas consultas agendadas, mas contribuirá para maior reconhecimento.

Uma novidade recente é a ferramenta de assinatura para verificação, lançada recentemente. Por um determinado valor, você pode obter um selo de verificação para seu perfil, aumentando sua credibilidade e visibilidade. A plataforma é extremamente eficaz para divulgar conteúdo e estabelecer relacionamentos com os clientes, uma vez que as postagens circulam com rapidez.

No combate às notícias falsas e em prol da expertise de profissionais em suas respectivas áreas, a rede implementou um processo de verificação de contas, priorizando profissionais como advogados, médicos, cientistas e acadêmicos. Ter um selo de verificação não apenas confere protagonismo em sua área, mas também estimula a disseminação efetiva de seus posts. Na rede X, verificação é sinônimo de autoridade.

Uma vez que você opta por usar essa rede como canal profissional, é vital participar de discussões pertinentes à sua área.

> Nelson Wilians alavanca sua presença na rede social X para atingir milhares de seguidores, incluindo sua conta pessoal, NW Advogados, NW Group e Instituto NW. Com uma estratégia eficaz, essas contas alcançam uma audiência expressiva, proporcionando um engajamento significativo. Por intermédio da rede social X, Wilians dissemina informações relevantes, promove causas sociais e compartilha novidades sobre a profissão, construindo comunidades em torno de interesses compartilhados. O alcance massivo dessas contas reforça o impacto de Wilians na plataforma, evidenciando a capacidade da rede X como uma ferramenta essencial na comunicação digital.

Engajamento orgânico

A audiência do X difere de outras plataformas, o que significa que, apesar das opções de investimento em publicidade, seu perfil pode crescer de maneira orgânica. Para isso, é indispensável se tornar um criador de conteúdo relevante.

Compartilhe conteúdo que agregue valor para o público que deseja alcançar. As pessoas utilizam a plataforma para participar de conversas e para se manterem informadas, portanto o engajamento deve ser direcionado adequadamente. Lembre-se de que um *post* tem uma vida útil limitada, mas há estratégias para prolongar seu alcance.

Postar nos momentos de pico, como pela manhã e à noite, quando o engajamento é maior, é uma estratégia eficaz. Também é valioso contribuir para conversas relevantes e agregar valor aos assuntos em destaque na plataforma, integrando-se de maneira ideal ao contexto e ao timing. O uso de *hashtags* aumenta a visibilidade de suas mensagens, mas é importante selecioná-las com parcimônia devido à limitação de caracteres.

Recursos visuais como vídeos e imagens chamam a atenção e destacam seu conteúdo na multidão.

Finalmente, é recomendável usar chamadas à ação (CTA) para estimular o engajamento. Criar enquetes para obter votos sobre determinados temas ou incluir links direcionando usuários para seu site são ideias eficazes.

Em resumo, a transformação do Twitter em X abriu novas oportunidades para se conectar, informar e influenciar. Se você é um profissional jurídico, aproveite as ferramentas oferecidas pela plataforma para consolidar sua presença e ser uma voz autorizada em sua área de atuação.

TIKTOK

A rede de vídeos e de entretenimento que ganhou a simpatia dos internautas abre muitas possibilidades para sua marca se posicionar e ganhar relevância quanto ao assunto que deseja. O que rege o TikTok são vídeos de 15 segundos, 60 segundos ou 3 minutos, e o aplicativo já fornece todas as ferramentas para a construção do conteúdo, além de mostrar tendências nas quais sua marca pode surfar para ganhar mais visibilidade.

Assim como no X, o algoritmo do TikTok possibilita que qualquer um possa viralizar, desde que o conteúdo utilize algumas ferramentas da plataforma: *hashtags*, tendências de vídeo, filtros e músicas. Todas elas impulsionam o sucesso do seu conteúdo, pois a plataforma tem o objetivo de entregar vídeos de interesse da audiência.

Pensando especificamente no conteúdo de escritórios de advocacia, é importante, antes de criar vídeos na página, ficar de olho no que é permitido ser compartilhado. Mas pense em seguir com conteúdos informativos e que adaptem o tom de voz e identidade da sua marca aos vídeos curtos da plataforma.

Como advogado, utilizar o TikTok como ferramenta de Marketing pode ser uma maneira eficaz de aumentar sua visibilidade e atrair novos clientes. Aqui estão algumas dicas para fazer Marketing no TikTok como advogado:

Crie um perfil

- Crie um perfil no TikTok e compartilhe informações relevantes sobre sua prática, como sua área de atuação e sua localização.

Compartilhe vídeos informativos

- Compartilhe vídeos curtos e informativos sobre Direito e Justiça, como dicas sobre direitos do consumidor e questões legais.

Use *hashtags*

- Utilize *hashtags* relevantes para sua área de atuação a fim de ampliar a visibilidade dos seus vídeos.

Interaja com a comunidade

- Interaja com a comunidade de advogados no TikTok e curta e comente vídeos relacionados à sua área de atuação.

Ofereça consultas gratuitas

- Ofereça consultas gratuitas ou descontos exclusivos para clientes que o encontraram pelo TikTok.

Crie vídeos de "dia a dia"

- Compartilhe um dia no escritório para que as pessoas vejam o seu ambiente de trabalho e o seu estilo de atendimento.

Faça parcerias com outros profissionais do Direito

- Busque parcerias com outros advogados e compartilhem vídeos juntos, ampliando sua rede de contatos.

Transmita vídeos ao vivo

- Realize transmissões ao vivo e responda a perguntas de seus seguidores sobre Direito e Justiça.

Compartilhe casos de sucesso

- Exiba depoimentos de clientes satisfeitos com o seu trabalho e compartilhe histórias de sucesso.

Utilize o recurso de "duetos"

- Crie vídeos em conjunto com outros advogados ou influenciadores de Direito para ampliar sua visibilidade.

Essas são apenas algumas dicas para ajudar um advogado a fazer Marketing no TikTok. É importante lembrar que o sucesso na plataforma depende da presença constante e de conteúdo de qualidade e relevante para seu público-alvo.

Nelson Wilians adota uma abordagem dinâmica no TikTok, utilizando a conta NW para compartilhar vídeos cativantes que alcançam milhões de pessoas. Sua conta pessoal no TikTok tem 500 mil seguidores, proporcionando um alcance expressivo. A plataforma, conhecida por sua natureza criativa e jovial, permite a Wilians apresentar informações de forma única, contrastando com a formalidade tradicional de sua área de atuação.

Diferenciando-se no TikTok, Wilians incorpora elementos mais descontraídos e interativos, destacando-se da imagem mais séria associada ao mundo jurídico. Essa abordagem inovadora não apenas amplifica sua presença nas redes sociais, mas também atrai uma audiência diversificada, demonstrando a versatilidade de Wilians em se adaptar a diferentes plataformas.

Ao adotar o TikTok, Nelson Wilians destaca-se como um profissional que não apenas compreende as nuances da comunicação digital, mas também sabe como envolver um público amplo, transcendendo os limites convencionais das redes sociais. O TikTok proporciona a Wilians uma plataforma para expressar sua autenticidade e conectar-se com milhões de pessoas de maneira única e envolvente.

CONCLUSÃO
LOUCURA, NÃO. CORAGEM!

A jornada em direção ao sucesso ou ao impacto doloroso com o chão duro parece, de maneira surpreendente, a mesma – pelo menos foi essa a impressão que ecoou repetidamente em minha trajetória profissional em muitos momentos de minha carreira.

Um ponto que deliberadamente reservei para este momento, quando poderia tê-lo apresentado anteriormente, é a minha sincera expressão de gratidão.

A advocacia redefiniu o curso de minha vida, me deu mais do que eu sonhava e necessitava. Foi uma libertação que me capacitou a avançar destemidamente, exercendo influência sobre aqueles e aquelas que estão dando os primeiros passos nessa carreira desafiadora.

Mesmo que, de tudo que foi compartilhado neste livro apenas uma tirada do Dr. Nelsinho que seja permaneça em sua memória, terá valido mais do que inúmeros outros trechos que leu entediado.

Na verdade, há algum tempo venho me perguntando o que deveria dizer aos jovens profissionais sobre o que eu desejaria ter assimilado no passado, nos meus anos de formação, e o que a vivência de quase três décadas nessa profissão me ensinou.

Uma coisa ou outra deve ter escapado, outras ainda precisei resumir; mas a essência está aqui, para ser lida e apreendida, com as valiosas lições do professor Hiram Baroli.

Para aqueles que estão prestes a dar o primeiro passo ou para os que já deram o primeiro passo na profissão, as escolhas podem assumir tons ambíguos. Equilibrar ambição com realidade se torna uma tarefa complexa, especialmente quando se tem a mensalidade da faculdade ou o aluguel do apartamento para pagar.

O que eu digo é: não deixe que o meio em que você vive o desencoraje. Enxergue a vida não apenas como um golpe contundente do martelo de Thor sobre sua cabeça, mas evite cair na ilusão de que, por ser jovem e talentoso, não vai passar por perrengues e agruras. O talento sozinho não será suficiente para mantê-lo em destaque no mercado. Seja disciplinado, pois, quando o talento ficar em casa, a disciplina o empurrará.

Outra coisa: familiarize-se com o fracasso, mas nunca fique amigo dele. Use-o. Fracassar não deixa de ser sombrio, mas serve para depurar seus propósitos, afiar sua determinação e aprimorar sua capacidade de resiliência. Não deixe que os medos o confinem em uma caixa e, da mesma forma, recuse-se a aceitar que o mundo, ansioso para dar a você um conjunto de regras, o gabarite.

Lembre-se de Platão:

> “A PARTE QUE IGNORAMOS É MUITO MAIOR DO QUE TUDO QUANTO SABEMOS.”

É decisivo estar atento para identificar as oportunidades, mas, sobretudo, estar pronto para agarrá-las. Você pode observar e aprender com as qualidades que admira em outras pessoas e desenvolvê-las em si mesmo; não obstante, é preciso se metamorfosear no profissional que você quer ser e desenvolver o seu próprio estilo para vencer.

Esqueça os pudores por querer ser bem-sucedido com seu trabalho, mesmo que os invejosos fiquem incomodados. Problema deles. Suas ambições não devem ser restringidas por obstáculos alheios. Sua missão abraça a transformação do mundo em um espaço melhor para você também. Para cumprir esse propósito, é preciso erguer-se como seu próprio herói.

Ainda que em algum momento você tenha a impressão de que não se pode ter tudo de uma vez e que a perfeição é inalcançável, vai descobrir que pode ter muito ao longo do tempo com coragem, resiliência e planejamento.

Não estou aqui vendo o que ninguém viu; estou sugerindo que você ligue os pontos, desenvolva novas habilidades e não tenha medo de correr atrás dos seus sonhos, que, no final das contas, consistirão em exercer a advocacia com nobreza, dignidade e para orgulho de Rui, Pontes, Sobral, Evandro, Luís Gama, Myrthes, Maria Augusta, Maria Immaculada, Romy, Ellen Gracie e tantos outros.

No início deste livro, deixei uma pergunta: você chora?

Sem trégua, com muito afinco e dedicação árdua, você pode promover a sua grande causa, pela qual vale a pena viver. Ou pode chorar, caso perceba que tudo é muito difícil. O choro é livre. Mas procure chorar à noite, amparado pelo travesseiro. No momento em que se levantar da cama e encarar o espelho, adquira a determinação de um lobo para, incansavelmente, alcançar seus objetivos.

Uma das principais vantagens da espécie humana sobre as demais espécies, inclusive sobre os lobos, é a capacidade de evoluir. Somos capazes de nos tornar melhores em tudo o que fazemos, de aperfeiçoar cada aspecto daquilo que realizamos.

Essa reflexão me remete a um artigo que escrevi abordando as múltiplas lições que os animais têm a nos ensinar para nosso aprimoramento contínuo. Destaco aqui uma valiosa lição que podemos aprender com a majestosa águia. Entre todas as aves, apenas o corvo se atreve a bicar a grande águia. Ele se senta nas costas dela e arrisca morder-lhe o pescoço. A águia, porém, não luta. Ela simplesmente voa mais alto. Quanto mais alto voa, mais difícil fica para o corvo respirar. Logo, ele cai.

Não precisamos lutar todas as batalhas, apenas voar mais alto.

Ainda que em algum momento você tenha a impressão de que [illegible] [illegible] [illegible] [illegible] [illegible] [illegible] [illegible]

[illegible]

[illegible] [illegible] [illegible] [illegible] [illegible] [illegible] [illegible]

[illegible] Klein [illegible] e outros autores.

[illegible] [illegible], [illegible] uma pergunta [illegible]

[illegible] [illegible] [illegible] [illegible] [illegible] [illegible] [illegible]

[illegible]

[illegible] [illegible] [illegible] [illegible] [illegible] [illegible] [illegible]

[illegible] [illegible] [illegible] [illegible] [illegible] [illegible] [illegible]

[illegible] [illegible] [illegible] [illegible] [illegible] [illegible] [illegible]

[illegible] [illegible] [illegible] [illegible]

ENTREVISTA COM O DR. NELSINHO

NW: Em primeiro lugar, gostaria de dizer que é um privilégio conversar com você.

— A recíproca é totalmente verdadeira. Me sinto lisonjeado em estar diante de uma pessoa com a sua inteligência, elegância, seus carros, barcos e aviões maravilhosos. E, ao mesmo tempo, tão criticado.

NW: Muito obrigado. Me fale um pouco sobre a sua vida. Aliás, me fale bastante.

— Você realmente me compreende, NW. Sou filho de pequenos agricultores e, criança, precisava pegar na enxada mesmo. Só de lembrar já me dá arrepio.

NW: Vamos pular essa parte, então. Me responda: o que é ser advogado?

— Ser advogado é ser um solucionador de problemas ou um mitigador de danos.

NW: Você soluciona sempre os problemas dos seus clientes?

— Aí eu precisaria ser super-herói, não advogado. Mas gosto de ser defensor tanto do justo quanto do questionável.

NW: Por que você repete que é um advogado-empreendedor?

— De fato, esses dois substantivos juntos soam até redundantes, mas equivale a dizer para muitos profissionais que a terra não é plana.

NW: Profundo. Dizem que você tem inclinação ao exibicionismo. Filosofe sobre isso.

— Há um provérbio que diz "Nada é tão bem-sucedido quanto o sucesso". Eu digo: nada é tão bem-sucedido quanto mostrar o sucesso.

NW: Outra crítica que te fazem é a de que você é especialista em contratos. O que tem a dizer sobre isso?

— Repudio essa afirmação veementemente. Eu sou especialista em fechar contratos. Redigir está a cargo dos meus sócios.

NW: Você se gaba de sua amizade com políticos, empresários e celebridades. Seria algum trauma, um desvio psicológico?

— De jeito nenhum. Até me gabaria e faria selfies ao lado dos meus inimigos se eles tivessem algum brilho.

NW: Essa doeu. Você fala muito em coragem, parece até um cavaleiro em Cruzada. Do que você tem medo?

— Do Google, tanto de não estar nele quanto de estar. Filosoficamente, eu diria que o Google pode ser luz ou escuridão.

NW: Você se mostra como uma pessoa feliz, positiva, está sempre rindo. Você quer causar inveja, é isso?

— Eu levo muito a sério um ensinamento que diz: ria, e o mundo rirá com você; chore, e você chorará sozinho.

NW: O que você pensa quando dizem que é um advogado-ostentação?

— Quem diz isso não quer que eu seja a pessoa que sou, "um homem de gostos simples, que sempre se contenta com o melhor".

NW: Você não tem doutorado. Só é bacharel e advogado?

— Pela perspectiva atual, vejo isso com muita alegria. Se tivesse outros títulos eu seria um caso para o CADE.

NW: Monopólio de competência, concorrência desleal? (Risos.)

Mas vamos falar do que realmente interessa. Qual foi o seu primeiro carro de luxo?

— Um Bentley. Sim, porque o Mercedes era o modelo de entrada da marca, entende?

NW: E muito. Você tem muitas obras de arte. Como adquiriu esse gosto vindo de uma família tão humilde?

— Desde cedo tive muita afinidade com Van Gogh, quando ele exprimia suas angústias naqueles campos que dolorosamente pintava. Eu sentia a mesma coisa quando olhava para a roça que teria que capinar, em Jaguapitã.

NW: É muita inspiração. Tenho certeza de que você também inspira muita gente, principalmente os mais jovens.

— Sou muito bem recebido nas palestras que faço sobre advocacia, se formam filas para fazer selfies comigo. Acredito que na maioria das vezes eu fico muito bem nas fotos.

NW: Tenho certeza disso.

— Mas, NW, por favor, me dê agora o privilégio de ouvir você falar sobre o prazer de conversar comigo.

NW: Você é incrível. Eu gostaria de fazer um pingue-pongue sobre algumas frases tóxicas que compilei aleatoriamente e que os jovens advogados devem evitar. Vamos lá? Primeira frase:

"Não há mais nada que eu possa fazer".

— Milhares de anos de evolução, livros e estudo para o cliente ouvir isso? Isso é jogar o bebê fora junto com a água do banho.

NW: "Eu já sabia".

— "Melhor ficar calado e ser considerado um tolo do que falar e tirar todas as dúvidas" (Abraham Lincoln).

NW: “Para ser honesto...”.

— “A esposa de César deve estar acima de qualquer suspeita”.

NW: Comente esta frase: “Desculpe, não consigo ouvir você por causa de quão incrível eu sou”.

— Quando falei isso, eu estava diante...

NW: Desculpe interromper, mas essa frase é de Harvey Specter, personagem da série *Suits*.

— Sério?! Vou adotá-la.

NW: Como você reage às críticas?

— Me preocupo muito com a grafia correta do meu nome: Wilians, com um “l” só, por favor.

NW: Compreendo, parece haver uma obsessão por dois eles! Mais alguma coisa que gostaria de acrescentar?

— Gostaria apenas de deixar o meu contato, vai que...

NW: Touché! Mas cuidado com a OAB, hein?

GLOSSÁRIO DE TERMOS TÉCNICOS

Ads – palavra do inglês que significa anúncio.

Analytics – dados, análises e raciocínio sistemático para seguir em um processo de tomada de decisão muito mais eficiente.

Anúncios Discovery – definidos como anúncios visualmente atraentes do Google, com imagens de alta qualidade. Funcionam como vitrines, enquanto aparecem no aplicativo Discovery, no YouTube e no Gmail.

App – aplicativo para celular.

Artificial Intelligence (AI) – inteligência artificial.

Banners – imagens feitas em tamanhos predefinidos que podem ser exibidas em sites.

Benchmarking – processo de avaliação da empresa em comparação à concorrência.

Big data – conjunto de dados gerados pelo rastreio de informações do usuário no ambiente digital.

Blockchain – livro-razão digital, compartilhado e imutável que facilita o processo de registro de transações e o rastreamento de ativos em uma rede empresarial.

Blog – página online, atualizada com frequência, que pode ser um diário pessoal, um periódico ou fornecer informações empresariais.

Brainstorming – técnica de discussão em grupo que se vale da contribuição espontânea de ideias, vindas de todos os participantes, no intuito de resolver algum problema.

Brand safe – segurança de marca digital.

Branded content – conteúdo patrocinado.

Branding – estratégia de gestão da marca que visa torná-la mais reconhecida pelo seu público e mais presente no mercado.

Briefing – documento com informações que servirá como um guia para a execução de um projeto.

Business intelligence (BI) – combina análise empresarial, visualização de dados, ferramentas/infraestrutura de dados e práticas recomendadas para ajudar as organizações a tomar decisões impulsionadas por dados.

Call to action – botão de chamada para executar a ação de direcionar o cliente para uma compra ou venda, muito comum como botão de WhatsApp, chat online, link para compra de e-commerce, fazer o cadastro de um formulário. Está presente em sites, e-mails e anúncios, indicando ao usuário o que deve ser feito.

Chatbot – programa de computador desenvolvido para simular uma conversa humana.

Cloud – nuvem virtual onde se guardam dados.

Conversational card – no X, é um recurso-padrão que pode ser adicionado aos anúncios de imagem ou vídeo que pede para as pessoas espalharem aquela mensagem para seus seguidores, expandindo ainda mais alcance e engajamento.

Cookies – pedaços de código que dão a um site uma espécie de memória de curto prazo.

Customer relationship management (CRM) – conjunto de práticas, estratégias de negócio e tecnologias focadas no relacionamento com o cliente.

Display – peça de propaganda com o objetivo de atrair os consumidores para determinado produto, serviço ou marca.

Download – transferência de arquivo.

Escore – pontuação que indica, com base em dezenas de critérios, se um consumidor é bom ou mau pagador e se ele deve ou não ter acesso a crédito.

Feed – fluxo de conteúdo na internet que permita rolagem.

Feedback – informação que o emissor obtém sobre a reação do receptor à sua mensagem.

Google Discover – *timeline* de conteúdos, visível na *home page* do Google, em dispositivos móveis.

Growth hacking – modo de trabalhar o crescimento do seu negócio, com base em práticas melhores construídas a partir de hipóteses e experimentos.

Hashtag – associada a assuntos ou discussões que se deseja indexar em redes sociais, inserindo o símbolo da cerquilha (#) antes da palavra, frase ou expressão.

Hiperlink – serve para conectar o link ao texto com informações complementares e direcioná-lo para um site.

Home office – trabalhar em casa.

Home page – página inicial de um site.

Interface experience – área do design responsável por criar uma interação agradável do usuário com interfaces, produtos e sistemas.

Internet protocol (IP) – resumidamente, endereço formado por um conjunto de números que identifica um dispositivo na rede.

Landing page – página da web criada para uma campanha de marketing específica, projetada para direcionar visitantes a uma ação desejada, como preencher um formulário ou fazer uma compra, com o objetivo de converter leads em clientes.

Leads – contatos gerados por meio de ações de Marketing. Geralmente, quaisquer contatos dos quais se capturem os dados.

Like – botão disponível em algumas redes sociais para o usuário informar que gostou de determinado conteúdo, às vezes acompanhado da figura de uma mão com o polegar virado para cima.

Link – uma palavra, texto ou imagem que, ao toque de um clique, encaminha o usuário para outra página na internet.

Live streaming – transmissão ao vivo de dados pela internet, em áudio ou em vídeo.

Marketplace – "lugar de encontro" virtual, onde compradores e vendedores se reúnem para comprar e vender produtos.

Mobile – dispositivo móvel. O smartphone, por exemplo, é um computador móvel.

Mobile first – projeto que faz a criação de projetos web e sites primeiro em dispositivos móveis, para depois se fazerem adaptações para o desktop e outras plataformas.

Net Promoter Score (NPS) – ferramenta prática que funciona como um indicador para verificar a quantidade de clientes satisfeitos e insatisfeitos.

Off-line – sem conexão com a internet. Denominam-se "mídia off-line" aquelas que não têm conexão com a internet, por exemplo, jornais, revistas e outdoors.

Online – com conexão com a internet. Denominam-se "mídia online" as mídias digitais e que precisam da internet para alcançar o público.

Persona – representação fictícia do comprador ideal. A área de Marketing traça o perfil e cria um personagem que represente o comprador ideal do produto ou serviço.

Playlist – também chamada de "lista de reprodução", é um site dedicado à reprodução de músicas e vídeos online por streaming.

Podcast – programa de rádio gravado que se pode escutar quando quiser.

Post – conteúdo criado e publicado em uma plataforma da internet. Essa publicação pode ter o formato de imagem, vídeo, texto, áudio ou todos esses formatos juntos.

Prospects – clientes a serem prospectados.

Publishers – veículos de comunicação que geram conteúdo.

Rapport – técnica de criar empatia entre as pessoas para que haja uma comunicação com menos resistência.

Real time – tempo real.

Reels – recurso do Instagram para gravar vídeos curtos.

Release – documento enviado à imprensa que comunica algo, como um lançamento, um evento, uma promoção, uma notícia ou qualquer outra novidade.

Retweet – republicação de um *tweet* (na rede social X).

Script – conjunto de instruções em código.

Software – serviço computacional utilizado para realizar ações nos sistemas de computadores.

Spam – envio e publicação de anúncios em massa.

Stories – ferramenta do Instagram que permite a publicação de fotos ou de vídeos de até 15 segundos.

Streaming – transmissão de dados de áudio ou vídeo, em tempo real, de um servidor para um aparelho.

Tags – na internet, são usadas para categorizar conteúdos.

Takeover – de maneira geral, qualquer ação de tomada de controle.

Target – público-alvo para ações de Marketing.

Thread – a expressão nasceu no X, rede social que limita cada postagem a 280 caracteres. Para ajudar a contar uma história, que por lá é feita com várias publicações, os usuários costumam postar diversos *tweets* conectados pelo mesmo tema e em sequência. Esse *storytelling* é conhecido como "*thread*" ou "fio" em português.

Timeline – linha do tempo, bastante conhecida entre os usuários das redes sociais, como o Facebook, Twitter e Instagram.

Trade – em sentido comercial, envolve a transferência de bens ou serviços de uma pessoa a outra, normalmente em troca de dinheiro.

Tuitar – ato de fazer uma publicação no X.

Tweet – publicação na rede social do X.

Twitteiros – usuários do microblog X.

Upload – ação de enviar dados de um computador local para um computador ou servidor remoto.

Upsell – estratégia de vendas que incentiva os clientes a adquirir uma versão mais sofisticada ou avançada do produto que originalmente pretendiam comprar.

Websites – website e site têm o mesmo significado e são termos utilizados para fazer referência a uma página na Internet.

REFERÊNCIAS

AAKER, D. *Como construir marcas líderes*. Rio de Janeiro: Bookman, 2007.

ANDERSON, C. H.; VINCZE, J. W. *Strategic marketing management*. New York: Houghton Mifflin, 2000.

BAROLI, H.; FERRERES, R.; REIS, L. *Marketing essencial para médicos*. São Paulo: Atheneu, 2022.

BUENO, W. C. *Comunicação empresarial*: políticas e estratégias. São Paulo: Saraiva, 2009.

CAMALIONTE, E.; MORAES, A. *Marketing aplicado*: cases e exemplos para profissionais de marketing. São Paulo: Saint Paul, 2008.

CHRISTOPHER, M. *A logística do marketing*. 2. ed. São Paulo: Futura, 1999.

DRUCKER, P. *Administração na próxima sociedade*. São Paulo: Nobel: Exame, 2002.

GRACIOSO, F. *Marketing estratégico*: planejamento estratégico orientado para o mercado. São Paulo: Atlas, 2007.

KOTLER, P. *Marketing para o século XXI*: como criar, conquistar e dominar mercados. São Paulo: Futura, 1999.

KOTLER, P.; KELLER, K. *Administração de marketing*. 12. ed. São Paulo: Prentice Hall, 2005.

KOTLER, P.; SETIAWAN, I.; KARTAJAYA, H. *Marketing 3.0*. Rio de Janeiro: Elsevier, 2012.

KOTLER, P.; SETIAWAN, I.; KARTAJAYA, H. *Marketing 4.0*. Rio de Janeiro: Sextante, 2017.

KOTLER, P.; SETIAWAN, I.; KARTAJAYA, H. *Marketing 5.0.* Rio de Janeiro: Sextante, 2021.

KUNSCH, M. *Gestão estratégica em comunicação organizacional e relações públicas.* São Paulo: Difusão, 2009.

PINHEIRO, D.; GULLO, J. *Comunicação integrada de marketing.* São Paulo: Atlas, 2009.

Este livro foi diagramado com as famílias
das fontes Crimson Text e Barlow no formato 17 x 24 cm
e impresso no papel offset 90 g
pela gráfica Printi'